Comment obtenir
ce que nous désirons

John Gray

Comment obtenir
ce que nous désirons

*Traduit de l'américain
par Emmanuelle Farhi et Marc-Antoine*

Flammarion

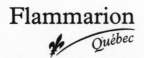 *Québec*

Données de catalogage avant publication (Canada)
Gray, John, 1951-
     Comment obtenir ce que nous désirons
     Traduction de : How to get what you want and want what you have.
     ISBN 2-89077-200-4
     1. Succès – Aspect psychologique. I. Titre.
BF637.S8G69314 2000   158.1   C00-940756-1

Couverture : Création Melançon
Photo de l'auteur : Michael Fahey

Titre original : HOW TO GET WHAT YOU WANT AND WANT WHAT YOU HAVE :
A PRACTICAL SPIRITUAL GUIDE TO PERSONAL SUCCESS

Éditeur original : HarperCollins, New York, N.Y.
Publié avec l'autorisation de Linda Michaels Limited,
International literary agents

Sommaire

Je dédie ce livre à ma femme, Bonnie Gray,
avec mon plus tendre amour
et ma plus profonde affection.
Son amour, sa joie de vivre, sa sagesse
et sa lumière ont illuminé ma vie
et inspiré chaque ligne de cet ouvrage.

Introduction

Le véritable défi de l'existence ne se limite pas à obtenir ce que l'on veut, encore faut-il continuer de désirer ce que l'on a. Nombre d'individus ont appris à accéder à ce qu'ils souhaitaient, mais alors, ils cessent de l'apprécier. Ils ont beau recevoir tant et plus, ce n'est jamais assez ; ils éprouvent en permanence la sensation qu'il leur manque quelque chose. Ils ne sont pas contents d'eux-mêmes, de leurs relations, de leur santé ou de leur travail. Un élément quelconque vient toujours troubler leur tranquillité d'esprit.

À l'opposé, il y a ceux qui sont bien plus satisfaits de ce qu'ils sont, de ce qu'ils font, de ce qu'ils ont, mais qui ne savent pas comment obtenir davantage ce qu'ils désirent. Leur cœur est ouvert à la vie, et pourtant ils ne parviennent pas à réaliser véritablement leurs rêves. Ils font de leur mieux, mais se demandent pourquoi d'autres ont plus qu'eux. La plupart des gens se situent quelque part entre ces deux extrêmes.

La réussite personnelle constitue le juste milieu, à savoir, cet état où l'on obtient ce qu'on veut et où l'on continue de vouloir ce qu'on a. Elle ne se mesure pas à ce que l'on est, à ce que l'on possède ou à ce que l'on a accompli, mais à la satisfaction que l'on en tire. Cette réussite personnelle est à notre portée. Encore nous faut-il en connaître la définition et se fixer clairement l'objectif d'y accéder.

La réussite personnelle signifie obtenir ce qu'on désire et continuer de désirer ce qu'on a

Cependant, la réussite personnelle ne se limite pas à être satisfait ou heureux de son existence. Elle implique également de se sentir confiant, convaincu de sa capacité à obtenir ce qu'on veut et motivé pour faire le nécessaire ou s'en donner les moyens. La réussite personnelle exige de véritablement comprendre comment on peut se créer la vie que l'on désire. Pour y parvenir, certains doivent découvrir la façon d'obtenir davantage, d'autres, celle d'être plus heureux. Et la plupart des individus ont besoin d'acquérir conjointement ces deux facultés fondamentales.

Il ne suffit pas de s'en remettre au hasard, au destin, à la chance ou à la bonne fortune. S'il arrive parfois que ces aptitudes primordiales soient innées, le plus souvent, nous devons préalablement en faire l'apprentissage théorique et pratique, avant d'accéder au succès. Fort heureusement, nous pouvons apprendre comment atteindre la réussite personnelle et nous en sommes probablement plus près que nous ne l'imaginons. Pour la majorité d'entre nous, il s'agit seulement d'opérer quelques changements, minimes mais essentiels, dans notre manière de penser, de ressentir ou d'agir, afin de générer l'existence pleine et riche à laquelle nous aspirons.

Quelques changements, minimes mais essentiels, dans notre manière de penser peuvent nous ouvrir la voie vers une plus grande réussite personnelle.

La mise en application d'un ou deux nouveaux principes peut littéralement tout bouleverser du jour au lendemain. Même si les circonstances extérieures demeurent momentanément inchangées, notre perception de l'existence peut se métamorphoser en l'espace d'un instant. Si nous sommes comme aveuglés par la vie, nous pouvons immédiatement retrouver une vision plus claire et moins stressante, en adoptant certains principes « filtrants ». Ainsi, en procédant à certains réajustements, nous nous sentirons non seulement plus heureux de ce que nous avons, mais aussi plus confiants, dans la mesure où nous aurons la certitude d'être sur la bonne voie – celle qui nous permettra d'obtenir ce que nous désirons.

Nous devons franchir quatre étapes pour accéder à une plus grande réussite dans notre vie. Au fil de ce livre, nous explorerons chacune d'entre elles en détail. Pour l'heure, en voici une description sommaire.

Première étape : se fixer des objectifs

En d'autres termes, déterminer comment nous nous situons aujourd'hui et identifier clairement ce dont nous avons besoin pour accéder au juste équilibre correspondant à notre réussite individuelle. Nous aurons beau faire tous les efforts du monde, si nous allons dans la mauvaise direction, nous ne rencontrerons que résistance et obstacles, et nous n'arriverons jamais à la destination voulue. En agissant en harmonie avec les aspirations de notre âme, sans nous limiter à celles de notre esprit, de notre cœur et de nos sens, nous serons vraiment prêts à accéder à la réussite, tant intérieure qu'extérieure.

Deuxième étape : recevoir ce dont nous avons besoin

À savoir, apprendre à obtenir ce qui nous est indispensable pour rester fidèles à nous-mêmes. Il ne suffit pas de dire : « Je veux être moi. » Pour nous connaître nous-mêmes et demeurer en accord avec ce que nous sommes, nous devons prendre conscience des dix différentes sortes d'amour et de soutien nécessaires au bien-être de chaque individu. En identifiant ce qui nous manque et en nous donnant les moyens de l'obtenir, nous déclenchons automatiquement le processus de la réussite personnelle. Une voiture peut être en excellent état de marche, mais si on ne l'alimente pas en essence, elle ne roulera pas. De la même façon, si certains de nos besoins d'amour ne sont pas satisfaits, nous ne pouvons pas découvrir notre véritable moi.

Troisième étape : obtenir ce que nous voulons

C'est-à-dire connaître les recettes secrètes permettant d'engendrer notre réussite extérieure, sans pour autant renoncer à notre intégrité. Prendre conscience de l'importance des aspirations profondes, des pensées positives et des sentiments passionnés, pour générer et attirer tout ce que nous désirons. Apprendre à renforcer la puissance de nos désirs, en reconnaissant et en transformant nos émotions négatives.

Quatrième étape : supprimer les blocages entravant la réussite personnelle

Il existe douze types de freins, qui peuvent nous empêcher d'obtenir ce que nous désirons : les reproches, la dépression, l'anxiété, l'indifférence, le jugement, l'indécision, la velléité, le perfectionnisme, le ressentiment, l'apitoiement sur soi, la confusion et la culpabilité. En les définissant et en les identifiant, nous déblayons notre chemin, pour mieux atteindre la réussite intérieure et extérieure. Nous devons apprendre à nous débarrasser de ceux qui, parmi ces douze blocages, brident notre course. Forts de cette nouvelle aptitude, nous en venons à constater que plus rien, en dehors de nous-mêmes, ne nous fait obstacle.

DÉBORAH TROUVE UN ÉPOUX

Lorsque Déborah entreprit son apprentissage de la réussite personnelle, elle luttait avec acharnement afin d'accéder à un plus grand bonheur extérieur, et cherchait désespérément à se marier. En réorientant son objectif vers la quête de la paix et de la satisfaction intérieures, elle acquit la faculté de lâcher prise. Pour opérer ce changement, elle prit conscience qu'elle ne recevait pas le soutien dont elle avait besoin. Elle ne se donnait pas la possibilité de se détendre et de faire ce qu'elle voulait. À mesure qu'elle se sentit mieux, vis-à-vis d'elle-même et de son existence, elle fut enfin en mesure d'attirer et de générer ce qu'elle voulait.

Non seulement elle trouva un excellent travail, mais elle finit aussi par rencontrer l'homme de ses rêves, qu'elle épousa. Pour se lancer dans sa nouvelle vie professionnelle et sentimentale, il lui avait fallu d'abord éliminer trois de ses freins à la réussite personnelle. Par le passé, lorsqu'il s'agissait de s'engager, elle se retrouvait en proie à un état de confusion, de jugement et d'indécision. Le dépassement de ces trois blocages lui donna la capacité de continuer de désirer l'homme qui l'aimait. En suivant les quatre étapes menant à la réussite personnelle, Déborah commença à réaliser ses rêves.

TOM OUVRE SA BOULANGERIE

Depuis toujours, Tom rêvait de posséder sa propre boulangerie, mais il s'était résigné à travailler dans une chaîne de télévision. Cet emploi ne correspondait en rien à ses aspirations et occasionnellement, il jugeait ses collègues ou éprouvait du ressentiment à leur égard. La première étape que Tom devait franchir pour accéder à la réussite personnelle fut de se fixer l'objectif d'être heureux, en dépit de sa situation. Il se mit à pratiquer la méditation et, en conséquence, connut une satisfaction et un bien-être intérieurs croissants.

Son activité professionnelle ne constituait plus, pour lui, une source majeure de frustration. En obtenant le soutien dont il avait besoin grâce à la méditation, il se mit à visualiser ce qu'il désirait. Il commença immédiatement à obtenir des choses minimes. Soudain, sa vie lui sembla remplie de petits miracles. Il voulait qu'on le charge d'une mission dans une autre ville, et on la lui confiait. Il avait envie d'être reconnu ou félicité, et il l'était. C'est ainsi que grandit sa confiance dans le fait qu'il pouvait attirer et générer ce qu'il désirait.

Cette assurance lui donna la liberté de poursuivre ses rêves. Il démissionna et ouvrit une boulangerie. Pour opérer ce changement, il avait préalablement dû dépasser ses blocages. À son travail, il se trouvait souvent confronté au ressentiment et au jugement. Progressivement, à mesure que ces entraves tombaient, il se débarrassa aussi de ses tendances velléitaires et de son indécision, et put enfin créer sa propre entreprise, aujourd'hui très prospère.

ROBERT RENOUE AVEC SES ENFANTS

Robert était déjà multimillionnaire lorsque nous commençâmes à appliquer les principes et les techniques de la réussite personnelle. Il avait atteint le succès matériel, mais au fond de lui, il se sentait misérable. Il avait traversé trois divorces et ses enfants ne lui parlaient plus. Extérieurement, il semblait tout avoir et personne, excepté son thérapeute et ses ex-épouses, ne devinait l'ampleur de sa souffrance. Pour les gens moins riches, il est difficile d'imaginer qu'un individu possédant des millions puisse avoir du mal à trouver le bonheur. Pourtant, c'est un cas de figure très courant.

Robert apprit à regarder en lui-même pour trouver son propre bien-être. Il désirait rencontrer une femme avec qui partager son immense fortune, mais avant tout il devait l'apprécier lui-même. Il lui fallait toujours sortir escorté d'une superbe créature, pour se sentir bien. Durant une année, il décida de se passer de partenaire et s'octroya du temps pour voyager dans le monde entier.

Cet apprentissage du bien-être en solitaire lui ouvrit une nouvelle perspective sur son existence. Il entreprit de réparer ses relations avec ses enfants et se rendit disponible à cet effet. À mesure qu'il donnait et recevait l'amour dont il avait besoin, sa dépendance à l'égard de la réussite extérieure s'amenuisait. Certes, il était content de sa situation matérielle, mais il mesurait à présent combien elle l'avait empêché d'accéder à la paix et au bonheur véritable.

Pour résoudre ses problèmes familiaux et trouver une compagne de vie, il lui avait fallu surmonter de nombreux blocages. Il avait dû se débarrasser de sa tendance aux reproches, au jugement et à l'indifférence envers ses ex-épouses et comprendre pourquoi ses enfants le rejetaient. Une fois libéré de ces freins, il put enfin rétablir d'authentiques liens paternels, connaître l'harmonie et la joie dans son existence et en éprouver une profonde gratitude.

AFFRONTER LES DÉFIS DE L'EXISTENCE

Lorsque nous accédons à la réussite personnelle, la vie cesse d'être une lutte permanente. Ce qui semblait difficile devient plus aisé. Les circonstances apportent toujours leur lot de problèmes, mais nous parvenons mieux à les résoudre. Certaines portes qui nous paraissaient définitivement closes s'ouvrent, comme par enchantement. Nous nous sentons soulagés, libres d'être nous-mêmes et de remplir notre mission sur Terre. Nous sommes mieux armés pour aller de l'avant. Dès lors, les inévitables défis de l'existence deviennent des opportunités d'avancer et nous rendent plus puissants.

Peut-être n'avions-nous pas conscience de la bonté et de la grandeur de notre être. Mais désormais, grâce à notre nouvelle compréhension des choses, la lumière radieuse de notre vrai moi brillera et éclairera notre chemin. Ce sera alors la fin de notre voyage dans les ténèbres. Non seulement nous aurons une vision de plus en plus claire de notre raison d'être, de ce pour quoi nous sommes là, de ce que nous avons à faire mais, de surcroît, nous comprendrons aussi que nous ne sommes pas seuls, que nous sommes aimés et soutenus en ce bas monde. Et cette vérité se manifestera en nous telle une sensation, une expérience vécue et tangible.

LORSQUE POINDRA EN NOUS LA LUMIÈRE INTÉRIEURE
ÉMANANT DE L'AMOUR DE SOI, NOTRE VOYAGE
DANS LES TÉNÈBRES SERA RÉVOLU

La réussite personnelle n'est pas un état de grâce idyllique, dénué de conflits, de déceptions ou de frustrations. Un aspect essentiel de notre apprentissage réside dans la transformation des émotions négatives en sentiments positifs et des expériences fâcheuses en leçons à tirer. L'intégrité ou la fidélité à soi-même n'est pas une condition établie et innée, mais un processus de croissance, impliquant d'importantes mutations et fluctuations, à mesure que nous affrontons les hauts et les bas de l'existence. Réussir ne veut pas dire rester debout en toute circonstance ; cela signifie savoir exactement comment se relever chaque fois que l'on tombe.

Ceux qui prennent le risque d'être eux-mêmes et de suivre leur cœur seront parfois amenés à tomber. Les erreurs, revers et réajustements constituent un aspect inévitable de la vie, un élément important de notre apprentissage et de notre développement.

La principale différence entre réussir et ne pas réussir dans la vie réside dans la faculté de toujours savoir comment se relever

La réussite personnelle varie selon les individus. Pour certains, elle ressemble aux montagnes russes et ils adorent les sensations fortes qu'elle leur procure. Pour d'autres, c'est une traversée paisible sur un bateau à roue. Même si elle est entrecoupée de multiples haltes et redémarrages, ils prennent plaisir à admirer un beau paysage et à entretenir une agréable conversation. Et d'ailleurs, la plupart du temps, ils parviennent à trouver une vitesse de croisière constante et ininterrompue. Quoi qu'il en soit, le parcours de chacun dans la vie est unique, mais dans tous les cas, il sera jalonné d'arrêts et de départs, de tours et de détours, de hauts et de bas.

Lorsque nous connaissons la réussite personnelle, nous continuons d'éprouver des sentiments négatifs, mais ils nous mènent toujours vers des vagues croissantes de joie, d'amour, de confiance et de paix. Une fois que nous avons appris à dépasser les émotions déplaisantes, nous comprenons combien elles sont importantes, et pour rien au monde nous ne voudrions vivre sans elles. Si un être humain aspire à une existence totalement dénuée de ce flot de sensations positives et négatives, eh bien, qu'il se rende au cimetière et qu'il repose en paix !

Être en vie signifie se maintenir constamment en mouvement. Le secret de la réussite personnelle, c'est de toujours rester au contact de notre paix, notre joie, notre confiance et notre amour intérieurs. Si nous sommes rassurés quant à notre capacité à obtenir ce que nous désirons, si nous sentons que nous disposons des moyens de développer cette aptitude, si nous avons la conviction d'être sur la bonne voie, nous cessons de vivre en proie à une impatience et à une agitation constantes. Nous acceptons que l'existence soit un processus et nous comprenons qu'il faut parfois du temps pour réaliser nos souhaits. Lorsque notre cœur est ouvert et que nous sommes fidèles à nous-mêmes, nous devenons alors capables d'apprécier chaque pas de notre chemin individuel. L'attente d'une vie parfaite disparaît d'elle-même à mesure que nous découvrons à quel point les choses que nous attirons et générons dans notre existence sont parfaites *pour nous*.

Nous détenons alors la clé de notre avenir. Nous avons le pouvoir de le construire, et personne d'autre ne peut le faire à notre place. Forts de cette nouvelle compréhension, nous acquérons la capacité à trouver des réponses à toutes nos questions éventuelles, passées et présentes, concernant la mise en œuvre de notre réussite. Nous découvrons une perspective inédite, qui nous permet de donner un sens à toutes nos expériences. Remplis de confiance, nous savons dès lors comment il nous faut agir pour arriver au but que nous nous sommes fixé. Ces quatre étapes constituent une feuille de route, à la fois spirituelle et pratique, qui nous aidera à nous orienter et à nous créer la vie qui nous convient et pour laquelle nous sommes faits.

1

L'argent ne fait pas le bonheur

Nombreux sont ceux qui ont accompli de grandes choses dans leur existence et qui, néanmoins, ne parviennent pas à trouver la paix. Le monde est rempli de millionnaires malheureux qui ne peuvent entretenir de relations amoureuses durables. Cependant, ces gens – et les personnes qui essaient de les imiter – continuent de croire qu'en amassant davantage d'argent ou autres biens matériels, ils finiront par se sentir bien dans leur peau et dans leur vie.

Pourtant nous le savons tous : l'argent ne peut acheter ni le bonheur ni l'amour. Même si ce fait est connu de tous, il demeure facile de tomber dans cette illusion et de croire que la réussite extérieure ou sociale, à elle seule, nous apportera le bien-être dont nous rêvons. Plus nous pensons que l'argent peut nous rendre heureux, plus nous perdons notre capacité à être heureux sans lui.

En lisant cela, une partie de nous se dit probablement : « Oui, je sais bien que l'argent ne fait pas le bonheur, mais il peut assurément y contribuer. » Bien que cette idée nous paraisse sensée, il est important de reconnaître qu'il s'agit d'une conception erronée et qu'en réalité elle nous dépouille de notre pouvoir. Pour réajuster notre orientation dans la vie, pour nous assurer d'être sur la voie de la réussite personnelle, nous devons admettre que l'argent ne peut pas nous apporter la félicité. Et si, par expérience, nous croyons constater le contraire, ce n'est rien d'autre qu'une illusion.

La nature de l'illusion

Arrêtons-nous un instant pour explorer la nature de l'illusion. Lorsque nous voyons le Soleil suivre sa course dans le ciel chaque jour, nos sens enregistrent son mouvement, mais une partie de nous sait qu'en fait, il ne se déplace pas. Nous avons appris que la Terre tournait autour de son axe et, malgré notre impression d'immobilité, notre esprit est conscient que le mouvement du Soleil est une illusion et qu'en vérité, c'est nous qui nous déplaçons.

La compréhension de cette illusion requiert une forme de pensée abstraite. Un petit enfant est incapable d'intégrer ce type de concept. À l'école ou au collège, les enseignants remarquent bien le passage de la pensée concrète à la pensée abstraite dans le développement d'un élève. Et, en général, cela se produit quasiment du jour au lendemain. Jusqu'à un certain moment, l'élève n'est pas apte à comprendre une équation algébrique et subitement, lorsque son cerveau y est prêt, il en saisit le sens. Tant que son cerveau ne sera pas assez développé, tous les efforts de l'enseignant seront vains.

POUR COMPRENDRE OU RECONNAÎTRE UNE ILLUSION, LE CERVEAU DOIT ATTEINDRE UN CERTAIN NIVEAU DE DÉVELOPPEMENT

Ce passage de la pensée concrète (le monde est tel qu'on le voit) à la pensée abstraite (les concepts sont tout aussi réels) se produit généralement autour de la puberté. Lorsqu'un enfant atteint l'âge de douze ou treize ans, son cerveau est assez mûr pour assimiler des concepts que les adultes considèrent comme évidents. Or, de la même façon, les capacités cérébrales de l'humanité entière se développent avec le temps. Des idées qui ont défié les plus grands esprits de l'Histoire sont aujourd'hui acceptées et intégrées par des élèves de quatorze ans.

L'évolution du sens commun

Il y a seulement cinq cents ans, tout le monde croyait que notre planète était plate et que le Soleil se déplaçait dans le ciel. Les humains n'étaient pas prêts à déceler le caractère irréaliste de cette illusion. Leur cerveau n'était pas apte à appréhender les idées abstraites nécessaires pour admettre que la Terre tournait et que le Soleil était immobile. Lorsque Copernic décrivit ce phénomène en 1543, beaucoup ne purent accepter une telle remise en cause de leurs croyances. Le savant fut perçu, par l'Église, comme une menace et emprisonné dans sa propre maison pour le restant de ses jours.

Il fallut un nombre d'années relativement limité pour que sa découverte devînt une théorie acceptée. Une idée qui paraissait jadis inconcevable pour la majorité des esprits s'était transformée en une vérité, un fait établi. L'humanité avait fait un gigantesque bond en avant. Aujourd'hui, elle est en train de franchir une autre grande étape de son évolution : elle est enfin prête à comprendre les secrets de la réussite personnelle. Tous les grands enseignements philosophiques et spirituels l'ont conduite jusqu'à ce point, et tandis qu'elle s'aventure vers l'inconnu, ces traditions importantes demeureront des fondements solides de son développement. L'étudiant en algèbre se basera toujours sur des notions mathématiques relevant de la « pensée concrète » pour progresser.

Au cours de cette passionnante période de notre histoire, de nombreuses illusions sont reconnues comme telles — notamment en ce qui concerne les relations entre hommes et femmes. On me demande toujours : « Pourquoi personne n'a écrit *Les hommes viennent de Mars, les femmes viennent de Vénus* avant vous ? Tous ces principes semblent si évidents. Cela tombe sous le sens. »

Une idée dont l'heure est venue

La réponse à cette question est simple : le moment est opportun, les temps sont favorables, l'heure est venue pour que cette idée fasse son chemin. Elle n'aurait pas eu tant de succès il y a cinquante, voire même vingt ans. Lorsque j'ai commencé à enseigner les principes de *Les hommes viennent de Mars, les femmes viennent de Vénus,* au début des années quatre-vingt, mes propos suscitaient encore de la colère et de l'indignation. Ils étaient souvent mal interprétés et mal compris. Les esprits n'étaient pas encore prêts à intégrer la notion que les hommes et les femmes étaient radicalement différents et, en même temps, égaux, c'est-à-dire tout aussi valables, estimables. S'il existait une distinction aussi nette entre les sexes, cela signifiait nécessairement que l'un devait être meilleur que l'autre. Et comme je suis un homme, les gens supposaient que je prônais la supériorité du genre masculin. Progressivement, au cours des quinze dernières années, les idées développées dans *Les hommes viennent de Mars, les femmes viennent de Vénus* ont été acceptées par le grand public, non seulement aux États-Unis, mais dans le monde entier. Cette évolution dans nos modes de pensée est planétaire.

Ce qui semble relever du bon sens pour une génération donnée a toujours constitué une découverte pour les précédentes. Il y a seulement cinquante ans, le mouvement féministe revendiquait l'égalité des sexes, en sous-entendant qu'ils étaient semblables. Si les femmes devaient prouver qu'elles étaient comme les hommes pour défendre leur statut, du moins la société abandonnait la notion de supériorité des uns sur les autres. Aujourd'hui, une fois de plus, les mentalités ont changé : il nous paraît naturel de considérer les hommes et les femmes comme différents, sans pour autant en déduire que les uns sont « meilleurs » que les autres.

CE QUI RELÈVE DU BON SENS POUR UNE GÉNÉRATION DONNÉE A TOUJOURS CONSTITUÉ UNE DÉCOUVERTE POUR LES PRÉCÉDENTES

Nous sommes en passe de reconnaître l'égalité des sexes sans supposer, à tort, que l'un est, d'une manière ou d'une autre, intrinsèquement supérieur à l'autre. Cette même prise de conscience éveille progressivement nos esprits et nous prépare à dépasser la notion de discrimination raciale. De la même façon, un nombre croissant de gens en sont venus à accepter et à apprécier la valeur des multiples enseignements spirituels que l'on trouve de par le monde. Il est à présent courant de penser que Dieu ne fait pas de distinction selon l'affiliation religieuse. La Grâce divine est accessible à tous – agnostiques, athées, chrétiens, juifs, hindous, musulmans ou autres. Dieu nous aime quelles que soient nos croyances. Avec les progrès de la technologie, le monde nous semble de plus en plus petit et nous avons la possibilité de découvrir sur le terrain les mérites des divers cultes et traditions inhérents aux différentes civilisations. Grâce à cette reconnaissance du bien chez tous les peuples, indépendamment de leur foi, beaucoup d'individus ont pu se libérer de leurs idées trop étroites et périmées.

Des millions de vies ont été sacrifiées, à cause de l'incapacité des hommes à comprendre que les messages spirituels pouvaient être à la fois différents et égaux. Au seuil de ce nouveau millénaire, le sens commun commence à intégrer la notion que toutes les grandes religions, si divergentes soient-elles, peuvent enseigner la vérité – et honorer le bien. Nombreuses sont les routes qui mènent au même endroit. Ainsi, nous dépassons l'illusion d'une seule voie juste, d'un peuple supérieur, d'une doctrine suprême et universelle. De surcroît, lorsque nous reconnaissons une forme de sagesse dans toutes les religions, nous sommes d'autant mieux en mesure de discerner les vérités inhérentes à notre chemin individuel.

Une nouvelle porte s'ouvre

Grâce à ces progrès du sens commun, une nouvelle porte s'ouvre pour l'humanité. Nous sommes à présent capables de débusquer d'autres illusions : celle que le monde extérieur conditionne notre bien-être, celle que la réussite matérielle a le pouvoir de nous rendre heureux.

Même si l'on a l'impression que nos émotions ou nos sentiments sont tributaires des circonstances externes, en réalité, nous en sommes pleinement responsables. Lorsque le monde extérieur nous prodigue ce que nous désirons et nous « rend heureux », notre satisfaction demeure éphémère, car nous pensons qu'il nous en faut toujours davantage pour accéder à la félicité. Or, en nous assujettissant ainsi à notre environnement, nous perdons graduellement contact avec notre moi profond. Tant que nous entretiendrons cette dépendance et cette exigence à l'égard de l'extérieur, nous ne connaîtrons que des bonheurs passagers. En revanche, nous commencerons à éprouver une joie bien plus durable si nous rectifions notre mode de pensée et si nous ressentons régulièrement combien les circonstances affectent peu notre état intérieur. À titre d'exemple, explorons le domaine de l'argent.

Nous commençons à éprouver une joie durable lorsque nous ressentons régulièrement combien notre bonheur ne dépend pas des circonstances extérieures

Ce n'est pas l'argent qui nous rend heureux, mais notre conviction, notre sentiment et notre désir intérieurs. Quand nous accédons à une plus grande richesse financière, nous nous réjouissons à l'idée que nous avons les moyens d'être nous-mêmes. En vérité, notre satisfaction ne provient pas de l'argent, mais de cette possibilité de nous réaliser. L'espace d'un instant, nous pensons : « À présent, j'ai le pouvoir d'être moi et de faire ce que je veux. »

Nous nous tournions vers l'argent parce que nous étions incapables de rentrer en nous-mêmes et de prendre conscience que nous détenions ce pouvoir depuis toujours. Dès aujourd'hui, nous pouvons descendre au plus profond de nous, afin de découvrir notre bonté et notre grandeur intérieures. Avec un peu d'apprentissage et d'entraînement, nous commençons véritablement à ressentir l'authenticité de cette notion fondamentale.

Aujourd'hui même, nous détenons le pouvoir de rentrer en nous, pour découvrir notre bonté et notre grandeur intérieures

Nous avons l'impression que l'argent nous rend heureux parce que, dans notre esprit, il nous permet d'être, de faire, d'avoir ou de vivre ce que nous désirons. Nous souffrons d'une déficience dans notre capacité à reconnaître que notre vrai moi est déjà plein de bonheur, d'amour, de paix et de confiance.

Cependant, cette sensation intérieure est à la portée de tout individu. Par le passé, seuls une poignée d'entre nous pouvaient parvenir à une telle prise de conscience, et cela exigeait parfois toute une vie de dévotion et de sacrifice. Aujourd'hui, cette expérience nous est immédiatement accessible, à condition de faire quelques pas dans une nouvelle direction. Ce qui était jadis réservé aux reclus, qui quittaient la société pour trouver la paix intérieure, devient possible pour nous tous, sans que nous devions pour autant renoncer à un mode de vie normal.

Jim avait environ quarante-deux ans lorsqu'il vint me voir en consultation. Il était déprimé, insatisfait du tour qu'avait pris son existence. Lorsqu'il voyait les gens passer dans des voitures de luxe, il se sentait mal, comme s'il avait échoué quelque part. Il n'était pas à la hauteur, pas assez bien.

Il nourrissait du ressentiment à l'égard de tous ceux qui étaient mieux lotis que lui. Il avait pourtant tout bien fait comme il fallait. Il était allé à l'école, avait travaillé dur et se rendait à l'église régulièrement. Pourquoi n'avait-il pas, lui aussi, de « beaux joujoux » ? Que lui manquait-il ? Jim était plein de rancœur : il jugeait les riches et s'apitoyait sur lui-même.

À la suite d'un séminaire sur la réussite personnelle, toute son attitude à l'égard de l'argent changea. Il comprit qu'il n'avait jamais vraiment aspiré à la fortune, et cela expliquait pourquoi il ne possédait pas grand-chose. Même s'il désirait plus, il s'aperçut qu'en réalité, il avait correctement réussi dans la vie. Il commença également à voir combien il se freinait lui-même en rejetant l'argent.

Son nouveau défi fut de continuer à être heureux en ayant moins, tout en aspirant à plus. S'il apercevait une voiture de luxe, il se disait : « C'est pour moi, je la mérite. » À mesure qu'il se libérait de son ressentiment et de son jugement face à l'argent, il s'autorisa à vouloir plus. Il se pardonna ses revers et ses erreurs et fut même reconnaissant des leçons qu'il en avait tirées.

Il apprit qu'il détenait le pouvoir de posséder davantage et, en même temps, d'être pleinement heureux avec ce qu'il avait. Il ressentait clairement qu'il n'avait pas besoin de plus pour trouver le bonheur. De surcroît, à mesure que son attachement à l'argent diminuait, il se mit à en gagner davantage. Il avait découvert le secret permettant d'obtenir ce que l'on veut. Il était capable de désirer plus, tout en appréciant ce qu'il avait déjà.

CE QUI N'ÉTAIT JADIS ACCESSIBLE QU'À QUELQUES ÉLUS, QUI CHOISISSAIENT DE S'ISOLER DE LA SOCIÉTÉ ET DE SES TENSIONS, POUR TROUVER LA PAIX INTÉRIEURE, EST AUJOURD'HUI À LA PORTÉE DE TOUS

J'ai commencé à enseigner un certain nombre de principes relatifs à la réussite personnelle voilà maintenant plus de vingt-cinq ans. Au début, cela donnait des résultats très corrects, mais loin d'être aussi positifs qu'aujourd'hui. Ces techniques ont assurément fonctionné pour moi, mais j'ai dû y consacrer la majeure partie de ma vie, avant d'atteindre ce stade. Ce que les gens peuvent apprendre aujourd'hui en un week-end, lors d'un séminaire de deux jours, j'ai mis plus de vingt ans à l'acquérir. Entre alors et maintenant, c'est le jour et la nuit. Et déjà à l'époque, les progrès paraissaient impressionnants.

Même si un précepteur aime se créditer d'un peu de la réussite de ses élèves, je suis pleinement conscient que le moment est opportun. L'humanité traverse une étape formidable. Nous sommes tous nés en cette période exceptionnelle pour franchir ce pas ensemble. Lorsque le cerveau est prêt, comme en algèbre, de nouvelles prises de conscience et formes de compréhension deviennent accessibles, moyennant un peu d'apprentissage et de pratique.

Au cours de mes vingt-cinq ans d'activité, en qualité de conseiller et de thérapeute – autant dire d'enseignant –, j'ai été témoin de ce passage. À présent, la capacité d'intégrer la notion que nous sommes seuls responsables de nos sentiments est à la portée de tous. Grâce à ce principe simple, mais essentiel, les secrets permettant de générer notre réussite personnelle ne sont plus seulement réservés à une poignée d'heureux élus : chacun d'entre nous est enfin en mesure de les comprendre et de les appliquer.

2

La réussite extérieure amplifie nos sentiments

L'argent, la reconnaissance, le mariage, les enfants, un très bon travail, de superbes vêtements, un gros gain au loto ou toute autre manifestation extérieure de réussite agit comme un miroir grossissant, qui nous renvoie nos sentiments intérieurs. Si nous sommes déjà paisibles, heureux, aimants ou confiants, nous le serons d'autant plus.

De la même façon, lorsque nous nous sentons insatisfaits, la joie, l'amour, la confiance ou la paix diminueront dans notre existence. Tant que nous n'aurons pas préalablement atteint un certain degré de réussite intérieure, le fait d'« avoir plus » ne fera que compliquer notre vie et générer davantage de problèmes. Si nous ne sommes pas déjà heureux, devenir riches ne nous apportera pas la félicité.

En revanche, dans la mesure où nous avons clairement conscience que notre bien-être ne dépend pas de notre situation financière, la richesse peut contribuer à notre épanouissement. Il n'y a aucun mal à désirer plus d'argent. Cette quête ne nous limite que si nous oublions que la véritable source du bonheur est en nous.

Pour obtenir ce qu'on veut et vouloir ce qu'on a, il nous faut d'abord apprendre à être satisfaits, à aimer, à avoir confiance et à nous sentir en paix, indépendamment de toute condition externe. De cette façon, à mesure que notre situation financière ou sociale s'améliorera, nous pourrons devenir plus heureux. Si nous découvrons d'abord comment être contents de ce que nous avons déjà, la réussite matérielle suivra de manière adéquate, conformément à ce que nous désirons réellement dans la vie.

L'illusion de la réussite extérieure

SI NOUS N'APPRENONS PAS À GÉNÉRER NOTRE PROPRE RÉUSSITE PERSONNELLE, LE FAIT D'OBTENIR PLUS NE NOUS APPORTERA QUE DAVANTAGE D'INSATISFACTION ET D'ANXIÉTÉ

La promesse de tous les succès extérieurs est en elle-même une illusion. Lorsque nous sommes malheureux, nous croyons qu'une nouvelle voiture, un meilleur travail ou une relation amoureuse nous rendra plus heureux. Pourtant, chaque nouvelle acquisition ne produit que l'effet opposé.

Lorsque nous nous sentons insatisfaits, nous avons souvent tendance à nous dire qu'en « ayant plus », nous serons délivrés de notre souffrance intérieure. Mais ce n'est pas le cas. Car nous ne recevons jamais assez. Plus nous sommes contrariés « parce que nous n'avons pas davantage », plus l'illusion de la réussite extérieure s'amplifie. Nous croyons que nous ne pouvons pas accéder au bien-être, à moins d'obtenir plus, et cette conviction ne fait que croître. Voici quelques variations courantes sur ce même thème :

« Je ne pourrai pas être heureux tant que je n'aurai pas gagné un million de dollars. »

« Je ne pourrai pas être heureuse tant que mes factures ne seront pas payées. »

« Je ne pourrai pas être heureux tant que mon épouse ne changera pas. »

« Je ne pourrai pas être heureuse tant que mon mari ne se montrera pas plus attentionné. »

« Je ne pourrai pas être heureux tant que je n'aurai pas un meilleur travail. »

« Je ne pourrai pas être heureuse tant que je ne perdrai pas de poids. »

« Je ne pourrai pas être heureux tant que je ne gagnerai pas. »

« Je ne pourrai pas être heureuse tant que je ne serai pas respectée ni appréciée. »

« Je ne pourrai pas être heureux tant que ma vie sera aussi stressante. »

« Je ne peux pas être heureuse parce que j'ai trop à faire. »

« Je ne peux pas être heureux parce que je n'ai pas assez à faire. »

Au début, lorsque nous obtenons ce que nous désirons, tout semble aller mieux. Mais après une courte période d'euphorie, nous nous sentons de nouveau insatisfaits et nous retournons à la case départ : nous croyons à tort qu'en ayant plus, nous serons délivrés de notre souffrance et plus heureux. Or, chaque fois que nous nous en remettons à la réussite extérieure pour nous réaliser, nous ressentons un vide plus profond, un manque plus manifeste. Au lieu d'éprouver une joie et une paix croissantes, nous nous retrouvons en proie à davantage de tumulte et de frustration.

Tant que nous n'avons pas atteint la réussite personnelle, plus nous amassons, plus nous devenons insatisfaits. D'ailleurs, les magazines regorgent d'articles témoignant de la détresse des gens riches et célèbres. Pour bien des vedettes, la gloire et l'argent n'engendrent que malheur, toxicomanie, divorce, violence, trahison et dépression.

Leur existence illustre bien l'idée que le succès matériel ou social ne peut nous contenter que si nous sommes déjà en contact avec nos propres sentiments positifs intérieurs. La réussite extérieure peut devenir un paradis ou un enfer, selon le degré de réussite personnelle que nous avons déjà atteint.

La réussite personnelle vient de l'intérieur

Nous accédons à la réussite personnelle lorsque nous sommes capables non seulement d'être nous-mêmes, mais aussi de nous aimer nous-mêmes. Autrement dit, lorsque nous éprouvons une sensation de confiance, de bonheur et de pouvoir, en faisant ce que nous voulons. La réussite personnelle n'implique pas seulement de réaliser ses objectifs, mais aussi de se sentir reconnaissant et satisfait de ce que l'on a, après l'avoir obtenu. Sans cela, peu importe qui nous sommes ou ce que nous possédons, cela ne suffira jamais à nous rendre heureux.

NOUS ATTEIGNONS LA RÉUSSITE PERSONNELLE LORSQUE NOUS NOUS SENTONS VRAIMENT BIEN VIS-À-VIS DE NOUS-MÊMES, DE NOTRE PASSÉ, DE NOTRE PRÉSENT ET DE NOTRE AVENIR

Pour atteindre la réussite personnelle, nous devons d'abord reconnaître combien il est futile de considérer le succès matériel comme notre première priorité. Quel est l'intérêt de parvenir à un but, pour ensuite constater que ce n'est pas assez ? À quoi sert de posséder des millions si, en se regardant dans le miroir, on se sent indigne d'amour ? Pourquoi chanter une chanson qui plaît aux autres quand, au plus profond de soi, on la déteste ? Pour trouver un bonheur authentique et durable, nous devons opérer un réajustement, minime mais essentiel, dans notre mode de pensée. Nous devons faire de notre réussite personnelle, et non matérielle, notre première priorité.

Faire l'expérience du bonheur

Le bonheur durable vient de l'intérieur. Obtenir ce que nous désirons ne peut nous rendre heureux que dans la mesure où nous le sommes déjà. Les accomplissements ou l'acquisition de nouvelles aptitudes ne renforceront notre pouvoir que si nous avons déjà confiance en nous. Nous ne pouvons aimer profondément les autres, quand nous ne nous aimons déjà pas nous-mêmes. Nous ne trouverons la paix, l'harmonie et la détente dans notre existence que dans la mesure où nous serons déjà profondément détendus et paisibles. Le monde extérieur nous apportera des vagues d'amour, de joie, de pouvoir et de paix à la seule condition d'avoir déjà découvert ces sensations en nous.

LA RÉUSSITE MATÉRIELLE NE PEUT NOUS RENDRE HEUREUX QUE SI NOUS LE SOMMES DÉJÀ

Lorsqu'on connaît déjà le bien-être, ce qu'on obtient dans la vie nous permet de mieux le ressentir. C'est comme se prélasser dans un bain chaud. Si l'on reste totalement immobile, au bout d'un moment, on ne remarque plus la chaleur de l'eau. En revanche, en remuant un peu, en faisant bouger les choses, on recommence à percevoir des vagues de chaleur. Pour accéder à ce plaisir, deux conditions doivent être remplies : il faut être plongé dans de l'eau chaude et rester un peu en mouvement.

De la même façon, pour vivre des moments de bonheur, nous devons déjà être intrinsèquement heureux et ensuite, apprécier les montées de plaisir que procure le fait d'obtenir ce que nous désirons. Si nous vivons déjà un bien-être intérieur, point n'est besoin d'une immense réussite matérielle pour engendrer de délicieuses et merveilleuses bouffées de joie.

Si nous sommes immergés dans un bain de confiance, de puissance, d'amour ou de paix, si nous sommes en contact avec ces aspects de notre être profond, alors, en remuant juste un peu, nos actes ou nos interactions avec autrui nous procureront des vagues de confiance, de puissance, d'amour ou de paix.

En revanche, si nous nous sentons malheureux, privés d'affection, mal assurés ou angoissés, notre vie quotidienne nous apportera des accès de frustration, de déception et de chagrin. Nous aurons beau obtenir tout ce que nous désirons, cela ne générera que détresse et tensions.

La véritable cause du malheur

Lorsque la réussite extérieure nous laisse insatisfaits, nous en imputons immédiatement la faute au fait de ne pas avoir davantage. Il est facile de commettre cette erreur. La plupart du temps, lorsque nous sommes malheureux, il nous manque quelque chose. Nous en tirons automatiquement la conclusion suivante : si nous nous sentons mal, c'est parce que nous n'avons pas ce que nous désirons. Or, ce raisonnement est tronqué.

Nous concluons, à tort, que la cause de notre malheur est de ne pas obtenir – ou avoir – ce que nous désirons

À mesure que nous accédons à une plus grande réussite personnelle, nous découvrons que vouloir davantage et ne pas l'obtenir n'engendre pas la détresse. Au contraire, aspirer à plus éveille en nous des sentiments positifs et stimulants, comme la passion, la confiance, la détermination, le courage, l'excitation, l'enthousiasme, la foi, l'estime, la gratitude, l'amour – cette liste pourrait se poursuivre à l'infini. Désirer plus n'est pas la cause du malheur. Lorsque nous sommes déjà heureux et confiants au plus profond de notre être, le fait de souhaiter davantage, et de nous engager dans le processus visant à l'obtenir, génère des vagues de joie, d'amour, de confiance et de paix.

Le désir, c'est-à-dire le fait de vouloir plus, est dans la nature même de notre âme, de notre esprit, de notre cœur et de nos sens. Notre âme aspire toujours à être plus, notre esprit à faire et à savoir plus, notre cœur à aimer et à recevoir plus et nos sens à jouir plus. Si nous sommes fidèles à nous-mêmes, nous aspirerons toujours à davantage.

Vouloir plus est dans la nature de notre âme, de notre esprit, de notre cœur et de nos sens

Il est normal et même bon de souhaiter plus d'harmonie et de passion dans nos relations ou plus de succès dans notre travail, d'apprécier les plaisirs des sens et d'en avoir toujours envie. Vouloir davantage constitue notre état naturel. Il n'y a rien de mauvais dans le désir. Aspirer sans cesse à plus d'abondance, de croissance, d'amour, de jouissance représente l'essence même de la vie.

Ce n'est pas cela qui nous empêche de nous sentir bien. Les circonstances extérieures n'ont rien à voir avec notre état profond. En réalité, le malheur, c'est tout simplement le manque de joie intérieure. En cela, on peut le comparer à l'obscurité, c'est-à-dire à l'absence de lumière : la seule façon de supprimer l'obscurité est d'allumer simplement la lumière. De la même manière, notre malheur se dissipe à mesure que nous apprenons à activer notre rayonnement intérieur.

L'OBSCURITÉ EN ELLE-MÊME NE PEUT ÊTRE SUPPRIMÉE, MAIS ELLE DISPARAÎT AUTOMATIQUEMENT LORSQUE NOUS ALLUMONS LA LUMIÈRE

Lorsque nous sommes en contact avec notre vrai moi, nous nous sentons spontanément heureux. Pourquoi ? Parce que nous le sommes déjà au plus profond de nous. Notre véritable nature est déjà pleine d'amour, de joie, de confiance et de paix. Pour connaître la félicité, nous devons entreprendre un voyage intérieur, pour retrouver et nous remémorer ce que nous sommes réellement. En opérant ce retour sur nous-mêmes, nous découvrons que toutes ces qualités, auxquelles nous aspirons tant, sont déjà là, en nous.

3

Se damner
pour la réussite extérieure

Dans la littérature et le cinéma, nombreux sont les personnages qui, pour accéder à la gloire, à la fortune ou à la beauté, vendent leur âme au diable ou aux « forces obscures ». Or, si ces histoires ne sont que pure fiction, cette métaphore recèle, en fait, une grande part de vérité. Il est bien plus facile de parvenir au succès matériel et social si l'on renonce à ce que l'on est. « Vendre son âme » ou « se damner » signifie simplement privilégier la réussite extérieure, au détriment des désirs profonds de notre âme, c'est-à-dire de notre aspiration à l'amour, à la joie et à la paix.

La confiance, la compassion, la patience, la sagesse, le courage, l'humilité, la gratitude, la générosité, l'assurance, la gentillesse, l'amour, etc., sont des qualités humaines inhérentes à chaque individu. Lorsque nous nions le processus naturel consistant à les développer et à les exprimer, nous nous damnons. Nous atteignons alors la réussite extérieure, mais elle n'est pas véritablement satisfaisante.

Lorsque nous consacrons toute notre attention à cette dernière, nous y arrivons certes plus vite, mais nous nous égarons en route. Nous perdons la faculté de vouloir ce que nous avons. Nous atrophions notre capacité à ressentir la paix dans notre esprit et l'amour dans notre cœur. Le bonheur nous semble fugace, ou juste au coin de la rue mais hors de notre portée.

Beaucoup de gens atteignent une grande prospérité matérielle en faisant fi de toute compassion. Ils nient leur moi profond et aimant, pour devenir plus puissants. En effet, il est plus simple de prendre des décisions et d'agir à sa guise lorsqu'on ne se préoccupe pas d'autrui. C'est la face sombre de la réussite extérieure. Ce n'est assurément pas le cas de tout le monde, mais cela explique pourquoi des individus extrêmement cruels en arrivent à avoir tant de pouvoir.

Comme ils ne s'encombrent pas des besoins et des sentiments de leurs semblables et ne sont animés par aucun souci de justice, ils peuvent assouvir leur égoïsme en toute liberté et avancer impitoyablement. L'Histoire foisonne de personnages puissants et corrompus qui accédèrent à la gloire et à la fortune en maltraitant, négligeant et écrasant les autres. Tout ce qui leur importait était le pouvoir, et non le sort de leurs frères humains. Pour eux, la réussite extérieure comptait bien plus que l'intégrité ou la fidélité à soi-même. Même si, de l'extérieur, leur vie paraissait triomphale et satisfaisante, en réalité, ils étaient dépossédés d'une part essentielle de leur être.

Soyons heureux et la réussite viendra d'elle-même… Mais pas toujours

À l'opposé, d'autres choisissent de rester fidèles à eux-mêmes coûte que coûte, et pourtant ne parviennent souvent pas à accéder à la réussite extérieure. Ils se donnent pour ligne de conduite le principe bien connu de suivre son cœur, de vivre dans la béatitude ou simplement de se laisser porter par le courant. « *Don't worry, be happy* », « Dans la vie, faut pas s'en faire », ou « Lâcher prise et s'en remettre à Dieu » : telles sont parfois leurs devises. Ils croient que s'ils se concentrent sur le seul fait de se sentir heureux, la réussite viendra d'elle-même. Bien que cette philosophie semble séduisante, elle n'est pas toujours infaillible. Être en accord avec soi-même peut certes apporter la félicité, mais cela ne constitue pas en soi la garantie d'obtenir ce que l'on veut.

Il existe dans le monde des millions d'individus qui sont très heureux, même s'ils ne possèdent pas grand-chose. En visitant certains villages d'Inde, d'Asie du Sud-Est, d'Afrique et d'autres contrées, j'ai rencontré beaucoup de gens qui connaissent une paix et une joie immenses dans leur existence, sans réussite extérieure matérielle. Même dans les pays riches, certains des êtres les plus gentils et les plus généreux ont encore du mal à payer leurs factures et à joindre les deux bouts. Ces personnes ont atteint un certain degré de bonheur et d'amour, mais ne savent pas comment obtenir ce qu'elles désirent en ce bas monde.

IL EXISTE SUR CETTE TERRE DES MILLIONS DE GENS QUI SONT HEUREUX, MAIS PAUVRES

Alors que certains ne se soucient guère de la réussite matérielle, d'autres la méprisent, la condamnent, la considèrent comme la source du mal ou la cause des problèmes mondiaux, ce qui n'est pas nécessairement vrai. Ils jettent le bébé avec l'eau du bain. Ils musellent, à tort, leur désir naturel d'avoir plus, sous prétexte que d'autres ont accédé à la fortune en abusant de leur pouvoir. Qu'il s'agisse de simple indifférence ou de refus délibéré, toute attitude négative à l'égard de la richesse constitue un facteur qui la tient à distance, qui la freine, qui la repousse.

Le seul bonheur intérieur ne suffit pas. Si nous devons vivre la vie pour laquelle nous sommes conçus, nous devons aussi nous autoriser à vouloir plus. Ceux qui, parmi nous, ne se soucient guère de l'argent, auraient peut-être intérêt à reconsidérer leur attitude. Car il est possible qu'ils soient inconsciemment en train de bloquer leur aspiration profonde à l'abondance. Même s'ils s'estiment satisfaits de leur existence, ils le seront encore davantage en intégrant tous les aspects de leur être profond.

Parfois, lorsque nous n'obtenons pas ce que nous désirons, nous compensons notre déception en niant nos envies. Plutôt que d'éprouver notre souffrance intérieure, nous cherchons à l'éviter en nous disant : « Ce n'était pas si important que cela », ou : « De toute façon, je n'y tenais pas vraiment. » Cette tendance peut, au bout du compte, étouffer nos émotions et nous empêcher de ressentir nos désirs naturels.

Le moine devenu millionnaire

Lorsque j'avais vingt ans, je suis passé par une phase de rejet vis-à-vis des critères sociaux de réussite. Je me suis retiré de la civilisation, pour mener une existence monacale, en Suisse. Après neuf ans d'ascétisme, j'ai finalement « rencontré Dieu » et découvert une fabuleuse source de bonheur intérieur. Dans une certaine mesure, j'avais renoncé à mon besoin de réussite extérieure. Cependant, je voulais tout de même apporter ma contribution au monde. J'ai donc prié et demandé à Dieu de me montrer le chemin. Et ma voix intuitive m'a soufflé d'aller en Californie.

Je me suis installé à Los Angeles. Vivant dans cette gigantesque métropole, je dénigrais d'autant plus le succès matériel. Je pensais que les riches capitalistes étaient égoïstes et responsables des misères du monde, parce qu'ils obtenaient ce qu'ils voulaient par tous les moyens, quel qu'en fût le prix. Dénués de respect et de compassion à l'égard d'autrui et de l'environnement, ils se souciaient uniquement d'eux-mêmes et ne cherchaient qu'à assouvir leur ambition insatiable de fortune et de pouvoir. Je me rebellais, refusais de trouver un travail et donnais tout mon argent aux pauvres. Au bout de quelques mois, je me suis, moi aussi, retrouvé à la rue.

Or, un soir, un véritable bouleversement se produisit dans ma vie. J'étais assis avec d'autres sans-abri, autour d'un feu, et, comme à l'accoutumée, je transmettais mon message et partageais mes idées. C'est alors qu'un homme me dit, en me tendant une bière : « John, nous adorons t'écouter, mais nous n'avons aucune idée de ce que tu racontes. » Nous avons tous éclaté de rire.

Plus tard, cette même nuit, je me suis rappelé ses paroles. Ce commentaire apparemment insignifiant fut le catalyseur qui me ramena à la raison. Je pris conscience qu'il me fallait trouver ma juste place dans le monde, une place qui me permettrait de remplir ma mission sur Terre, d'une manière conforme à mes principes. Je vis également combien tout le confort, que je prenais jadis pour acquis, me manquait. Même si mon cœur était rempli d'amour et de joie, je me sentais aussi misérable. Ce style de vie n'était pas fait pour moi. J'avais froid, faim et peur ; j'étais perdu et sans le sou. Tout en confiant ma peine à Dieu, je me mis à lui demander de l'aide.

Même si mes neuf ans d'existence monacale m'avaient appris à trouver le bonheur intérieur, je découvris, cette nuit-là, que mon âme aspirait à bien davantage. Je compris une chose essentielle : il ne suffit pas seulement d'être satisfait de ce que nous avons ; encore nous faut-il aussi honorer nos désirs matériels. À mesure que je priais Dieu de recevoir davantage, mes souhaits commencèrent à se réaliser. De petits miracles se produisirent immédiatement autour de moi.

IL NE SUFFIT PAS SEULEMENT D'ÊTRE SATISFAITS DE CE QUE NOUS AVONS ; ENCORE NOUS FAUT-IL AUSSI HONORER NOS DÉSIRS MATÉRIELS

Lorsque j'avais faim, quelqu'un m'invitait à dîner. Si j'étais las de dormir dans ma voiture, un ami me proposait de passer quelque temps chez lui. J'avais besoin d'essence, et spontanément mes parents décidèrent de m'envoyer une carte de paiement d'une chaîne de stations-service. La joie et le soulagement que j'éprouvais en accueillant tous ces cadeaux me conduisirent peu à peu à abandonner mes convictions et sentiments négatifs à l'égard de l'argent et de la richesse. Grâce à cette accumulation continuelle de petites aides matérielles, mon existence commença à redevenir confortable. Je n'avais pas encore trouvé ma voie, mais du moins mes prières étaient exaucées.

J'avais toujours vécu selon le précepte de Jésus : « Cherchez d'abord le royaume de Dieu au-dedans de vous, et tout le reste vous sera donné par surcroît. » À compter de cette nuit mémorable, j'entamai une nouvelle phase de mon parcours. J'avais trouvé « le royaume de Dieu au-dedans de moi » ; désormais, il était temps que « tout le reste me fût donné ». Au cours des neuf années suivantes, je reçus effectivement tout ce que j'avais jamais désiré et par la suite, encore davantage que je ne l'avais imaginé.

Neuf ans de travail intérieur m'avaient conduit à trouver mon vrai moi et à me relier à Dieu. Comme par coïncidence, il me fallut aussi neuf ans pour attirer et générer tout ce que je voulais recevoir du monde extérieur. Puis, après neuf ans de plus, je fus capable d'engendrer une réussite dépassant de loin mes rêves et mes espoirs les plus fous, et d'élaborer des principes et des outils pratiques pour permettre aux autres de réaliser leurs rêves plus rapidement. Mais si cela m'a pris neuf années assidues de méditation, de prière et de dévotion à Dieu pour accéder à la réussite intérieure, cet engagement dans le temps ne constitue plus un impératif incontournable. Au seuil de ce nouveau millénaire, il n'est plus besoin de se retirer de la société et de méditer dix à quinze heures par jour pour trouver le royaume de Dieu en soi.

« Montre-moi l'argent »

Avec le recul, lorsque je repense à mon propre parcours, j'y discerne de nombreux égarements. Pourtant, ces erreurs m'ont été nécessaires pour trouver ma juste place. Heureusement, j'ai reçu assez d'amour et de soutien dans ma vie pour en tirer les leçons. Après avoir connu la privation et le dénuement, je me suis autorisé à demander plus. J'ai appris, de la manière dure, que si l'on ne sollicite rien, on n'obtient rien. Finalement, j'ai découvert que je pouvais prier Dieu non seulement de me « montrer la voie », mais aussi de me « montrer l'argent ».

J'AI PROGRESSIVEMENT APPRIS QUE JE POUVAIS
DEMANDER À DIEU DE ME « MONTRER L'ARGENT »

Hormis la prière, ce qui m'a permis d'avancer était la conscience que je disposais des ressources nécessaires pour réussir en ce bas monde. Je n'étais pas seul. Dieu m'accompagnait. En outre, j'avais une famille et des amis affectueux et fiables, qui pouvaient et allaient m'aider à redémarrer.

J'ai pu rebondir aussi vite grâce au soutien que je pouvais trouver en Dieu et dans mon entourage. Pour que la grâce divine se manifeste dans notre existence, il nous faut d'abord faire tout ce qui est en notre pouvoir pour obtenir ce dont nous avons besoin. Nous ne devons pas nous contenter d'attendre que Dieu se charge de tout à notre place.

LORSQUE NOUS PRIONS, DIEU PREND UNIQUEMENT EN CHARGE CE QUE NOUS NE POUVONS PAS FAIRE NOUS-MÊMES

Il ne suffit pas de trouver Dieu pour accéder à la réussite matérielle ; nous devons aussi être capables de cultiver ce dont nous avons besoin. On aura beau planter une bonne graine dans un sol fertile, si on ne l'arrose pas, elle ne poussera pas. Pour connaître le bien-être, extérieur et intérieur, il est essentiel de pourvoir à nos besoins émotionnels d'amour et de soutien. Lorsque ces derniers sont satisfaits, nous sommes aptes à reconsidérer nos difficultés et à en tirer les leçons pour mieux grandir. Sinon, nous aurons tendance à évoquer notre passé avec rancœur et amertume, et à manquer certaines phases importantes de notre apprentissage et de notre développement.

Par exemple, ma propre expérience de pauvreté, alors que j'étais sans-abri, m'a aidé à davantage ouvrir mon cœur au monde extérieur. Lorsque je m'en suis relevé, j'ai évalué plus justement la nature de l'argent. J'ai clairement compris qu'il pouvait être une bénédiction du ciel comme un billet pour l'enfer. L'argent en soi est neutre : c'est nous qui le rendons positif ou négatif. Ma période de misère m'avait été profitable, car elle m'avait fait prendre pleinement conscience des présents que l'argent pouvait m'offrir.

L'ARGENT PEUT ÊTRE UNE BÉNÉDICTION DU CIEL COMME UN BILLET POUR L'ENFER

Je me rappelle encore la joie et la gratitude que j'ai ressenties lorsqu'un ami, remarquant ma situation financière désespérée, me donna cinquante dollars. J'ai appris qu'un homme affamé apprécie vraiment les choses simples de la vie. En me montrant reconnaissant de ce que j'avais et confiant quant à ma capacité d'obtenir davantage, j'avais adopté une attitude qui, tel un formidable aimant, attirait la réussite dans mon existence.

Aujourd'hui, je jouis du confort et du luxe que me procure l'aisance matérielle et je voyage dans le monde entier. Pourtant, il m'arrive parfois de passer quelque temps à vivre comme un indigène dans des régions sous-développées. Le fait de me priver ainsi des commodités les plus élémentaires de nos sociétés occidentales m'empêche de les considérer comme acquises et d'oublier combien ce que j'ai est appréciable.

Une énorme quantité de stress disparaît de notre vie quand notre souci majeur est de trouver de l'eau potable, du papier-toilette, de la nourriture, une douche et un lit. Lorsque je me retrouve temporairement dépourvu de tout ce confort habituel, je me rends compte que je peux à nouveau être heureux sans lui. Comme les plaisirs de l'esprit, du cœur et des sens sont inaccessibles, la lumière intérieure de l'âme a une chance de briller plus intensément.

Cependant, cela ne constituerait pas une expérience aussi enrichissante ni un défi aussi positif, si je ne savais pas que j'ai également la possibilité de revenir à la réussite matérielle. Lorsque je choisis d'abandonner les privilèges de la civilisation, ce n'est que provisoire. J'honore toujours mon attachement à la jouissance, au confort, à l'abondance, à l'argent, à la santé, à ma famille et à mes amis. Au bout de cinq ou six jours, lorsque je retrouve enfin une agréable chambre d'hôtel, avec une vraie salle de bains et de l'eau chaude, je ressens un tel bien-être, une telle joie physique, que je remercie Dieu de m'avoir aussi apporté la réussite extérieure.

Il ne fait aucun doute que la quête de l'argent fait du mal au monde. Mais n'en oublions pas la raison fondamentale. L'abondance matérielle ou l'envie d'y accéder n'est pas le problème. La réussite extérieure ne constitue la cause du malheur que si nous en faisons notre première priorité et négligeons notre intégrité. Une fois que nous avons assouvi les aspirations de notre âme, c'est-à-dire une fois que nous sommes parvenus à être pleinement nous-mêmes, alors, l'argent devient une bénédiction.

Le désir d'opulence et de prospérité est sain et salutaire. Le succès matériel ne nous détourne pas nécessairement de notre moi véritable. Nous pouvons accéder à la réussite extérieure et rester fidèles à nous-mêmes. Nous pouvons obtenir ce que nous souhaitons, tout en continuant d'aimer et de cultiver ce que nous avons. En comprenant certains principes de base, nous pouvons générer notre réussite personnelle, à la fois intérieure et extérieure.

4

Recevoir ce dont on a besoin

Jusqu'ici, nous avons vu qu'avant de se concentrer sur ses désirs extérieurs, il est essentiel de rester fidèle à soi-même et de trouver son bonheur intérieur. Mais comment y parvenir lorsqu'on n'est pas heureux ? Comment s'aimer soi-même – et aimer les autres – si l'on manque d'amour ? Que faire quand on ne supporte pas l'image que nous renvoie notre miroir ? On essaie de toutes ses forces d'adopter des sentiments positifs, mais nos efforts sont vains. Au lieu d'apprécier notre voisin, on est dérangé par sa présence. On veut chérir son conjoint, mais on a du mal à éprouver de l'affection à son égard. Le travail ne nous procure que répulsion et ennui, et non pas la satisfaction que nous souhaiterions en tirer. L'attachement à la famille se transforme en culpabilité, parce qu'on n'aspire qu'à s'en distancer. Comment, dès lors, trouver le bonheur lorsque tout n'est que corvées et que le monde nous accable ?

La réponse à cette question est simple : « Identifions notre besoin et satisfaisons-le. » Une voiture peut être en excellent état de marche mais, sans essence, elle n'ira nulle part. De la même façon, lorsque nous ne recevons pas ce dont nous avons besoin, nous oublions momentanément notre identité profonde. Or, notre véritable nature, c'est le bonheur. Pour la retrouver, la recontacter, il nous suffit simplement de ressentir une sorte particulière d'amour et de soutien. Tant que nous n'ouvrons pas notre cœur, tant que nous ne sommes pas aptes à accueillir ce dont nous avons besoin, nous ne pouvons pas trouver notre voie.

Contrairement à ce que beaucoup d'entre nous ont l'habitude de penser, l'absence de réussite intérieure n'a rien à voir avec le fait de ne pas obtenir ce qu'on veut du monde extérieur. Lorsque les tensions de l'existence nous empêchent de trouver la paix, la joie, l'amour et la confiance, nous devons rentrer au-dedans de nous, nous rappeler qui nous sommes vraiment et nous reconnecter avec notre nature fondamentale. On ne peut pas découvrir le bien-être si, au préalable, on n'a pas reçu ce qui nous est nécessaire.

Lorsque nous sommes malheureux, c'est toujours parce qu'il nous manque un type particulier de soutien. Or, l'amour est comme un carburant : si nous n'en avons plus, nous cessons automatiquement de fonctionner. Une lampe, même neuve, ne donnera pas de lumière si le courant est coupé. Le fait de recevoir de l'amour nous procure la puissance nécessaire pour nous connecter avec notre moi véritable. Obtenir ce dont nous avons besoin, c'est en quelque sorte actionner l'interrupteur permettant d'allumer la lumière. Tous les câbles sont déjà en place ; il nous suffit seulement de faire circuler le courant.

Les vitamines d'amour

Tout comme l'organisme a besoin d'eau, d'air, de nourriture, de vitamines et de minéraux pour rester en bonne santé, l'âme requiert différents types d'amours pour grandir et s'exprimer pleinement, à travers l'esprit, le cœur et le corps. L'esprit aide l'âme à remplir sa mission dans le monde au travers de l'intention, de la définition d'objectifs, de la pensée positive et de la croyance. Le cœur la soutient en emmagasinant ce dont elle a besoin pour croître. Les sens la nourrissent en lui fournissant des informations indispensables et des expériences de plaisir dans le monde extérieur.

LE CŒUR AIDE L'ÂME EN EMMAGASINANT
CE DONT ELLE A BESOIN POUR CROÎTRE

C'est seulement en recevant les ingrédients indispensables à son développement que l'âme a le pouvoir de gouverner notre vie et de nous apporter l'épanouissement. Si nous ne sommes pas connectés à elle, nous sommes perdus. Nous aurons peut-être l'impression de savoir exactement où nous allons mais, en réalité, nous ne nous sentirons jamais véritablement satisfaits. Pour nous relier à notre âme, nous devons être capables d'ouvrir notre cœur et de recueillir le type d'amour qui nous est nécessaire.

Pour être forte et saine, l'âme a besoin de différentes vitamines d'amour. Lorsque notre cœur est fermé ou que notre esprit cherche le bonheur dans la mauvaise direction, nous ne pouvons connaître le bien-être intérieur. En apprenant à identifier nos besoins d'amour et en nous rendant perméables aux vitamines correspondantes, nous serons toujours capables de nous reconnecter à notre moi intérieur.

Il existe, en nous tous, dix différents besoins d'amour, respectivement comblés par dix sortes de vitamines. Chacune d'entre elles est essentielle à notre réussite personnelle. Pour découvrir et vivre notre véritable nature, pour nous libérer instantanément de notre acharnement et de nos luttes, pour commencer à ressentir notre pouvoir de créer et d'attirer le succès dans notre existence, nous devons ouvrir notre cœur et recevoir les dix vitamines fondamentales suivantes.

Les dix vitamines d'amour

1. Vitamine D 1 – amour et soutien provenant de Dieu.
2. Vitamine P 1 – amour et soutien provenant de nos Parents.
3. Vitamine P 2 – amour et soutien provenant de nos Proches (amis et famille) et de nos Plaisirs.
4. Vitamine P 3 – amour et soutien provenant de nos Pairs, c'est-à-dire de ceux qui partagent les mêmes affinités et la même vision de la vie.

5. Vitamine S — amour et soutien provenant de Soi-même.
6. Vitamine R — amour et soutien provenant de nos Relations d'intimité, de compagnonnage et de passion romantique.
7. Vitamine E — amour et soutien à l'égard d'un Enfant ou d'un Être dépendant.
8. Vitamine C — amour que nous redonnons à notre Collectivité, à notre Communauté.
9. Vitamine M. — amour que nous redonnons au Monde.
10. Vitamine D 2 — amour que nous redonnons à Dieu.

Une existence riche et épanouissante sera alimentée par chacun de ces dix types d'amours et de soutiens. Lorsque nous sommes insatisfaits dans la vie (absence de réussite intérieure) ou que nous n'obtenons pas ce que nous désirons (absence de réussite extérieure), c'est fondamentalement parce que nous ne recevons pas ce dont nous avons besoin. Dans bien des cas, notre cœur est ouvert, mais nous regardons dans la mauvaise direction. Parfois aussi, nous avons trouvé une juste orientation, mais nous sommes imperméables, inaptes à absorber l'amour indispensable à notre âme. En apprenant à mieux connaître chacune des dix vitamines d'amour et à nous procurer celles qu'il nous faut, nous découvrons que nous détenons, dès à présent, le pouvoir de réaliser nos rêves.

Les dix vitamines d'amour sont toutes essentielles

Chacune de ces différentes sortes d'amours et de soutiens nous est indispensable si nous voulons être pleins et entiers. Elles ont toutes la même importance. Cependant, il arrive que l'une d'entre elles nous paraisse plus vitale que les autres. En cela, le fonctionnement de notre âme est comparable à celui de notre corps. Certaines de nos maladies physiologiques proviennent d'une carence particulière. Dans ce cas, même si toutes les vitamines sont également nécessaires à notre métabolisme, celle qui nous fait défaut devient prépondérante. Dès que nous commençons à en ingérer et à en assimiler une certaine dose, notre santé s'améliore instantanément.

De la même façon, lorsqu'il nous manque une vitamine d'amour donnée, nous ne pouvons pas être heureux, même si nous disposons de toutes les autres en abondance. C'est pourquoi il existe une telle diversité d'approches visant au bien-être : ouvrir son cœur à l'amour de Dieu, s'aimer soi-même et assumer la responsabilité de sa propre vie, s'engager dans une relation de couple, passer du temps avec sa famille ou ses amis. Nous souffrons tous de carences émotionnelles différentes, qui conditionnent le manque ou le besoin particuliers que nous ressentons.

NOS BESOINS D'AMOUR VARIENT EN FONCTION DE NOS CARENCES INDIVIDUELLES ET UNIQUES

À titre d'exemple, prenons un individu qui a beaucoup de mal à percevoir l'amour de Dieu. Si cette personne assiste à un événement spirituel le cœur ouvert, elle vivra une véritable métamorphose intérieure, tandis que d'autres, moins en manque d'amour divin, ne connaîtront pas une expérience aussi spectaculaire. Ils passeront un moment merveilleux, se ressourceront, mais ne seront pas submergés. Il en va de même pour la nourriture. Lorsqu'on donne à manger à un être affamé, celui-ci est extrêmement heureux et tout lui semble délicieux. En revanche, quelqu'un qui vient de faire bombance ne trouvera pas un immense plaisir à consommer davantage. Un excès de bonnes choses finit toujours par invalider notre aptitude à les apprécier. Au lieu d'en vouloir plus, nous nous en détournerons.

Examinons le cas de Chris. C'était un homme très dévoué à son église. Durant des années, il se sentit vraiment satisfait. Il avait une femme, une famille et un bon travail. En atteignant la quarantaine, il devint soudain déprimé. Lors de sa thérapie, il apparut même que son désarroi provoquait en lui une forme de culpabilité.

Il pensait qu'ayant trouvé Dieu, il devait être heureux. Il avait consacré sa vie à faire le bien et à servir le Seigneur. Il ne comprenait pas pourquoi il se sentait si mal. Il s'en voulait de ne plus éprouver cette joie et ce lien spirituel, qu'avait jadis éveillés son engagement religieux.

Après avoir découvert l'existence des dix besoins d'amour, Chris s'aperçut qu'il ne faisait rien pour s'amuser. Il se préoccupait tellement de se dévouer à Dieu qu'il s'oubliait lui-même et ne prenait pas le temps de se détendre. Il souffrait d'une carence en vitamines P 2 et S.

Pour se libérer de sa dépression, il devait se concentrer davantage sur lui-même. Il s'octroya un peu plus de liberté, s'acheta une voiture confortable et partit en voyage avec sa femme et ses enfants. Il s'autorisa à faire des choses qu'il n'aurait jamais osées auparavant. Son épouse et lui lurent certains ouvrages sur le sexe et l'amour, et commencèrent à avoir plus de plaisir charnel.

Lorsqu'il décida de porter son attention sur lui-même, sans culpabilité, il commença à se sentir mieux. Après avoir temporairement délaissé ses responsabilités actives, il finit par retourner au sein de sa communauté spirituelle et en tira une satisfaction et un soutien renouvelés. Mais il lui avait d'abord fallu comprendre que s'accorder du temps pour soi-même ne signifie aucunement ne pas aimer Dieu.

L'amour dont nous avons besoin est toujours accessible

Notre âme a le pouvoir d'attirer l'amour qui lui est nécessaire, mais notre esprit doit auparavant identifier ce qui nous manque et notre cœur doit s'ouvrir pour le recevoir. Le soutien dont nous avons besoin est toujours accessible. Lorsqu'il nous est impossible de combler les désirs de notre cœur, c'est toujours parce que nous regardons dans la mauvaise direction. La plupart du temps, nous ne recevons pas ce qu'il nous faut parce que nous tentons de tout obtenir d'une seule et même source. Nous essayons de garder notre équilibre en nous limitant à un ingrédient unique. Le signe révélateur que nous recherchons une vitamine inadéquate est l'impression que nous ne pourrons pas nous la procurer.

SI CE QUE NOTRE CŒUR DÉSIRE NE NOUS EST PAS ACCESSIBLE, C'EST QUE NOUS REGARDONS DANS LA MAUVAISE DIRECTION

Cela se produit souvent dans le cadre du mariage. Lorsque les gens s'unissent, ils négligent souvent toutes leurs autres vitamines. Ils comptent uniquement sur leur partenaire pour combler leurs manques. Pourquoi ? Parce que au début, tout est merveilleux. Ils ont la sensation de vivre au paradis. Ils ont trouvé quelqu'un avec qui partager leur amour et assouvir leur besoin en vitamine R – soutien provenant des Relations d'intimité, de compagnonnage et de passion romantique. Très vite, cela devient tellement agréable qu'ils en oublient leurs autres déficiences.

Or, cet état de grâce n'est que temporaire. Tant que nous ingérons de fortes doses de vitamine R, nous n'avons pas conscience de notre autres carences émotionnelles. En effet, si l'âme a besoin des dix vitamines, le cœur ne peut en assimiler qu'une à la fois. Ainsi, dès lors que nous recevons une seule d'entre elles, nous avons l'impression d'être totalement comblés, même si nous souffrons parallèlement d'autres manques.

L'ÂME A BESOIN DES DIX VITAMINES, MAIS LE CŒUR NE PEUT EN ASSIMILER QU'UNE À LA FOIS

Imaginons que nous ayons de multiples déficiences, parmi lesquelles celle en vitamine R. Un apport de cette dernière, c'est-à-dire une relation de couple, occulterait totalement nos autres besoins d'amour inassouvis, et nous connaîtrions une période de béatitude. Cependant, une fois notre carence en vitamine R totalement rétablie, nous recommencerions à éprouver le vide collectif de tous nos autres manques. Dès qu'un besoin a été satisfait, notre sensation de frustration resurgit, dans la mesure où nous avons également d'autres insuffisances.

Cela explique enfin pourquoi, mystérieusement, tant de couples amoureux rompent du jour au lendemain. Le début d'une relation apporte une immense félicité, car nous cessons momentanément de ressentir le vide de nos déficiences. Nous nous connectons avec notre vraie nature et nous allons merveilleusement bien. Dès que notre besoin en vitamine R est comblé, nous recommençons à éprouver la même impression d'insatisfaction qu'avant la rencontre.

À ce moment précis, notre sentiment d'amour se dissipe. Quoi que nous ou notre conjoint fassions, ce ne sera jamais assez. Nous sommes, pour ainsi dire, pris au piège. Dès lors, la situation dégénère, car nous concluons, à tort, que c'est la faute de l'autre. Au lieu d'apprécier sa présence, nous voulons changer notre partenaire, ou même changer *de* partenaire. Nous perdons contact avec notre cœur et son désir d'aimer. Nous nous embourbons en essayant de rendre la relation meilleure ou de trouver ailleurs une meilleure relation. Coincés dans notre attitude de reproche, non seulement nous perdons le pouvoir d'obtenir ce dont nous avons besoin, mais nous commençons aussi à nous faire mutuellement du mal.

En apprenant à identifier nos différentes vitamines d'amour, nous ne nous laisserons plus abuser par l'illusion de ne jamais avoir assez. Lorsque nous rencontrerons des obstacles nous empêchant de combler nos manques, nous serons aptes à changer d'orientation ou d'objectif. Ainsi, nous obtiendrons instantanément le soutien dont nous avons réellement besoin. Forts de cette nouvelle aptitude à chercher dans la bonne direction et à nous donner les moyens d'atteindre notre but, nous comprendrons que nous pourrons toujours recevoir l'amour qui nous est nécessaire.

5

Les dix réservoirs d'amour

Pour mieux comprendre la dynamique à mettre en œuvre pour obtenir ce dont nous avons besoin, nous pouvons nous aider d'une représentation visuelle plus concrète. Imaginons qu'à chacun de nos besoins d'amour corresponde un réservoir et que, par conséquent, tout individu en possède dix. Si nous voulons rester connectés à notre véritable moi, notre objectif est, dès lors, d'alimenter ces réservoirs en permanence.

Lorsque nous perdons contact avec les qualités de notre être profond, c'est que le niveau d'un ou plusieurs de nos réservoirs est en train de baisser. En nous procurant la ou les vitamines correspondantes, nous rétablissons notre équilibre. À mesure que nous remédions à l'une de nos carences, nous retrouvons progressivement le lien avec notre vraie nature.

Donc, le secret, pour rester au contact de notre moi véritable, est de constamment veiller à approvisionner nos réservoirs d'amour. Tant que nous nous ressourçons ainsi, nous éprouvons non seulement une joie, une paix et une satisfaction croissantes, mais nous conservons également notre aptitude à nous relier à notre potentiel intérieur et à notre pouvoir de générer et d'attirer davantage de bienfaits dans notre existence.

Dès qu'un réservoir est plein, pour entretenir notre connexion profonde, il nous faut immédiatement nous employer à en alimenter un autre. Si nous ne changeons pas de temps en temps de ligne de mire, pour nous assurer que tous nos besoins d'amour sont satisfaits, nous deviendrons très vite malheureux. Par exemple, lorsque nous comptons uniquement sur notre partenaire pour obtenir de l'amour, à un moment donné, nous aurons l'impression de ne pas en recevoir suffisamment et commencerons à nourrir du ressentiment à son égard.

Dès qu'un réservoir est plein, pour entretenir notre connexion profonde, nous devons nous employer à en alimenter un autre

L'expérience amoureuse assure l'approvisionnement du réservoir R. Mais une fois que ce dernier est plein, nous ne devons pas nous obstiner dans la quête exclusive de cette vitamine d'amour particulière.

En effet, la recherche acharnée de cet ingrédient affectif, qui jadis nous reconnectait à nous-mêmes, aboutit paradoxalement à une rupture de ce lien intérieur. Lorsque nous perdons ainsi contact avec notre véritable source de satisfaction, rien de ce que notre partenaire fait ne nous semble assez bien. Dans de tels moments, nous supposons à tort qu'en essayant d'améliorer la relation, nous agirons sur la situation, alors qu'en réalité, la solution consiste à remplir un autre de nos réservoirs d'amour.

Les choses ne feront qu'empirer si, une fois notre réservoir R plein, nous concentrons toutes nos énergies et toute notre attention à résoudre les problèmes au sein de la relation. C'est pourquoi tellement de couples, non conscients de ce mécanisme, se blessent mutuellement, alors même qu'ils tentent de tout arranger. Tant de luttes et de souffrances inutiles peuvent être évitées si l'on apprend à reconnaître les symptômes d'un réservoir plein et si l'on s'attache ensuite à en alimenter un autre.

George et Rose étaient mariés depuis environ huit ans. Ils appliquaient déjà beaucoup des suggestions et idées pour mieux communiquer énoncées dans *Les hommes viennent de Mars, les femmes viennent de Vénus*. Pourtant, ils se retrouvaient coincés. On aurait dit que rien de ce que George faisait n'était assez bien. Il essayait de mettre en pratique tout ce qu'il avait appris, mais cela ne suffisait pas à son épouse. Elle sentait qu'il n'était pas vraiment relié à elle quand elle parlait et qu'il ne lui donnait pas ce dont elle avait besoin.

Rose tentait de se montrer aussi affectueuse et généreuse que possible, mais il lui semblait que, malgré tous ses efforts, son mari prenait ses demandes pour des critiques. Elle avait l'impression de marcher sur des œufs. Même si elle désirait vraiment rester aimante, son ressentiment ne cessait de croître. Plus elle s'évertuait à agir correctement, plus elle éprouvait de rancœur à l'idée de ne pas recevoir ce qu'elle attendait de cette relation. Et cette dernière avait perdu tout son romantisme.

Après avoir découvert l'existence des réservoirs d'amour, George et Rose s'engagèrent à ne rien espérer l'un de l'autre pendant environ six semaines. Durant cette période, ils dormiraient dans des chambres séparées et s'emploieraient à satisfaire leurs besoins ailleurs. Ils s'abstiendraient de toute autre liaison intime, mais prendraient du temps pour eux-mêmes et entretiendraient davantage leurs rapports avec les amis et la famille. Bref, ils feraient ce qu'ils voudraient et n'exigeraient rien l'un de l'autre.

Lorsqu'ils cessèrent de se reprocher mutuellement leur souffrance, ils prirent conscience qu'ils pouvaient individuellement apprécier la vie. Au bout de quelque temps d'adaptation et à mesure qu'ils remplissaient leurs autres réservoirs d'amour, ils commencèrent à se sentir mieux dans leur peau et moins frustrés.

À l'issue des six semaines, ils se fixèrent un rendez-vous spécial pour reprendre contact. Ce fut un moment merveilleux. Pour la première fois depuis des années, George ressentait une profonde passion et un réel intérêt à l'égard de Rose. Cette dernière, quant à elle, appréciait vraiment les attentions de son conjoint. Elle s'étonnait de voir tous ses souhaits comblés. Il se montrait prévenant, disponible et réceptif. Elle était exactement comme il la désirait : reconnaissante, positive, heureuse d'être avec lui. Pour se reconnecter, il leur avait suffi de s'éloigner quelque temps de leur relation afin de mieux y revenir, après avoir trouvé un lieu de plus grande satisfaction.

Les symptômes d'un réservoir plein

Lorsqu'un réservoir se remplit, nous éprouvons une intensification des sentiments positifs. Ainsi, durant la phase de ressourcement en vitamine S, nous avons tendance à croire que la source de notre bonheur est notre partenaire. Certes, l'amour et le soutien que nous en recevons nous aident à reprendre contact avec notre être profond. Mais en réalité, notre satisfaction provient de la joie de nous retrouver nous-mêmes. Lorsque quelqu'un nous regarde ou nous traite affectueusement, nous sommes plus aptes à nous relier à notre moi véritable. Les divers types d'amours nous permettent de nous reconnecter aux différentes facettes de notre nature intérieure.

Si un réservoir d'amour est totalement plein, cela ne se traduit pas par un bien-être durable, mais, au contraire, par une forme d'ennui, d'agitation et de frustration. Nous pensons alors que l'autre est responsable de notre insatisfaction. Or, en fait, ce que nous ressentons, c'est le vide global de nos autres réservoirs.

LORSQU'UN RÉSERVOIR D'AMOUR EST PLEIN, NOUS COMMENÇONS ALORS À ÉPROUVER UNE FORME D'ENNUI OU D'AGITATION

Paradoxalement, le symptôme inévitable de l'assouvissement est la conscience d'un manque. Dans ces moments, il est essentiel de savoir vers où se tourner, sinon, notre esprit en impute la faute à notre partenaire. Si nous sommes en couple, au lieu de chercher à améliorer la relation, nous remédierons mieux à notre insatisfaction en prenant du recul et en remplissant un autre réservoir.

Si le sentiment amoureux disparaît entre deux êtres, c'est souvent parce qu'ils ne s'aiment pas assez eux-mêmes. Or, lorsque nous souffrons d'une carence en vitamine S (amour de Soi), nous commençons à trop attendre de l'autre. Nous avons besoin que notre partenaire nous donne davantage pour nous sentir aimés. Mais, quoi qu'il ou elle dise et fasse, cela ne suffit jamais. En effet, si l'on manque d'amour de soi, le soutien d'un conjoint ne nous sera d'aucun secours. Personne d'autre que nous-mêmes ne peut nous aider à nous sentir mieux.

LORSQUE NOUS NE NOUS AIMONS PAS, PERSONNE D'AUTRE QUE NOUS-MÊMES NE PEUT NOUS AIDER À NOUS SENTIR MIEUX

Si je pense être quelqu'un de bien, personne ne pourra me convaincre que je suis médiocre. De la même façon, si je pense que je suis médiocre, personne ne pourra me rassurer sur ma valeur. Lorsque nous ne nous aimons pas nous-mêmes, nous ne pouvons pas laisser entrer l'amour des autres. Nous sommes les seuls capables de nous recharger en vitamine S. Dans le cadre d'une relation, lorsque le niveau du réservoir d'amour de Soi est bas, nous commençons à nous plaindre, sous prétexte que notre partenaire ne nous traite plus aussi bien. Nous voudrions que tout redevienne comme avant et attendons que l'autre nous rende à nouveau heureux. Mais c'est impossible. Si nous persistons dans cet état d'esprit, la situation continuera à se dégrader.

Nous avons la sensation que notre conjoint n'a plus les mêmes réactions. Nous comparons le présent et le passé, ce que nous recevions à ce que nous recevons. Nous faisons l'inventaire de tout ce que notre partenaire ne nous donne plus. « Qu'as-tu fait pour moi ces derniers temps ? » devient notre leitmotiv. Tous ces symptômes constituent des signaux évidents qu'il nous faut reporter notre attention sur le réservoir S et l'alimenter en vitamine adéquate. En nous consacrant davantage à nous-mêmes, en recherchant en nous l'amour et le soutien dont nous avons besoin, en nous accordant du temps pour faire ce que nous voulons, en retrouvant plus d'autonomie, nous nous reconnectons progressivement à notre être profond et nous recommençons à nous sentir bien.

S'aimer d'abord soi-même

La première fois que j'ai découvert ces réservoirs d'amour, je rédigeais l'un de mes précédents ouvrages. J'avançais merveilleusement bien. J'adorais ce que j'écrivais. Et puis soudain, je n'ai plus rien aimé de ce que je faisais. Pendant des jours entiers, j'ai lutté, essayant de toutes mes forces d'améliorer mon travail. Mais quoi que je fisse, ce n'était jamais assez bien. Alors, j'ai décidé de me raisonner. Je me disais des choses comme : « Chaque page ne peut pas être la meilleure », ou : « Ce n'est pas si mal ; tu es simplement trop critique. » Finalement, j'ai terminé mon chapitre, en tâchant de m'en satisfaire.

Lorsque j'ai invité mon épouse Bonnie à le lire, j'ai agi comme si tout allait bien, comme si j'étais impatient qu'elle l'apprécie autant que moi. A posteriori, il me paraît aujourd'hui évident que j'espérais son aval, pour pouvoir me sentir libre d'avancer. J'attendais son approbation pour me rassurer vis-à-vis de ce que j'avais fait. De fait, elle réagit de façon polie et attentionnée, mais émit quelques réserves : à son avis, c'était un peu confus et trop compliqué. Cela correspondait exactement à mon impression, mais je ne voulais pas l'entendre de sa part. Je me rappelle m'être mis en colère contre elle. Je n'arrivais pas à croire qu'elle pût être aussi négative et critique.

Avec le recul, je me suis rendu compte qu'elle n'avait pas été si sévère et qu'elle n'avait rien fait de mal. Ses paroles étaient même très bienveillantes. Je lui avais fait jouer le rôle de la « mauvaise ». D'ailleurs, quand bien même elle aurait dit qu'elle adorait ce chapitre, je ne l'aurais pas crue et j'aurais mis en doute son honnêteté.

En fait, je ne m'aimais pas moi-même, mais je rejetais la faute sur elle. Voilà un exemple clair de la façon dont une relation dépend de l'amour de soi. Si j'avais vraiment été satisfait de mon chapitre, sa réaction n'aurait pas paru si négative. Une partie de moi attendait de son amour qu'il compense celui que je n'avais pas pour moi.

Avant de comprendre cela, j'étais furieux. Je fus contrarié toute la journée. Nous avons même eu une grosse altercation portant sur un tout autre sujet mais qui n'était en réalité que la conséquence de cet événement. La plupart du temps, au bout de cinq minutes de dispute, les couples en viennent à argumenter sur la façon même dont ils se querellent. On se dit des choses comme : « Tu ne m'écoutes pas », ou : « À t'entendre, tout est ma faute. » Et puis on ressort de vieilles listes de différends passés pour défendre son point de vue. Ce soir-là, nous nous sommes chamaillés à propos d'une question financière. Mais ce n'était qu'un prétexte, masquant la raison réelle de notre désaccord : je ne m'aimais pas.

LA PLUPART DU TEMPS, AU BOUT DE CINQ MINUTES DE DISPUTE, LES COUPLES EN VIENNENT À ARGUMENTER SUR LA FAÇON MÊME DONT ILS SE QUERELLENT

Ce soir-là, je suis sorti avec un ami. Cela faisait assez longtemps que je n'étais pas allé au cinéma et nous sommes allés voir un film d'action, un genre que j'adore. Après la séance, je me sentais merveilleusement bien. En rentrant à la maison, j'étais de nouveau rempli d'amour et je n'eus aucun mal à demander à Bonnie de me pardonner. Le lendemain, je relus le chapitre et, après y avoir aisément apporté quelques modifications, j'en fus très content. Mon blocage d'écrivain avait disparu.

À la suite de cette expérience, j'ai repensé à ce qui s'était passé. D'abord, je m'étais retrouvé paralysé. Je n'aimais pas le passage que j'écrivais et ne pouvait l'améliorer de façon satisfaisante. J'en voulais à mon épouse parce qu'elle ne l'appréciait pas non plus. Alors, j'ai provoqué une dispute. Puis je suis allé au cinéma et je me suis senti mieux. Cette circonstance particulière, apparemment anodine, m'a fait prendre conscience que j'avais différents registres émotionnels. J'avais besoin de l'amour de ma femme et j'avais besoin de me distraire avec mes amis.

Ce jour-là, je n'étais pas capable de ressentir, de reconnaître ou d'apprécier le soutien de Bonnie, parce que ce n'était pas le type d'amour qu'il me fallait à ce moment donné. En outre, je ne pouvais pas progresser dans la rédaction de mon livre, parce que je n'éprouvais pas beaucoup d'amour envers moi non plus. Plus rien de ce que j'avais écrit ne me convenait. Ce n'est qu'en sortant avec mon ami que j'ai commencé à me ressaisir.

Pour me sentir mieux vis-à-vis de mon écriture et de ma relation, je devais revenir sur certains de mes précédents réservoirs pour les remplir. J'avais besoin de passer du temps avec un ami et de m'amuser (vitamine P 2). En me rendant au cinéma, j'ai croisé sur mon chemin un autre homme marié, qui comprenait exactement ce que je ressentais, et j'ai partagé un peu de ma frustration avec lui. Il m'a apporté le soutien d'un Pair (vitamine P 3). Après avoir alimenté ces deux réservoirs, j'ai pu envisager la situation différemment, avec plus d'amour. En reportant mon attention sur d'autres besoins à satisfaire, je pus de nouveau retrouver ma véritable nature aimante.

Fort de cette nouvelle compréhension, j'ai commencé à utiliser la notion de besoins d'amour différents auprès de mes clients et j'ai constaté que cette méthode fonctionnait bien. La plupart du temps, lorsque deux conjoints ne s'entendaient pas, je leur suggérais d'abord de faire quelque chose pour remplir leurs autres réservoirs et de s'orienter vers une autre direction, au lieu d'essayer d'obtenir davantage de leur partenaire. Puis, plus tard, nous pourrions nous concentrer de nouveau sur leur communication de couple et réussir à l'améliorer.

Il est difficile de savoir comment aimer l'autre de la manière qui lui convienne, si l'on se sent soi-même vide et qu'on en impute la faute à son partenaire. Je me suis rendu compte que cette idée s'appliquait à tous les domaines de ma vie. En apprenant à entretenir le niveau de mes différents réservoirs d'amour, j'ai été capable de conserver une attitude positive et un pouvoir d'action qui non seulement m'ont rendu heureux, mais m'ont permis, en outre, d'atteindre mes objectifs professionnels, au-delà même de mes espérances.

6

Les dix stades de l'existence

Il existe une chronologie naturelle des réservoirs d'amour. La formation de chacun d'eux correspond à une période spécifique de notre évolution, de la conception à la maturité. Ainsi, nous traversons différents stades, au cours desquels nous avons besoin d'un type plus particulier de soutien, pour développer tous nos talents et capacités. Lorsque nous obtenons l'amour qui nous convient, durant chacune de ces phases, nous mettons en place des fondements solides, qui nous aideront à passer à l'étape suivante.

Dans l'idéal, chaque fois que nous franchissons un nouveau stade et alimentons le réservoir adéquat, il nous faut veiller à ce que les précédents demeurent pleins. Sinon, pour rester connectés à notre vrai moi, nous devrons revenir en arrière pour les remplir.

Si nous ne parvenons pas à nous procurer l'amour dont nous avons besoin durant une phase donnée, nous ne pourrons ni connaître ni développer certains aspects de notre être. Nous ne découvrirons jamais cette partie de nous-mêmes, à moins de retourner chercher le type particulier de soutien que nous n'avons pas obtenu.

Par exemple, lorsque des enfants ne recevront pas l'affection, la compréhension et l'attention nécessaires, ils n'auront pas pleinement conscience de ce qu'ils sont. Ils ne verront pas combien ils sont uniques et en conséquence, se sentiront moins dignes d'être aimés. Par la suite, lorsque les circonstances de la vie mettront en question leur valeur personnelle, ils se déconnecteront de leur état intérieur et naturel de joie, de paix, de confiance et d'amour. De manières très diverses, ils seront freinés dans la vie jusqu'à ce qu'ils apprennent à remplir les réservoirs laissés totalement ou partiellement vides par le passé.

Voici les différentes périodes correspondant aux vitamines dont nous avons besoin pour développer ce que nous sommes et rester au contact de notre moi véritable :

Période – âge	Vitamine d'amour	Type de besoin
1. De la conception à la naissance	Vitamine D 1	Amour de Dieu
2. De la naissance à sept ans	Vitamine P 1	Amour des Parents
3. De sept à quatorze ans	Vitamine P 2	Amour des Proches (amis et famille) et Plaisirs
4. De quatorze à vingt et un ans	Vitamine P 3	Amour des Pairs (ceux qui ont les mêmes affinités)
5. De vingt et un à vingt-huit ans	Vitamine S	Amour de Soi-même
6. De vingt-huit à trente-cinq ans	Vitamine R	Amour des Relations de couple
7. De trente-cinq à quarante-deux ans	Vitamine E	Amour à l'égard d'un Enfant ou d'un Être dépendant
8. De quarante-deux à quarante-neuf ans	Vitamine C	Amour que nous redonnons à notre Collectivité, à notre Communauté
9. De quarante-neuf à cinquante-six ans	Vitamine M	Amour que nous redonnons au Monde
10. Au-delà de cinquante-six ans	Vitamine D 2	Amour que nous redonnons à Dieu

Les dix périodes de l'existence

Ainsi nous traversons successivement toutes ces phases de l'existence, pour arriver à la maturité accomplie à l'âge de cinquante-six ans. Lors de chacune d'elles, une vitamine d'amour donnée est prépondérante pour notre évolution. Si nous ne satisfaisons pas activement ce besoin particulier, alors nous serons blessés d'une manière ou d'une autre. À mesure que nous franchirons les différentes périodes de notre développement, il nous manquera quelque chose de façon plus ou moins aiguë.

C'est un peu comme s'initier à la lecture sans avoir jamais entendu personne nous lire d'histoires. Ou apprendre à conduire une voiture sans avoir jamais fait de vélo de sa vie. Ou essayer de gérer une affaire sans avoir les notions mathématiques et linguistiques de base. Même si l'on sait bien diriger son entreprise, on sera toujours confronté à des difficultés supplémentaires. De la même façon, chaque vitamine d'amour constitue un fondement permettant de mieux accéder à la suivante. Tout besoin émotionnel comblé nous aide à rester connectés à notre potentiel.

Lors d'une période donnée, si nous éprouvons de l'insatisfaction, cette dernière n'est souvent pas en relation avec le besoin caractéristique de cette phase de notre évolution. Elle provient plutôt d'un manque relatif à d'autres réservoirs plus anciens.

Lorsque les couples connaissent des tensions, leur cause sous-jacente est souvent liée au fait que les deux partenaires ne s'aiment pas eux-mêmes. C'est cette expérience vécue au cours de mon propre mariage qui m'a finalement conduit à identifier les différents réservoirs d'amour. Même si, à la lecture, les dix formes de soutien semblent évidentes, je n'avais jamais entendu formuler cette idée de manière aussi limpide.

Cette compréhension des différents stades affectifs de la vie relève simplement du bon sens. Tout parent le remarque : lorsqu'un enfant approche de ses sept ans, il devient plus autonome, recherche le soutien et l'amitié auprès des autres et dépend moins de son père ou de sa mère. Ce qui explique la différence de comportement entre la petite enfance et l'entrée en primaire.

La grande mutation suivante se produit naturellement à la puberté et nous en traversons une autre autour de vingt et un ans, lorsque nous sommes supposés devenir adultes. Pour beaucoup, c'est le moment de quitter le giron familial pour se trouver soi-même et s'émanciper. Chacun de ces trois stades est bien connu. En revanche, les étapes suivantes le sont moins. Les gens considèrent que notre évolution est achevée à vingt et un ans, ce qui est loin d'être vrai. En fait, sur le même rythme, soit environ tous les sept ans, nous connaissons un tournant majeur dans notre développement, correspondant à une vitamine d'amour donnée.

Notre maturité continue de croître jusqu'à la cinquantaine, et même au-delà. En apprenant à maintenir le niveau de tous nos réservoirs, nous accédons au maximum de notre potentiel à l'âge de cinquante-six ans. Nous avons pleinement conscience de ce que nous pouvons être et faire. Dès lors, nous sommes à même de donner le meilleur de nous-mêmes, pour servir Dieu et autrui. La vie est toujours un processus de croissance et d'évolution : dès que nous cessons de grandir, nous commençons à mourir.

Notre cheminement vers la maturité ne s'arrête pas à vingt et un ans ; il se poursuit durant toute notre existence

En ma qualité de conseiller, j'ai remarqué qu'autour de vingt-huit ans, mes clients et amis traversaient de grands changements. C'est comme s'ils disaient tous : « Je ne peux pas vivre pour quelqu'un d'autre. Je dois mener ma propre existence, je veux être moi. » Or, ce stade correspond normalement au moment où les gens ont suffisamment évolué pour se forger une image assez claire de leur identité et où ils sont prêts à s'investir sérieusement dans des relations intimes. Mais s'ils n'ont pas pris le temps de se trouver eux-mêmes, alors ils ne peuvent pas s'engager sur cette voie. Ils veulent donc revenir en arrière et se sentir à nouveau libres.

De la même manière, un individu marié autour de vingt ans devra affronter un grand défi vers vingt-huit ans. Selon les statistiques, c'est à cet âge qu'on constate le plus grand nombre de divorces. À ce stade, si l'on a trop renoncé à soi-même pour alimenter le rapport amoureux, on se sent soudain incapable d'assumer une relation maritale.

Entre vingt-huit et trente-cinq ans, nous abordons la phase du couple (réservoir R) et naturellement, nous commençons à nous demander si nous y sommes prêts. Or, supposons que quelque chose nous manque, parce que nous n'avons pas pris le temps de nous découvrir nous-mêmes (réservoir S) entre vingt et un et vingt-huit ans. Dès lors, nous ne serons pas aptes à nous connecter à notre voix intérieure qui nous indique le bon chemin. Il nous sera difficile d'avancer et d'avoir une relation ou une carrière saines, a fortiori si certains autres de nos précédents réservoirs sont vides eux aussi.

Savoir revenir en arrière pour mieux avancer

C'est comme s'il nous fallait revenir en arrière pour mieux avancer. Nous pouvons trouver de nombreuses illustrations de ce principe tout au long d'une existence. Par exemple, il arrive souvent que les gens de plus de soixante ou soixante-dix ans évoquent leur enfance, comme par automatisme, avec une précision remarquable. Les grands-parents adorent raconter des anecdotes de leur jeunesse. C'est très sain. Pour rester en vie et en bonne santé, ils reviennent naturellement en arrière, afin de se remémorer et revivre certains événements.

S'ils n'ont pas guéri leurs vieilles blessures, ils ne peuvent pas avancer. Il leur faut réparer leur passé. Leur corps tombe malade parce que leurs réservoirs d'amour ne sont pas pleins. Certains en arrivent à perdre la mémoire immédiate, pour ne se souvenir que des temps anciens. Ils ne peuvent pas être pleinement là dans l'instant présent, et encore moins progresser dans leur vie.

LORSQUE LES GENS SONT MALADES ET NE PARVIENNENT PAS À SE RÉTABLIR, C'EST QU'ILS N'ONT PAS ACCÈS À L'AMOUR DONT ILS ONT BESOIN

Lorsqu'une voiture n'a pas d'essence, le moteur finit par s'arrêter. De la même façon, lorsque nos réservoirs d'amour sont vides, nous ne pouvons pas profiter de la force de vie qui circule en nous lorsque nous nous sentons aimés ou aimants. C'est ainsi que certaines personnes âgées régressent de diverses façons : elles peuvent adopter un comportement totalement infantile ou, en raison d'une maladie, perdre leur autonomie et devenir aussi dépendantes que des enfants.

Cinquante-six ans : la crise de la retraite

Lors des moments de passage entre les différents stades, nous ressentons tout particulièrement le vide de nos autres réservoirs. C'est alors que nous éprouvons le plus fort désir de revenir en arrière. Si, lors de nos transitions, nous ne faisons rien pour remédier à la situation, nous continuons à lutter et ne prenons pas conscience de ce dont nous avons réellement besoin.

Examinons tout d'abord ce qui arrive couramment au stade du dixième réservoir d'amour autour de cinquante-six ans. Beaucoup d'hommes attendent leur retraite avec impatience, pour enfin avoir le loisir de se consacrer à ce qu'ils ont toujours voulu faire. Ils ont envie de se détendre et de s'amuser. Ils désirent « avancer » et faire toutes ces choses qu'ils ont toujours reportées pour subvenir aux besoins de leur famille. En réalité, au lieu de progresser, ils reviennent en arrière. Alors que leur défi suivant consisterait normalement à servir Dieu, ils ressentent la nécessité de se servir eux-mêmes. Et quand leur nouvelle existence finit par devenir ennuyeuse, ils meurent subitement.

C'est un fait constaté par toutes les compagnies d'assurances : une fois qu'un homme a pris sa retraite, il a une plus grande probabilité de mourir. S'il continue à travailler, il vivra beaucoup plus longtemps. Le secret de la vieillesse pour un homme est de poursuivre son activité professionnelle, tout en s'accordant du temps pour s'amuser et se distraire, et aussi de recevoir beaucoup d'amour. Ceux qui n'abandonnent pas leur carrière le font souvent parce qu'ils aiment leur travail. Auquel cas, ils se sont forgé une existence dans laquelle la plupart de leurs réservoirs d'amour sont restés pleins. En effet, si l'on aime son travail, c'est signe qu'on est assez bien connecté avec son moi profond.

Un homme doit continuer à se sentir responsable et utile aux autres ; sinon, il perdra sa raison d'être et sa vitalité

Les femmes sont moins susceptibles de mourir autour de cinquante-six ans, mais elles peuvent tout de même régresser, en devenant plutôt rigides et obtuses. Si elles n'ont pas atteint le degré de liberté intérieure qui leur permettra de partager la précieuse sagesse acquise au fil des ans, elles n'avanceront plus et n'apporteront pas leur contribution au monde. Elles retrouveront alors le comportement provocateur de l'adolescente qui dit : « Dorénavant, je fais ce qui me plaît. Vous pouvez penser ce que vous voulez, cela m'est complètement égal. Je sais tout ce que j'ai besoin de savoir. » Une trop grande autonomie poussera une femme à adopter une attitude bornée et défensive. Pour rester saine, elle doit sentir qu'elle n'est pas seule et qu'elle peut compter sur les autres.

Une femme a besoin de sentir qu'elle n'est pas seule et qu'elle peut compter sur les autres ; une trop grande autonomie ne lui est pas salutaire

Lorsque nous atteignons cinquante-six ans et que nos réservoirs d'amour sont pleins, nous sommes alors en mesure de passer au stade suivant. Nous découvrons l'immense stimulation que procure la liberté d'accomplir enfin ce pour quoi nous sommes venus au monde. Nous avons la conviction d'être à la fois accompagnés et utiles, soutenus et nécessaires sur la Terre. Lorsque nous éprouvons cette sensation, il n'y a aucune raison pour que nous tombions malades. Nous restons en bonne santé jusqu'à ce que nous soyons prêts à mourir, au terme de nombreuses années passées à servir Dieu et le monde, avec joie et amour.

Il est essentiel, lors de chaque transition majeure, d'écouter notre cœur et de veiller à remplir le vide que nous ressentons. Si, au cours de ces passages, nous ne faisons rien pour remédier à la situation, nous continuons à lutter sans comprendre ce dont nous avons vraiment besoin.

De quarante-neuf à cinquante-six ans : la crise du nid déserté

Une autre crise assez courante se produit autour de quarante-neuf ans. À cet âge, de nombreux couples et parents célibataires ressentent un vide en eux-mêmes et dans leur vie. Alors que leur nouveau défi devrait être de redonner au monde, ils se retrouvent démunis, n'ayant pas grand-chose à offrir à l'extérieur. Bien au contraire, ils prennent conscience de leurs manques de façon encore plus aiguë. S'ils sont mariés, ils ont tendance à blâmer leur conjoint ou leur union pour justifier leur malheur, dans la mesure où ils n'ont pas reçu ce dont ils avaient besoin au sein de la relation. Alors quand leurs enfants quittent la maison ou deviennent plus indépendants, ils commencent à éprouver une certaine déception. Le nid est déserté. Plus personne n'est là. « Tout ça pour ça ? »

Pour les gens vivant seuls ou à deux, cette étape peut marquer un nouveau départ vers une plus grande liberté, permettant de mieux jouir de l'existence. Mais parfois, elle est aussi source de problèmes. À ce stade, ou bien nous avons appris à nous procurer ce qui nous est nécessaire, en dehors de notre relation de couple, ou bien nous nourrissons du ressentiment envers notre partenaire, parce qu'il ou elle ne nous suffit pas. Or, ce n'est pas le moment d'incriminer l'autre ou notre célibat. Bien au contraire, il s'agit d'une période d'évolution, au cours de laquelle il nous est donné de découvrir l'amour universel, pour le partager généreusement et ainsi apporter notre contribution au monde.

Si nous ne sommes pas préparés à ce passage, nous traversons une dépression, due à tout ce qui nous manque dans l'existence. Cela devient de plus en plus dur d'avancer lorsque nous n'avons pas appris à satisfaire nos différents besoins d'amour. À une époque où la médecine tente, par tous les moyens de prolonger la durée de vie, il existe un remède bien plus simple : maintenons nos réservoirs pleins et nous resterons jeunes de corps et d'esprit.

Au début de la cinquantaine, nous prenons véritablement conscience de notre condition mortelle et nous refusons de vieillir. Cette tendance est en fait très saine, mais elle sera d'autant plus exacerbée si nous avons négligé nos précédents réservoirs. Nous avons peut-être totalement perdu contact avec cette énergie que nous ressentions au cours de notre enfance, de notre adolescence et de nos vingt ans.

LE SECRET DE L'ÉTERNELLE JEUNESSE EST DE MAINTENIR PLEINS
NOS PRÉCÉDENTS RÉSERVOIRS D'AMOUR

Les hommes recherchent des amies plus jeunes pour avoir l'impression de rester jeunes eux-mêmes, tandis que les femmes se préoccupent de leur corps pour essayer de faire moins que leur âge. Autour de cette période, si nous n'avons pas trouvé le « secret de l'éternelle jeunesse », cela devient notre quête primordiale dans la vie. Ainsi, en nous concentrant trop sur nous-mêmes, nous pouvons à nouveau manquer la mission propre à cette étape de notre existence. Car, à ce stade, nous devrions normalement être capables de nous consacrer à aider le monde. Dans l'idéal, comme nous avons pourvu à tous nos besoins intérieurs, nous sommes prêts à redonner ce que nous avons reçu.

Si tel est le cas, notre plus grande joie sera de relever le défi de nous engager, pour rendre notre Terre un peu meilleure, ne serait-ce qu'en voyageant et en partageant notre lumière et notre amour. C'est le moment de rencontrer des gens de cultures et d'horizons différents et d'étendre notre influence au-delà de notre entourage et de notre collectivité locale. Il est merveilleux de voir les personnes de cinquante ou soixante ans prendre le temps de découvrir le monde.

De quarante-deux à quarante-neuf ans : la crise de la mi-temps

Une autre transition très importante est celle du milieu de la vie. Elle se produit généralement autour de quarante-deux ans. Avant de passer au réservoir d'amour suivant, on prend conscience du vide de son passé. Il est naturel de vouloir vérifier à plusieurs reprises l'état de son parachute avant de faire le grand saut. De la même façon, on doit être intérieurement plein, avant de sentir que l'on peut librement redonner à notre communauté ou à notre entourage. Il est impossible de construire une maison si elle n'a pas de fondations. On ne peut pas adresser un chèque à une organisation caritative, sans un compte bancaire approvisionné.

LORSQU'IL EST TEMPS D'AVANCER, SI NOUS NE SOMMES PAS PRÊTS, NOUS DÉSIRONS REVENIR EN ARRIÈRE

Si nous souffrons de manques, au lieu d'avancer une fois le moment venu, nous commencerons à passer en revue tout ce que nous n'avons pas reçu. Un homme décidera soudain de reprendre sa liberté et de vendre son entreprise pour partir à l'aventure et faire de l'escalade. Ou s'il est marié, il peut éprouver l'envie de fréquenter d'autres femmes. Ou s'il a mené une existence très conservatrice, il voudra s'acheter une voiture de sport et foncer. Il repensera à certaines choses qu'il désirait à l'âge de quinze ou vingt ans. Il réévaluera sa vie et ses priorités. Bien souvent, il souhaitera se débarrasser des responsabilités qui lui donnent la sensation d'être vieux. Or, cette impression provient du fait qu'il ne continue pas à remplir ses précédents réservoirs d'amour.

Les domaines dans lesquels il pense s'être sacrifié ou ne pas avoir reçu ce qu'il lui fallait par le passé éveilleront en lui une insatisfaction croissante. Pour progresser dans son évolution, il doit relever le défi de se procurer ce dont il a besoin sans générer le chaos dans son existence ni blesser ceux qu'il aime. Il est toujours possible de remplir ses réservoirs d'amour sans bouleverser sa vie.

POUR AVANCER, LE DÉFI CONSISTE À OBTENIR CE DONT ON A BESOIN SANS GÉNÉRER LE CHAOS DANS SON EXISTENCE NI BLESSER CEUX QU'ON AIME

Autour de quarante-deux ans, une femme peut aussi se retrouver en proie à une insatisfaction chronique. Elle se réveille un matin, épuisée et aigrie. Elle commence à se plaindre sans cesse, à dresser l'inventaire de tout ce qu'elle a donné et de tout ce qu'elle n'a pas reçu en retour. Si elle n'a pas compris le principe des réservoirs d'amour, elle aura tendance à blâmer son existence présente, plutôt que de revenir en arrière et de réparer son passé. Elle s'éloignera de l'amour et décidera souvent de se consacrer à son entourage ou sa communauté, mais elle en nourrira secrètement du ressentiment. Et pour aggraver encore les choses, elle se sentira coupable de cette amertume.

Ces réactions peuvent assurément survenir à n'importe quel moment de notre évolution, mais nos vides anciens ont tendance à se manifester de façon plus aiguë durant ces transitions. Si nous n'honorons pas notre passé et si nous ne faisons rien pour le restaurer, en remplissant nos précédents réservoirs, à mesure que nous avançons dans la vie, nous ne serons pas au contact de notre source intérieure d'amour et de réalisation, et nous ne tirerons pas tous les bénéfices qu'elle peut nous apporter. Sans cette connexion à notre moi profond, l'existence ne sera jamais à la hauteur de nos espérances, de nos attentes et de nos souhaits.

De trente-cinq à quarante-deux ans : la crise secrète

Autour de trente-cinq ans se produit une autre crise dont personne ne parle. Cette transition correspond à l'évolution vers l'amour inconditionnel envers un être totalement dépendant. Dans l'idéal, il s'agit des enfants, et plus tard des petits-enfants, mais si nous n'en avons pas, alors un animal domestique fera tout aussi bien l'affaire. Autour de cette période, nous cherchons à donner sans réserve à quelqu'un qui a besoin de nous pour vivre.

Cela constitue notre première expérience de véritable amour gratuit. La relation parentale parfaite est régie par ce type d'affection inconditionnelle et par le principe que l'enfant ne doit rien à son père ou à sa mère. Malheureusement, il nous arrive parfois de maltraiter inconsciemment nos enfants en leur faisant sentir qu'ils nous sont redevables de quelque chose. Nous leur disons des choses comme : « Après tout ce que j'ai fait pour toi, tu me le dois bien. » Ce n'est pas juste. Pourtant, nous manifestons souvent ce genre d'attitude, lorsque nous ne sommes pas prêts à aborder cette étape.

Parfois, nous maltraitons inconsciemment nos enfants, en leur faisant sentir qu'ils nous doivent quelque chose

Lorsqu'un parent est intérieurement plein, il reçoit un immense cadeau de son enfant : la chance de donner gratuitement. C'est une telle joie de pouvoir aimer quelqu'un aussi fort que le don à un enfant se transforme également en un don à soi-même. Cette situation nous offre l'occasion de continuer à grandir. Le problème chez beaucoup d'individus est qu'ils sont devenus parents avant d'apprendre à s'occuper d'eux-mêmes.

Lorsque les gens ont des enfants avant d'y être prêts, ils commenceront, autour de trente-cinq ans, à se sentir coupables de tous les instants où ils ont éprouvé du ressentiment face à leur rôle de père ou de mère. Ils regretteront de ne pas avoir su donner à leurs enfants ce qu'ils méritaient. Ou ils leur en voudront, sous prétexte qu'après tant de sacrifices, ils n'auront rien reçu en retour.

Lorsque nos réservoirs ne sont pas pleins, il nous est impossible de donner notre amour de façon inconditionnelle

C'est la crise silencieuse parce que les gens n'osent pas parler ouvertement de leur amertume à l'égard de leurs enfants. Ils désirent vraiment les aimer et les choyer, mais ils ont négligé leur propre vie. Pour éviter de nourrir du ressentiment parce qu'ils se sont privés de certaines choses en remplissant leur mission parentale, ils ont besoin d'apprendre à alimenter leurs précédents réservoirs d'amour.

À ce stade, ceux qui n'ont pas d'enfant, ou d'être dépendant dont ils doivent s'occuper éprouveront un certain manque. Au lieu de continuer à relever les défis de la vie, ils régresseront et feront seulement ce qu'ils veulent, au lieu de renoncer à une partie d'eux-mêmes au bénéfice d'autrui. Ils ne sauront pas pourquoi, mais rien ne semblera les satisfaire.

Or, à cet âge, il ne suffit pas de passer du temps avec nos neveux ou nièces. Il nous faut vraiment être chargés de mission. Tout propriétaire d'animal domestique sait que cela représente une réelle responsabilité. Il faut le nourrir et le promener régulièrement. S'il tombe malade, il faut en prendre soin. Certes, une telle obligation implique de grands sacrifices, comparables à ceux d'un parent, mais cela en vaut la peine. Si un animal ne convient pas à notre mode de vie, alors, entretenir des plantes vertes ou un jardin peut aussi constituer une manière d'exprimer nos instincts nourriciers.

À CE STADE, SI NOUS N'AVONS PAS D'ENFANT, IL NE SUFFIT PAS DE PASSER DU TEMPS AVEC NOS NEVEUX OU NIÈCES

Un autre aspect de cette crise secrète est la fréquence des rapports sexuels au sein du couple. À ce moment, très souvent, l'époux manifeste beaucoup moins d'intérêt pour la chose et sa compagne beaucoup plus. Cela se produit plus particulièrement s'ils se sont mariés vers vingt ans. En effet, au bout d'un certain nombre d'années passées à faire l'amour beaucoup moins qu'il ne le voulait, un homme finit par s'en détourner. Parallèlement, comme le corps de la femme a atteint une plus grande maturité hormonale, ses désirs charnels s'amplifient.

AUTOUR DE TRENTE-SEPT ANS, C'EST LA FEMME, ET NON L'HOMME, QUI SE PLAINT DE NE PAS ASSEZ FAIRE L'AMOUR

Au cours de mes séminaires sur les relations conjugales, j'explique comment les hommes perdent progressivement tout intérêt pour le sexe s'ils ont continuellement l'impression d'être rejetés. Lors des pauses et à la fin, au moment de dédicacer mes livres, il arrive souvent que des femmes viennent me voir afin de me parler. Elles me confient discrètement, pour ne pas embarrasser leur époux, qu'elles ne font plus l'amour, mais que ce sont elles qui se sentent éconduites. Elles ont envie de sexe, mais leur conjoint ne semble plus aussi attiré par la chose. Lorsque je leur demande leur âge, elles ont, presque invariablement, trente-sept ans.

Lorsqu'une femme arrive à ce stade de plus grand don de soi, elle ressent la nécessité d'un plus grand soutien amoureux, tandis que son partenaire s'est, d'une certaine manière, résigné à y renoncer et cherche son contentement dans le golf. Si un homme n'est pas comblé dans le domaine passionnel, il régressera souvent et s'emploiera à satisfaire ses précédents besoins. Plutôt que d'initier des rapports sexuels et d'être rejeté, il préférera regarder un match de football.

De vingt-huit à trente-cinq ans : la crise d'identité

« Qui suis-je ? », « Qu'est-ce que je veux réellement ? », telles sont les questions caractéristiques que l'on se pose, dans l'idéal, autour de vingt ans. Mais si, à cet âge, nous n'avons pas pris le temps de nous découvrir et de nous aimer nous-mêmes, et par conséquent si nous ne sommes pas prêts à passer au stade suivant, nous ressentons, à vingt-huit ans, le besoin de revenir en arrière pour nous trouver réellement. Nous aurons alors envie de nous libérer du mariage ou nous fuirons tout engagement d'ordre intime.

Arrivées à la trentaine, beaucoup de femmes célibataires s'interrogent sur la raison mystérieuse pour laquelle elles n'ont pas trouvé de compagnon. Du point de vue des réservoirs d'amour, la réponse à cette question est claire : elles souffrent tout simplement d'une carence en vitamine S. Elles ne se sont pas trouvées lorsqu'elles avaient vingt ans. Elles n'ont pas fait ce qu'elles désiraient vraiment. Elles se sont investies dans des relations de couple et se sont perdues ou, dans bien des cas, elles ont cherché à prouver qu'elles étaient les égales des hommes, mais d'une manière qui ne leur a pas permis de rester fidèles à leurs véritables besoins.

Les vingt ans constituent une période d'exploration et d'expérimentation. Si les femmes ne se sont pas pleinement donné la chance d'être elles-mêmes et d'identifier leurs désirs, ultérieurement, elles ne seront pas satisfaites de leur existence. Lorsque nous ne sommes pas connectés à notre véritable moi, lorsque nous ne nous aimons pas nous-mêmes, personne n'est jamais à la hauteur. Si nous ne nous sentons pas assez bien, si nous sommes excessivement exigeants vis-à-vis de nous-mêmes, nous avons tendance à trop attendre des autres. Dès lors, aucun partenaire ne peut nous convenir. Au final, les femmes hésiteront à s'impliquer dans une relation et ne s'y investiront que si elle est susceptible d'aboutir au mariage. Les hommes, quant à eux, auront tendance à battre en retraite dès qu'il s'agira de s'engager.

Trouver le bon partenaire

Lorsque les femmes deviennent trop difficiles dans leur choix d'un compagnon, elles cessent d'apprécier ce que l'autre est capable de donner, et désirent ce qu'elles ne peuvent pas recevoir. Si elles recherchent un homme, elles se mettent en quête d'un mari, plutôt que d'un ami sympathique, drôle ou intéressant. Elles ne sortiront pas avec n'importe qui. Il leur faudra quelqu'un doté d'un grand potentiel. Elles ne veulent pas perdre de temps en s'investissant avec la mauvaise personne.

Dans une certaine mesure, cette attitude est sensée, mais elle mérite d'être nuancée. Certes, la femme doit prendre garde à ne pas s'engager trop sérieusement avant d'avoir trouvé le bon partenaire. Néanmoins, entre-temps il lui faut en rencontrer beaucoup d'autres. Si un homme lui paraît à la foi attiré et attirant, elle devrait simplement essayer de passer du bon temps avec lui, même s'il n'est assurément pas un candidat au mariage.

Les femmes qui ne s'estiment ou ne se connaissent pas assez ont du mal à multiplier les rencontres. Ce doit être « le bon », sinon elles ne sortiront pas du tout. Or, en attendant de trouver la perle rare, pour éviter d'aller trop loin avec une seule personne, une solution, parmi d'autres, consiste à entretenir un roulement constant d'hommes dans sa vie, c'est-à-dire : en avoir un en perspective, un régulier et un en voie d'être congédié. Et qu'ils sachent tous qu'ils ne sont pas les seuls : si cela leur pose un problème, alors… AU SUIVANT !

Guérir les blessures du passé

Lorsque les gens arrivent autour de vingt-huit ans, ils se retrouvent souvent en proie à un grand tumulte émotionnel, particulièrement s'ils ont nié leurs sentiments par le passé. Si vingt et un ans est un âge de maturité physique, vingt-huit ans correspond à la maturité émotionnelle. Alors, toutes les anciennes douleurs et tous les conflits irrésolus resurgissent. À cette période, notre âme se prépare à devenir plus vulnérable, pour s'ouvrir à une relation intime, et nous sommes plus conscients de ce que nous éprouvons au plus profond de nous-mêmes.

Souvent différentes émotions émergent en même temps. Toutes les expériences antérieures inabouties refont surface. Nous commençons à remettre en question toutes les prétendues vérités que nous avons apprises de l'extérieur. À présent, le moment est venu de vivre notre existence, en suivant notre propre voix intérieure. Bien sûr, les autres peuvent nous aider dans notre parcours et nous indiquer la voie, mais maintenant, nous devons véritablement ressentir dans notre cœur ce qui est juste et viable pour nous-mêmes. Ce qui est bon pour un individu donné ne l'est pas pour tout le monde et ne nous conviendra peut-être pas.

Si nos relations, au cours de nos vingt ans ou plus tard, ont provoqué des souffrances, il nous faut les guérir, avant d'être prêts à nous engager. Pour nous sentir suffisamment en sécurité et pour pouvoir nous ouvrir pleinement à l'autre, dans le cadre d'un rapport amoureux, nous avons besoin d'être sûrs que nous ne serons pas à nouveau meurtris. Si nous conservons dans notre cœur une plaie non cicatrisée, nous continuerons à avoir peur. Les femmes se montreront alors excessivement pointilleuses et redouteront de s'attacher. Les hommes, quant à eux, ne se priveront pas de liaisons, mais fuiront toute forme d'engagement, et feront preuve de grande réticence dès que l'autre exprimera un désir dans ce sens.

Tant que nous n'aurons pas réparé nos anciennes fractures affectives, nous aurons du mal, en abordant la trentaine, à trouver une relation durable. Nous aurons alors tendance, sous prétexte d'être trop pris par notre travail ou nos collègues, à éviter les liens trop intimes. Le secret pour dépasser cette résistance est de sortir avec des gens, tout en prenant garde de ne pas trop s'investir, avant d'avoir guéri les blessures de notre passé. Nous verrons les moyens d'y parvenir dans les chapitres ultérieurs.

De vingt et un à vingt-huit ans : la crise de l'étudiant

Lorsque nos enfants quittent la maison pour aller à l'université et se plonger dans le milieu étudiant, ils traversent une nouvelle crise. Certains ne savent pas comment gérer leur liberté. Ils ne sont pas habitués à se discipliner. Jadis, quand on partait de chez ses parents, on devait trouver un emploi pour subvenir à ses propres besoins. C'est-à-dire que l'on passait d'une figure d'autorité à une autre. Si l'on voulait survivre, on devait se plier aux exigences d'un patron. On était tellement occupé à gagner sa vie qu'il ne restait guère de temps pour réfléchir à qui l'on était et à ce qu'on désirait faire.

Jadis, les jeunes de dix-huit à vingt et un ans ne jouissaient pas du luxe d'être entretenus par leurs parents. Aujourd'hui, beaucoup d'entre eux abordent cet âge sans avoir besoin de travailler pour vivre. Ils entrent à la faculté et ont quasiment toute latitude de faire ce qu'ils veulent. Comme ils n'ont pas appris à être responsables de leur existence, ils font n'importe quoi et perdent le contrôle. Ils commencent à abuser de cette nouvelle liberté et à tomber dans l'excès, que ce soit de drogue, d'alcool, de sexe ou autre. D'ailleurs, nombreux sont ceux qui abandonnent leurs études.

Cela étant, qu'ils les continuent ou non, s'ils n'ont pas rempli leurs précédents réservoirs d'amour, ils vivront mal cette transition et se sentiront peu sûrs d'eux. Ils mèneront alors une vie totalement débridée ou, à l'inverse, rechercheront la sécurité à tout prix. Ils peuvent se marier trop jeunes simplement pour que quelqu'un s'occupe d'eux, ou renoncer à tous leurs rêves parce qu'ils ne croient pas en eux-mêmes. Pour être préparés à cette étape, les jeunes doivent avoir reçu, lors de leur adolescence, un soutien fort et positif auprès de leurs pairs. Se lier avec des amis ou des mentors, se consacrer à des activités et des objectifs constructifs leur est extrêmement utile, car cela leur permet d'acquérir une certaine assurance : dans le futur, leurs centres d'intérêt changeront peut-être, mais ils se sauront capables de faire des choses.

LES ADOLESCENTS ONT BESOIN D'ACTIVITÉS DE GROUPE POUR ACQUÉRIR DE L'ASSURANCE

S'ils fréquentent un milieu malsain ou néfaste, ils peuvent en être profondément affectés et ultérieurement se sentir indignes de poursuivre leurs rêves. Ils ont alors l'impression de ne pas avoir leur place dans le monde. Or, ils doivent avoir conscience qu'à vingt ans, ils sont censés commencer à la trouver, et qu'il ne faut pas abandonner tout espoir. Beaucoup de ceux qui ont réussi n'ont pas découvert leur véritable voie avant vingt-huit ans, voire plus tard. Si on y arrive plus tôt, c'est seulement qu'on a de la chance. Dans la réalité, cela ne se produit que très rarement.

Lors d'une grande réunion de parents organisée par l'université de notre fille, on a demandé combien de personnes dans l'assistance avaient une carrière en relation directe avec le diplôme universitaire qu'elles avaient reçu. Il apparut qu'environ dix pour cent seulement des participants travaillaient dans un domaine directement lié à leur cursus. Tout le monde était sidéré. Le but de la question était de rassurer les parents et de relativiser l'importance de l'orientation spécifique choisie par leurs enfants. Aux États-Unis, les études de premier cycle ont davantage pour but de permettre aux jeunes d'identifier leurs intérêts et de les aider à mieux connaître le monde et leur propre personnalité.

De quatorze à vingt et un ans : la crise hormonale

À la puberté, les enfants subissent d'importantes poussées d'hormones masculines et féminines, qui engendrent des mutations spectaculaires. Leur définition, en tant que garçons et filles, s'en retrouve radicalement modifiée. Subitement, leur vie entière est bouleversée. Cette transition est déjà très marquée lorsque nos précédents réservoirs d'amour sont pleins, mais si nous n'avons pas reçu ce dont nous avions besoin, alors elle se produit de façon encore plus intense et plus dramatique.

Au cours de ces quelques dernières années, on a beaucoup parlé de ce que nous pouvions faire pour nos enfants lorsqu'ils traversent la période de la puberté. Des études montrent que les filles affrontent une grande remise en question dans le domaine de l'estime de soi et que beaucoup de garçons commencent à manifester des troubles comportementaux. Si le sujet était autrefois passé sous silence, aujourd'hui des experts travaillent à corriger cette attitude et les parents ou éducateurs apprennent de nouvelles manières d'aider les adolescents.

Nous avons certes raison de réfléchir assidûment à ce problème, mais nous devons aussi prendre conscience que nos enfants effectuent la transition vers le réservoir d'amour suivant, celui du soutien de leurs pairs, et qu'ils éprouvent le vide des stades précédents. Souvent, en arrivant à la puberté, nous commençons à ressentir ce qui nous a manqué auparavant. C'est seulement lors de ce passage qu'un jeune adolescent peut identifier et traiter la blessure due à tout ce qu'il n'a pas reçu au cours des étapes passées.

Lorsque nos enfants atteignent l'âge de douze-quatorze ans, ils opèrent une mutation radicale et clairement perceptible par les parents. Nos petits deviennent des adolescents. Ils sont manifestement plus indépendants de leur famille et plus vulnérables à la pression de leurs camarades. Le jeu et le plaisir ne constituent plus des priorités. Ils se consacrent davantage à leurs études et se concentrent sur le fait d'élaborer des projets et d'atteindre des objectifs. S'ils ne se sont pas assez amusés au cours des années précédentes, ils peuvent résister à leurs nouvelles responsabilités et chercher à se divertir tout le temps.

Cependant, même s'ils ont suffisamment avancé pour ressentir la nécessité de recevoir le soutien de leurs pairs, ils ont encore besoin de celui de leur famille et de leurs amis. L'amour parental demeure toujours la base de notre croissance, mais à ce stade, nous comptons sur nos pairs et nos mentors pour grandir. Une mère ou un père avisé épaulera alors activement son enfant en l'impliquant dans des activités de groupe positives. À cet âge, un seul fruit gâté peut assurément contaminer tous ceux du panier. Lorsqu'un adolescent entre dans un clan, il est extrêmement influencé par le chef de la bande. A fortiori s'il n'a pas de modèles solides et fiables.

Durant cette période, les enfants ont besoin d'explorer le monde, en dehors de leur noyau familial, pour découvrir qui ils sont et ce qu'ils peuvent faire. C'est comme s'ils sortaient et amassaient des connaissances au contact des autres, pour ensuite rentrer chez leurs parents et leurs proches, en rapportant quelque chose de bien à eux. Dans ma propre existence, ma mère m'a sagement encouragé à trouver de nombreux guides et à pratiquer des activités de groupe, allant des leçons de karaté à la distribution de journaux.

Il existe une kyrielle de centres d'intérêt possibles. Un adolescent a besoin d'avoir le temps et l'occasion d'apprendre, de se découvrir une passion et d'y exceller. C'est une période où se construit la confiance en soi. Il est important d'identifier la discipline pour laquelle on est doué et d'en acquérir une maîtrise croissante. Les sports, tous les domaines artistiques (musique, théâtre, dessin...), et même les petits boulots, représentent un atout précieux.

Il est important de ne pas aliéner nos adolescents. Lorsque nos enfants deviennent de plus en plus capables d'être indépendants, notre rôle de parents change totalement. Auparavant, nous étions de bons patrons, à présent, nous devons nous transformer en consultants. Or, la différence entre un patron et un consultant est grande : le premier contrôle tout, alors que le second a pour mission de prodiguer des conseils seulement si on lui en demande, tout en laissant le client décider par lui-même de ce qu'il va faire.

Cette période est particulièrement difficile pour les mères et les filles. Plus jeunes, ces dernières se soumettent davantage que les garçons à la volonté maternelle. En atteignant l'adolescence, plus elles auront renoncé à elles-mêmes pour faire plaisir à leur maman, plus elles auront tendance à se rebeller et à résister à son autorité. Une fille aura souvent du mal à se détacher et à trouver son individualité sans rejeter sa mère.

De leur côté, les mères ont aussi beaucoup de difficulté à abandonner leur rôle omnipotent vis-à-vis de leur petite. Les instincts nourriciers, qui fonctionnaient si bien auparavant, peuvent devenir trop pesants, directifs ou limitatifs pour une adolescente. Les parents doivent comprendre qu'ils ont à présent moins d'influence et que c'est très bien ainsi, puisque l'enfant est censé commencer à trouver un plus grand soutien en dehors de la famille. Comme le disait une adolescente : « Je n'ai plus besoin de ma mère à présent, mais je suis vraiment contente qu'elle soit là quand je rentre à la maison. »

Si nous apprenons à ne plus dire à nos enfants ce qu'ils doivent faire, ils viendront nous le demander. Alors, au lieu de leur répondre directement, mieux vaut leur répliquer : « Et toi, qu'en penses-tu ? » Ils continueront à rester connectés à eux-mêmes si nous sommes capables de les écouter davantage et de leur poser des questions, en prenant garde de ne pas les accabler de conseils ou de consignes.

Pour certaines activités, il est bon que les filles restent entre elles et les garçons entre eux. Cela leur procure un centre d'intérêt extérieur très utile, qui les aide à se connaître mutuellement et à en apprendre davantage sur leur propre nature et leur évolution présente. À ce stade, la croissance s'opère au travers du simple partage avec des pairs dotés d'intérêts, de capacités et d'objectifs similaires.

De sept à quatorze ans : la crise silencieuse

Le fait de quitter le giron familial pour rentrer à l'école primaire peut être très traumatisant pour un enfant, mais souvent, personne ne le sait et personne ne s'en souvient. C'est une crise silencieuse parce qu'une fois les écoliers sortis de la maison, les parents ne sont pas là pour voir ce qui se passe. Bien souvent, si un enfant ne se sent pas en sécurité pour exprimer ses sentiments, non seulement il ne les confie pas à ses proches, mais il n'en a lui-même pas conscience. Autour de cet âge, pour vraiment se rendre compte de ce qu'il éprouve, il a besoin que quelqu'un lui pose des questions et lui témoigne de l'intérêt, ce qui l'aidera à mieux voir en lui-même et l'incitera à raconter ses expériences, émotions et désirs.

Si les enfants n'ont pas reçu assez d'amour durant le premier stade de leur évolution, alors, au cours de la deuxième phase, ils peuvent résister, rechigner à s'amuser et régresser pour rester des « bébés ». Ils feront des caprices ou des grosses colères, mouilleront leurs draps, suceront leur pouce ou adopteront d'autres attitudes infantiles. Au lieu de faire en sorte qu'ils aient honte de tels comportements, les parents doivent comprendre que ces enfants essaient seulement de remplir leur précédent réservoir d'amour. Ils peuvent les aider en créant des occasions et des moments privilégiés pour leur permettre de recevoir l'amour dont ils ont besoin.

Lorsque nous avons environ sept ans, nous sommes pris d'une envie active de jouer. C'est comme si nous sortions subitement de l'état onirique dans lequel nous avons passé les années précédentes. De sept à quatorze ans, c'est le moment de développer notre sociabilité et d'apprendre à nous amuser. À cet âge ne se manifestent que de grandes tendances générales. Bien sûr, certains enfants s'éveillent plus tôt tandis que d'autres dorment un peu plus longtemps. Mais si, au cours des quatorze premières années de notre vie, nous ne nous sentons pas en sécurité, pas assez armés pour résister au changement et traverser tout un éventail de sentiments, nous ne nous forgeons pas une sensation claire de ce que nous sommes et de ce que nous aimons.

C'est lors de cette phase ludique que nous apprenons à ne pas recevoir de gratification immédiate. Nous découvrons la notion de partage, le principe du « chacun son tour ». Nous grandissons dans notre aptitude à ressentir ce que nous désirons et à l'attendre patiemment. Un aspect majeur et naturel de ce processus est la manifestation de grosses colères lorsque nous n'obtenons pas ce que nous souhaitons. Ces jaillissements émotionnels, s'ils sont traités de façon aimante et non répressive, sont essentiels pour une croissance saine. En effet, les caprices sont une manière d'apprendre à gérer des sentiments forts et passionnés sans renoncer à ce que nous voulons. Lorsqu'un parent ne perd pas le contrôle devant de tels accès, l'enfant finit par être capable d'éprouver des émotions intenses tout en se maîtrisant.

Même les adultes font des caprices. Mais s'ils sont équilibrés, ils ont appris à se gérer eux-mêmes sans reporter leurs sentiments négatifs sur leur entourage. Dans la plupart des cas, lorsque nous blâmons les autres pour notre propre malheur, c'est qu'il nous faut remplir ce réservoir précoce. Chaque fois que nous pointons l'index en signe d'accusation, trois de nos doigts restent dirigés vers nous-mêmes, comme pour désigner nos premiers besoins d'amour. Pour nous libérer de cette tendance au reproche, nous devons entendre et comprendre nos sentiments, comme un parent le ferait pour son enfant. Dans le chapitre 7, nous verrons comment maintenir ces réservoirs pleins, sans avoir à régresser et se comporter comme un gamin de deux ans.

Pour nous sentir en sécurité, il est essentiel de satisfaire ce besoin fondamental. Si nous avons été négligés, nous avons l'impression d'être indignes de recevoir du soutien. Même lorsque nous avons trouvé une stabilité extérieure, nous ne pouvons jamais véritablement accéder à la sérénité, parce que nous ne savons pas ce que nous méritons. Dans une certaine mesure, c'est comme si tout pouvait nous être retiré. Nous croyons que nous devons être bons ou avoir raison pour mériter l'amour. Cela représente une pression bien trop forte pour un petit enfant. Car ce qu'il lui faut, c'est un amour pur et inconditionnel.

Lorsque nos premiers besoins émotionnels sont comblés, nous sommes capables de goûter la joie d'être au contact de notre vrai moi. Si, durant notre enfance, nous avons reçu l'affection et les soins nécessaires, alors, automatiquement, nous sommes capables de nous aimer nous-mêmes en tant qu'adultes. Sans cette fondation, nous ne nous sentirons jamais à la hauteur de nos propres critères jusqu'à la fin de nos jours.

Par nature, nous sommes déjà pleins de joie, d'amour, de paix et de confiance. Ces qualités nous sont innées. Les enfants éprouvent naturellement ces sensations intérieures, mais s'ils cessent d'obtenir le soutien dont ils ont besoin, ils commencent progressivement à se déconnecter de leur véritable nature. Selon ce que nous avons reçu ou non, au début de notre existence, nous sommes plus ou moins reliés à notre être profond. Tout comme l'amour nous unit aux autres, il nous unit à nous-mêmes.

Enfants, nous n'avons pas l'aptitude à nous aimer nous-mêmes. La seule manière de pouvoir consciemment nous connaître est à travers le miroir que constitue l'affection de nos parents et de notre entourage familial et amical. S'ils nous traitent avec respect, nous comprenons que nous sommes dignes de respect. S'ils nous traitent avec attention, nous nous considérons comme dignes d'attention. S'ils nous soutiennent en nous consacrant du temps et de l'énergie, nous nous jugeons dignes de ce soutien.

Durant l'école primaire, c'est-à-dire de sept à quatorze ans environ, le plus grand besoin d'un enfant est de se sentir en sécurité. À mesure qu'il grandit, découvre le monde et apprend à s'y adapter, il faut qu'on lui accorde la permission de faire beaucoup d'erreurs et d'en tirer les leçons. La mission d'un parent est de diriger la vie de son enfant et de le protéger des influences négatives au cours de son processus d'apprentissage. Or, ce moment correspond à une phase d'amusement et de libre expression. Une trop grande exigence de perfection peut entraver l'évolution naturelle d'un enfant.

En tant qu'adultes, nous avons tendance à devenir trop sérieux ou obsédés par le travail parce que, dès notre plus jeune âge, nous avons subi les attentes excessives de nos parents. Ceux-ci insistaient trop sur les corvées domestiques, les devoirs scolaires et les sacrifices à faire pour la famille. Dans l'idéal, c'est un stade où l'on se relie à ceux qui nous aiment, une période d'innocence et de pardon inconditionnel.

Durant cette étape, comme lors des précédentes, le cerveau n'est pas assez développé pour intégrer la distinction suivante : « J'ai fait quelque chose de mal, mais je ne suis pas mauvais. » Au contraire, un enfant conclura : « Si ce que j'ai fait est mal, c'est que je suis mauvais. » La plupart des adultes n'ont pas encore assimilé cette notion élémentaire parce que leurs parents ne la comprenaient déjà pas.

Lorsqu'un enfant refuse de coopérer et de se soumettre à notre volonté, il devient en fait hors de contrôle. Donc, plutôt que de qualifier son comportement de « mauvais », mieux vaut utiliser l'adjectif « incontrôlable », ce qui permet de ne pas associer un terme négatif à ce qu'il est.

De même, au lieu de le punir lorsqu'il se conduit « mal », les parents peuvent avoir recours à des « temps morts », c'est-à-dire à des moments d'isolement, dont la durée variera en fonction de l'âge de l'enfant, à raison d'une minute par an (par exemple, huit minutes s'il a huit ans).

Un temps mort constitue, pour un enfant, une occasion de se reprendre. Il suffit simplement de l'installer seul dans une pièce pendant un temps donné. Cela évitera qu'en se déchaînant, il incommode trop son entourage, tout en lui laissant la latitude de ressentir et de libérer son tumulte émotionnel intérieur. Durant ces moments, il peut faire des grosses colères. Or, celles-ci lui sont nécessaires pour apprendre progressivement à contrôler ses émotions sans les réprimer.

Si les adultes découvrent et reconnaissent la valeur de la conscience et de l'intelligence émotionnelles, ils peuvent, dès lors, aisément comprendre pourquoi il est si important de donner à un enfant l'occasion de retrouver le contrôle, au moyen de temps morts réguliers.

Au cas où ils refusent de rester cantonnés dans leur chambre ou dans la salle de bains, mieux vaut tenir la porte, plutôt que de les enfermer à clé. S'ils ne supportent pas ces temps morts, cela les rassurera de savoir qu'ils n'ont pas été abandonnés et que quelqu'un est là, de l'autre côté du mur. La pratique régulière de cette méthode donnera aux enfants la liberté de rester connectés à leurs sentiments et, en particulier, à leur désir de rendre les autres heureux.

Voilà pourquoi la punition ne fonctionne pas. Les prisons sont remplies d'individus qui ont été trop punis par leurs parents – et par la vie. Quatre-vingt-dix pour cent des gens incarcérés sont des hommes tandis que quatre-vingt-dix pour cent des patients en thérapie sont des femmes. En effet, lorsqu'ils subissent la répression parentale, les hommes transposent ces sévices sur les autres, alors que les femmes les reportent sur elles-mêmes. C'est une des raisons principales expliquant pourquoi, lors de la puberté, les filles ont tendance à ne plus s'estimer ou s'aimer, et les garçons à se déchaîner. Ils maltraitent le monde, alors qu'elles se maltraitent elles-mêmes.

La punition nous désensibilise progressivement de nos émotions et nous perdons notre désir naturel de contenter nos parents. Les séducteurs compulsifs deviennent ainsi, parce qu'ils n'ont jamais réussi à plaire à leur famille. Si nos père et mère nous facilitent la tâche en se montrant plus aisément satisfaits, alors notre estime de soi peut se développer et croître sainement.

Durant cette phase, les parents se sentent parfois impuissants à aider leur enfant. Peu importe combien ils l'aiment, si ses amis ne sont pas gentils avec lui, ils ne parviendront pas à le rendre heureux. Ils auront beau lui témoigner toute l'affection du monde, ils n'arriveront pas à faire en sorte qu'il s'aime lui-même. Mais ils peuvent l'y aider, en se montrant compréhensifs et en l'écoutant. Leur amour inconditionnel dotera l'enfant du soutien dont il a besoin pour obtenir ce qu'il lui faut de son entourage familial et amical. De même, les parents lui seront d'un grand secours en multipliant les occasions de rencontrer d'autres enfants et de se faire des amis.

À ce stade, un aspect majeur de notre évolution est la confrontation aux inévitables questionnements et conflits relatifs à la vie en communauté. Même si l'attitude parfaite n'existe pas, les parents doivent essayer de trouver un juste équilibre : il est essentiel qu'ils apportent leur soutien, en évitant cependant les excès. S'ils donnent trop, leur enfant les repoussera, parce qu'il doit aussi faire certaines choses par lui-même.

De zéro à sept ans : la crise de la naissance

De la naissance à la petite enfance, c'est-à-dire jusqu'à sept ans environ, nous vivons notre croissance dans une sorte d'état onirique. Nous n'avons pas la faculté de savoir par nous-mêmes qui nous sommes ou ce que nous méritons, si ce n'est à travers la manière dont nos parents nous traitent. Bébés, nous nous attachons à nos parents ou aux toutes premières personnes qui s'occupent de nous, et nous grandissons grâce à leur soutien affectueux.

Notre positionnement dans la vie et notre relation au monde et à autrui sont déterminés dès notre naissance. Les nourrissons sont littéralement inaptes à obtenir ce dont ils ont besoin. Si l'on ne prend pas soin d'eux, ils meurent. Cette réalité physique engendrera chez eux l'une des deux attitudes fondamentales suivantes : « J'ai des besoins et je suis capable de les satisfaire », ou « J'ai des besoins et je suis incapable de les satisfaire. » Nous avançons dans la vie avec un sentiment de puissance ou d'impuissance.

UN ENFANT SE SENT PUISSANT OU IMPUISSANT FACE À LA SATISFACTION DE SES BESOINS

Nos premières impressions de l'existence sont toujours les plus profondes et les plus durables. Même si, à notre naissance, notre cerveau n'est pas développé, nous avons néanmoins la faculté d'évaluer notre situation. Nous sentons que nous pouvons, ou non, obtenir ce dont nous avons besoin. Fort heureusement, aujourd'hui, l'importance du lien entre le nourrisson et ses parents est largement reconnue, et les pratiques hospitalières ont beaucoup évolué. Mais il y a environ soixante ans, les services d'obstétrique avaient adopté la méthode de séparer immédiatement le bébé de sa mère. C'est ainsi que la plupart des gens nés dans l'après-guerre, ou durant les décennies suivantes, ont intégré la notion qu'ils étaient impuissants à satisfaire leurs besoins.

Or, les répercussions de cela sur une existence peuvent être très diverses et n'impliquent pas nécessairement de grandir en se sentant incapable d'assouvir nos désirs. Quelquefois, cela engendre même l'attitude inverse et cette déficience nous rend plus puissants. En effet, si nous sommes convaincus que nous ne recevrons pas ce dont nous avons besoin, nous nous adaptons automatiquement à la situation par des moyens qui nous confèrent un plus grand pouvoir. Comme nous avons l'impression que personne n'est là pour nous, alors, si nous voulons quelque chose, nous veillerons à l'obtenir par nous-mêmes. Nous n'envisageons pas la possibilité de compter sur les autres.

Nous en concluons qu'il nous faut grandir tout de suite, pour être capables de faire les choses seuls. Ainsi, bien avant l'âge où nous sommes censés nous prendre en charge, nous nous sentons excessivement responsables et indépendants. Or, même si cette attitude nous permet d'accéder à la réussite *extérieure*, au fond de nous, nous éprouverons peut-être un certain manque, une absence de réussite *intérieure*.

LORSQUE LES ENFANTS GRANDISSENT TROP VITE, ILS PASSENT À CÔTÉ DE CERTAINES PHASES ESSENTIELLES DE LEUR ÉVOLUTION

Une autre réaction commune au sentiment d'impuissance est l'inaptitude à définir et à connaître nos besoins ou nos aspirations. En effet, lorsqu'un manque n'a jamais été comblé, il est difficile d'en identifier la nature, car nous n'en avons pas fait l'expérience concrète. En outre, si nous n'avons pas clairement conscience de ce qu'il nous faut, nous aurons du mal à nous sentir dignes de recevoir. À l'inverse, plus nous obtenons ce qui nous est nécessaire, plus nous savons que nous en avons besoin et plus nous nous accordons le droit de le recevoir.

LA CONNAISSANCE ET L'EXPÉRIENCE CONCRÈTE DES CHOSES DONT NOUS AVONS BESOIN ENGENDRENT LA CONVICTION D'Y AVOIR DROIT

Il est légitime qu'un enfant en bas âge reçoive ce qu'il lui faut. Parfois, s'il n'a pas cette sensation intérieure, il mettra tout en œuvre pour obtenir satisfaction auprès de ses parents. Il s'efforcera de leur plaire par tous les moyens et renoncera, à tort, à une partie de lui-même. Ainsi, l'impuissance peut générer un asservissement ou, au contraire, une autonomie excessive vis-à-vis des autres. Si, dès ce stade, nous ressentons notre pouvoir intérieur (notre capacité à obtenir ce dont nous avons besoin), alors, par la suite, nous accéderons à un certain équilibre, à une forme saine de dépendance, à l'égard d'autrui et de nous-mêmes.

Quand je pars du principe que je ne peux pas recevoir ce dont j'ai besoin, j'en viens à me le procurer par moi-même et je finis par obtenir ce que je veux. Or, il convient de bien faire la distinction entre « avoir besoin » et « vouloir ». Lorsque nous « avons besoin », nous comptons sur les autres ; lorsque nous « voulons », nous comptons sur nous-mêmes. Un enfant doit passer de nombreuses années à recevoir « ce dont il a besoin », avant de développer son aptitude à obtenir « ce qu'il veut ». Jusqu'à vingt ans, nous sommes extrêmement dépendants de ce qui nous arrive. À partir de vingt et un ans, nous avons davantage la capacité de satisfaire nos propres besoins.

Lorsque nous apprenons trop tôt à prendre soin de nous-mêmes, nous croyons que nous devons tout faire seuls. Nous n'accordons pas de valeur à l'aide des autres et nous rejetons même leur précieux soutien. Nous ne sommes pas à l'aise dans des relations étroites ou intimes. Il suffit de voyager dans certaines régions du monde, où les nouveau-nés ne sont pas séparés de leur mère, pour se rendre compte que dans ces cultures, les parents sont nettement plus proches de leurs enfants et les familles beaucoup plus unies.

Cela étant, même si, dans les pays dits développés, nous souffrons du traumatisme de la séparation à la naissance, nous en tirons certains bénéfices. Parfois, en empruntant la mauvaise route, on parvient à découvrir un chemin inédit et meilleur. Même si la génération du baby-boom a opéré une mutation dans le sens de la réussite extérieure, de la prise en charge de soi et de la satisfaction autonome de ses désirs, ces gens en sont aussi arrivés à reconnaître leur besoin fondamental d'amour. Toutes sortes de thérapies se sont développées pour nous aider à revenir en arrière et à réparer les blessures dues à ce que nous n'avons pas reçu lors des premières phases de notre croissance, alors que nous étions le plus vulnérables et dépendants.

De la conception à la naissance

Notre premier contact avec la vie se fait lors de notre développement au sein de l'utérus maternel. Durant cette phase, nous découvrons notre lien avec Dieu. Il ne s'agit pas d'une relation définissable – le cerveau n'est pas prêt à la conceptualiser –, mais d'une forme de ressenti. Nous oublions généralement ce vécu à l'âge de deux ans, période active de l'acquisition du langage.

Pour la plupart des humains, le séjour dans la matrice est une expérience paradisiaque. Nous ne sommes responsables de rien. Dieu ou Mère nature fait tout le travail pour nous. Les individus équilibrés, forts, en bonne santé et en constante évolution sont au contact de l'énergie qui a engendré leur corps et qui constitue notre toute première relation avec Dieu.

Malheureusement, si après notre naissance, nous sommes entourés de gens qui ne croient pas en cette énergie positive ou ne comptent pas dessus, nous nous déconnectons progressivement d'elle et oublions que Dieu est toujours là pour prendre soin de nous et nous aider.

Toute guérison provient de l'énergie divine. Les médecins peuvent nous prodiguer des remèdes pour favoriser le processus, mais c'est elle qui nous guérit. La maladie constitue un aspect inévitable de la vie. Plus encore, elle est, en réalité, un signe que nous devons nous reconnecter avec l'énergie qui nous a conçus.

Il arrive parfois que nous commencions à perdre contact avec elle dans la matrice même. Notre mère peut éprouver des sentiments négatifs, susceptibles de nous affecter pour le restant de nos jours. Si l'on désire des enfants heureux et en bonne santé, la première étape est d'aider la future maman à recevoir tout ce qu'il lui faut durant sa grossesse.

L'attitude de la femme enceinte, dans le cadre de sa relation à Dieu, entraîne également d'importantes répercussions. Si elle a l'impression de tout devoir faire seule, elle transmettra ce message « non spirituel » à son enfant. La sagesse pour elle consiste à s'efforcer de satisfaire ses besoins, et à ne pas s'inquiéter de ses ambitions et objectifs personnels. Ainsi, elle s'emploiera surtout à lâcher prise, à se libérer de son mental et à laisser la nature faire les choses. Une fois que ses petits auront suffisamment grandi, il lui restera beaucoup de temps pour se concentrer pleinement sur ses propres aspirations.

Comme les gens en sont venus à compter uniquement sur les médecins, et non plus sur Dieu ou sur la nature, les enfants ne reçoivent pas l'éducation nécessaire pour renforcer cette conviction que le monde est un lieu accueillant, répondant magiquement à tous nos besoins. Une mère doit contrer cette tendance à oublier Dieu, en lisant des ouvrages spirituels ou en recherchant fréquemment le contact avec la nature et ses cycles. Si elle en est déconnectée, elle aura plus de difficulté à bien vivre sa grossesse.

En découvrant ces notions concernant les premières étapes de notre vie, nous pouvons aisément nous sentir accablés à l'idée de tout ce que nous n'avons pas reçu. La sensation d'impuissance que ces pages éveillent peut-être en nous correspond à celle que nous éprouvions étant enfants. À présent, nous avons l'opportunité de nous « prendre dans nos bras » et de nous réconforter en nous disant que tout ira bien. En effet, grâce aux principes développés dans ce livre, nous aurons bientôt le pouvoir de remplir nos réservoirs d'amour et de commencer à obtenir ce dont nous avons besoin.

7

Alimenter les dix réservoirs d'amour

Si les murs de notre maison commencent à se fendre, nous en vérifions d'abord les fondations. Si nos plantes se mettent à jaunir et à mourir, nous n'essayons pas de les peindre pour qu'elles paraissent en bonne santé ; nous les arrosons ! De la même façon, la plupart de nos problèmes disparaissent d'eux-mêmes dès que nous entreprenons de remplir nos dix réservoirs d'amour. Lorsque nous recevons ce dont nous avons besoin, nous nous connectons avec notre être véritable.

Pour résoudre la plupart des difficultés de l'existence, il faut commencer par s'assurer que les cinq premiers réservoirs d'amour sont alimentés. Lorsque nous nous sentons coincés dans la vie, il est extrêmement utile de reconnaître que beaucoup de nos sentiments correspondent en réalité à ce que nous éprouvions étant enfants. En prenant un peu de temps chaque semaine pour veiller sur nos besoins du passé, nous sommes capables de progresser et ainsi de générer la vie que nous désirons.

Mieux vaut toujours maintenir le niveau de nos réservoirs, en agissant de façon adéquate et régulière. Il ne suffit pas de les remplir une seule fois. Cet amour nous est nécessaire pour rester connectés à ce que nous sommes chaque fois que nous traversons une phase donnée de notre vie. La base, pour obtenir ce que nous voulons et être au contact de notre vrai moi, est de garder nos réservoirs pleins. Si nous nous occupons de fleurs, nous ne nous contentons pas de les arroser une bonne fois pour toutes ; nous prenons soin de chacune d'entre elles et nous leur donnons de l'eau aussi souvent que nécessaire.

Réservoir 1
Vitamine D 1

Le premier réservoir correspond à l'amour et au soutien provenant de Dieu. Lorsque nous manquons de vitamine D 1, la vie a tendance à devenir une lutte permanente. Nous finissons par nous sentir épuisés et tendus, car nous croyons qu'il nous faut tout faire par nous-mêmes. Pour remplir ce premier réservoir, nous devons avoir un contact régulier avec Dieu ou entretenir une relation spirituelle quelconque avec l'univers. Nous devons comprendre que nous ne sommes pas seuls et qu'il existe une puissance supérieure pour nous aider.

Pour ce faire, nous aurons recours à la méditation. Or, il convient de bien comprendre que celle-ci ne constitue pas une discipline religieuse mais spirituelle. On peut satisfaire ce besoin fondamental au moyen d'une pratique assez assidue, même si l'on est athée ou sans confession. D'ailleurs, dans ce cas, une fois que l'on a fait l'expérience d'une connexion spirituelle, on se mettra souvent à rechercher une forme de religion qui nous permettra de recevoir le soutien de ceux qui ont le même esprit et le même cœur. Dans le chapitre 9, nous découvrirons une excellente technique de méditation pour remplir ce réservoir d'amour.

Réservoir 2
Vitamine P 1

Le deuxième réservoir correspond à l'amour et au soutien de nos parents. Lorsque nous manquons de vitamine P 1, nous avons tendance à être freinés dans l'existence par des sentiments de doute, d'inadéquation et de manque de confiance en soi. Nous subissons des vagues de trouble émotionnel et de détresse. Nous pouvons penser que ce désarroi est dû au monde extérieur ou au travail, alors qu'en fait, il vient de l'intérieur. Les circonstances extérieures ne font que refléter notre état profond.

Heureusement, en tant qu'adultes, nous ne dépendons plus de nos père et mère (ou de ceux qui ont joué ce rôle) pour obtenir l'amour inconditionnel qui nous est nécessaire. Nos parents sont peut-être morts ou n'auront jamais la capacité de nous donner ce dont nous avons besoin. Arrivés à un certain âge, nous pouvons choisir la manière de recevoir ce soutien et apprendre à nous le procurer tout seuls.

Lorsque nous ne gérons pas notre expérience émotionnelle de la vie avec paix et amour, c'est le réservoir qu'il nous faut remplir. Si nous n'avons pas confiance en nous, ou si nous ne sommes pas heureux, c'est l'un des premiers points sur lesquels il nous faut travailler pour guérir notre passé.

De façon plus pragmatique, on pourrait dire qu'aller voir un thérapeute, c'est comme « louer les services » d'un parent. Il nous écoute, nous comprend et nous donne un amour inconditionnel. Lorsque ce besoin est satisfait, nous devenons aptes à trouver ce soutien par nous-mêmes. D'ailleurs, à mesure que ce réservoir se remplit, nous constatons que nous recevons de plus en plus d'amour inconditionnel de la part de nos parents réels ou d'autres personnes de notre entourage.

Si la méditation et le contact avec Dieu équivalent au fait d'arroser une fleur, alors, guérir de notre passé, c'est comme changer la terre. Une plante a besoin d'un sol fertile pour croître. Beaucoup des croyances que nous nous sommes forgées dans notre prime enfance continuent à nous freiner. En les modifiant ou en les rectifiant, nous améliorons instantanément la situation. Quel que soit le soutien que nous avons reçu ou le manque de soutien dont nous avons pâti durant notre enfance, nous avons à présent le pouvoir d'être un parent pour nous-mêmes et de nous prodiguer tout ce dont nous avons besoin.

Je me rappelle avoir dirigé un séminaire à la maison correctionnelle de San Quentin. Je n'avais jamais travaillé avec des gens souffrant d'une carence totale en vitamine P 1. Quatre-vingt-dix détenus s'étaient inscrits et j'avais amené trente-deux bénévoles pour me seconder.

Ces derniers, dont les premiers réservoirs d'amour étaient relativement pleins, faisaient des exercices de guérison avec certains des prisonniers. Et l'impact était bien plus spectaculaire que pour les détenus qui travaillaient entre eux. À la fin du week-end, il ne restait que trente-deux des inscrits, qui avaient donc pu, chacun, être pris en charge par un assistant. Il apparaissait clairement que les exercices étaient plus efficaces lorsqu'ils étaient effectués avec ceux qui avaient reçu davantage d'amour dans leur existence. Les résidants de la prison en étaient tellement dépourvus, en raison de leur passé, qu'il leur était impossible de tirer les bénéfices de ces exercices s'ils demeuraient entre eux.

Au cours de mon propre processus de rétablissement, il s'est révélé très utile de pratiquer des techniques similaires avec d'autres – qu'il s'agisse de professionnels chevronnés ou de partenaires profanes au sein des ateliers. Aujourd'hui encore, je me rappelle de nombreuses expériences qui ont changé ma vie. Je serai toujours reconnaissant pour ces étapes vers la guérison. Dans le chapitre 11, nous verrons certaines de ces techniques, qui peuvent se pratiquer seul ou à deux, chez soi, en thérapie individuelle ou en atelier.

Réservoir 3
Vitamine P 2

Le troisième réservoir correspond à l'amour et au soutien que l'on reçoit de ses proches (amis et famille) et des plaisirs. Lorsque nous menons une existence trop sérieuse et que nous ne nous amusons pas, nous avons une carence en vitamine P 2. Quand notre relation de couple souffre d'un excès de critiques, de reproches ou d'ennui, quelquefois les choses s'amélioreront d'elles-mêmes si nous nous employons à remplir ce réservoir, notamment en nous faisant des amis, en appréciant ceux que nous avons déjà et en prenant du bon temps.

Pour le maintenir à niveau, nous devons alimenter nos anciennes amitiés et parfois tisser de nouveaux liens. Les premières nous aident à nous aimer et à nous accepter tels que nous sommes, tandis que les seconds nous permettent de découvrir des aspects inédits de nous-mêmes. Et les deux nous sont nécessaires.

Parfois, certaines personnes se demandent pourquoi elles n'ont pas beaucoup d'amis. La réponse est qu'elles n'ont jamais appris à s'en faire. Elles partent du principe qu'elles rencontreront quelqu'un, qu'elles l'aimeront et voudront tout naturellement devenir son ami(e). Ou alors elles attendent des autres qu'ils aient ce comportement à leur égard. Or, pour établir un lien, il faut commencer par faire des choses pour les gens. Si l'on donne d'abord, on reçoit en retour, et c'est ainsi qu'au fur et à mesure naît une affection mutuelle qui se transformera éventuellement en amitié.

Lorsqu'on a des difficultés dans ce domaine, la solution consiste parfois à revenir en arrière pour remplir un des réservoirs précédents. Ce principe s'applique à chacun des différents types d'amours. Chaque fois que nous avons du mal à obtenir ce qui nous paraît nécessaire, c'est que nous regardons dans la mauvaise direction. En vérifiant nos autres réservoirs, nous découvrirons peut-être que l'un d'eux fonctionne mieux que les autres à une période donnée. Pourquoi ? Parce que c'est ce dont notre âme a le plus besoin à ce moment particulier.

Ce concept explique pourquoi certains d'entre nous tirent tellement de bénéfice d'une thérapie et d'autres non. Si nous ressentons un manque aigu de vitamine P 1, alors le travail sur soi nous aidera vraiment. Mais si nous manquons de vitamine P 2, alors, le fait d'aller à un match de football avec un copain nous réconfortera davantage et nous redonnera le moral. Au bout du compte, il est essentiel de trouver les moyens adéquats de remplir chacun de nos réservoirs.

L'amitié nous aide à nous accepter tels que nous sommes. Pour faire l'expérience de ce type de relation, nous devons nous sentir suffisamment en sécurité pour être nous-mêmes et nous exprimer sans avoir peur du ridicule. L'humour et le jeu aident à alimenter ce réservoir. Lorsque nous sommes déprimés, il est très salutaire de voir un film comique ou distrayant et de se recharger en vitamine P 2, même – voire a fortiori – si nous n'en avons aucune envie. En effet, une trop grande réticence à l'égard de quelque chose est parfois un signe qu'il s'agit précisément de ce qu'il nous faut. Nous résistons souvent à ce dont nous avons besoin, mais une fois que nous sommes dans l'action, nous recommençons à nous sentir mieux.

Réservoir 4
Vitamine P 3

Le quatrième réservoir correspond à l'amour qu'on reçoit de ses pairs. Pour le remplir, nous devons nous inscrire dans un club de loisirs ou un groupe d'entraide de quelque nature que ce soit. Être supporter d'une équipe ou pratiquer une discipline sportive sont d'autres moyens de trouver ce soutien. Même si, au sein d'un couple, nous partageons beaucoup de centres d'intérêt, il est important que les deux partenaires aient certaines activités distinctes. Elles constituent le domaine privé de chacun et, dans ce cadre, nous nous associons à d'autres personnes, qui ne sont pas nécessairement les amis avec lesquels nous sortons ou l'être avec qui nous vivons.

Si l'on aime le sport, l'une des plus puissantes sources de soutien collectif est d'assister à un match disputé par ses joueurs fétiches. L'expérience du stade est plus intense que celle de la télévision, quoique cette dernière puisse également se révéler profitable. Le fait de ressentir son lien avec une équipe et d'autres supporters nous apporte de grosses doses de vitamine P 3.

Pour remplir ce réservoir, il convient de se rendre dans des lieux où les gens se réunissent. Si l'on apprécie le septième art, au lieu de louer une vidéocassette, il est préférable d'aller au cinéma, où l'on se joindra à d'autres individus ayant les mêmes intérêts. Pour recevoir davantage de soutien, on peut décider de voir un film dès sa sortie. En effet, c'est très stimulant car, ce jour-là, le public est généralement constitué de spectateurs impatients et motivés. Et cela correspond exactement au type d'enthousiasme et à la concentration d'énergie dont nous avons besoin d'être entourés.

Si l'on est ouvert à une religion particulière, alors on peut participer à des activités de groupe, chanter et prier ensemble. L'expérience régulière de ce soutien procure non seulement de la vitamine G 1, mais aussi de la P 3. Elle permet de recevoir l'amour de Dieu et celui de nos pairs en abondance.

Si l'on a un artiste favori, il est bon de le voir sur scène, pour se ressourcer en P 3. Quelle joie d'assister à un concert des Rolling Stones pour retrouver l'euphorie de l'adolescence ! Non seulement on partage son plaisir avec des gens ayant les mêmes goûts, mais en plus, cela nous rappelle notre jeunesse – si tant est, naturellement, que l'on ait plus de quarante ans. La musique que nous aimions à quinze ans constituera toujours un puissant point d'ancrage, qui nous renverra à l'énergie de notre adolescence.

En effet, chaque fois que nous remplissons un réservoir donné, nous ranimons la partie de nous-mêmes correspondante et tirons les bénéfices de l'énergie propre à cette phase. En réveillant l'adolescent en nous, nous ressentirons des bouffées d'enthousiasme et de vitalité, nous incitant à aller de l'avant dans la vie.

Si l'on est confronté à un problème particulier, on peut participer à des réunions de gens qui ont connu des difficultés similaires. Par exemple, les programmes de Douze Étapes – comme celui des Alcooliques Anonymes –, destinés à aider ceux qui souffrent de dépendance (à l'alcool, à la drogue, au jeu…), représentent une excellente source de cette vitamine.

Réservoir 5
Vitamine S

Le cinquième réservoir est celui de l'amour de soi. Pour le remplir, il nous faut devenir notre première priorité. Nous devons prendre notre vie en main, nous demander ce que nous voulons vraiment et faire le nécessaire pour y parvenir.

Si, dans ce contexte, nous nous disons : « En réalité, ce que je veux, c'est rendre les autres heureux », alors nous sommes hors sujet. « Ce que je veux » signifie vraiment ce que *moi*, je veux. Il nous faut donc nous concentrer sur ce qui nous manque, sur ce que nous désirons le plus.

Bien sûr, nous avons envie de faire plaisir aux autres, mais cela ne correspond pas à ce réservoir d'amour. Qu'est-ce qui, mis à part cela, nous rend heureux ? Qu'est-ce qui ravive notre flamme intérieure ? Qu'est-ce qui nous fait vibrer ? Qu'est-ce qui est bon pour nous ? Il nous faut rechercher des lieux ou des situations où nous nous sentons à l'aise, libres de demander ce que nous désirons et libres de refuser ce que nous ne désirons pas.

Pour nous aimer nous-mêmes, nous devons nous autoriser à faire de nouvelles expériences dans la vie

Sortons de notre environnement quotidien pour mettre à l'essai, sans en être gênés, de nouvelles tenues ou de nouvelles attitudes. Accordons-nous le droit de faire des choses que nous n'aurions jamais osées. Rendons-nous quelque part où nous ne retournerons jamais plus et où nous pourrons nous ridiculiser en toute liberté, car personne ne nous connaîtra ni ne nous reverra.

La plupart du temps, nous nous censurons parce que nous nous soucions du jugement des autres. Nous n'agissons pas comme nous le souhaiterions parce que, si nous faisons des erreurs, il y aura toujours quelqu'un pour nous les rappeler. La fréquentation de gens inconnus et différents fait toujours ressortir un aspect inédit de notre personnalité. Chaque fois que nous partageons un moment avec quelqu'un de nouveau et d'inhabituel, une partie cachée de notre être a une chance de remonter à la surface.

La rencontre de gens nouveaux et différents fait toujours ressortir un aspect inédit de notre personnalité

Pour trouver la réussite extérieure et le bonheur, nous devons rester en contact avec ce que nous voulons et, chaque jour, réaffirmer nos objectifs. Imaginons que, dans un restaurant, une personne ne commande rien de précis et dise simplement au garçon : « Donnez-moi ce que vous avez. » Elle aura de la chance si on ne lui sert pas les restes de la veille !

Pour maintenir ce réservoir plein, il convient de prendre quotidiennement quelques minutes pour renforcer nos intentions, en « passant la commande ». Nous explorerons ce processus dans le chapitre 10. En planifiant notre journée, nous nous assurons de ne pas nous retrouver avec les « rebuts » du monde.

Réservoir 6
Vitamine R

Le sixième réservoir d'amour est celui des relations de couple. Pour le remplir, nous devons faire en sorte de partager notre vie avec quelqu'un. D'une certaine façon, il s'agit d'un rapport de dépendance mutuelle, dans lequel nous comptons sur une personne et où celle-ci compte sur nous.

Dans la plupart des cas, ce besoin est satisfait par un lien combinant l'affection, l'engagement et la sexualité. Pour arriver à se livrer intimement, la plupart des gens ont besoin d'évoluer ensemble et progressivement vers un sentiment amoureux. Il est difficile pour une femme de s'ouvrir tout de suite. Il lui faut généralement plus de temps. Elle doit avoir l'impression que l'autre la connaît suffisamment, avant de se rendre perméable à l'amour. Un homme peut parfois révéler ce qu'il est assez immédiatement, mais pour s'abandonner réellement, il aura, lui aussi, besoin d'être en confiance.

ON PEUT PUISER LA VITAMINE R DANS TOUTE RELATION D'AMOUR
BASÉE SUR DES CONCESSIONS MUTUELLES
ET UN ÉCHANGE AFFECTUEUX

Si l'on est célibataire ou seul, il est important de rencontrer des gens pour remplir ce réservoir. « Rencontrer » ne veut pas dire « coucher ». Il est rare de trouver tout de suite quelqu'un avec qui on désirera instaurer une relation d'intimité ou de compagnonnage. Nous devons donc simplement commencer par sortir, sans attendre le partenaire parfait. Lorsqu'on cherche un époux à tout prix, on se freine terriblement parce qu'on place la barre trop haut.

Si l'on ne parvient pas à rencontrer la bonne personne, c'est d'ordinaire parce qu'on a vraiment besoin de remplir certains réservoirs précédents. De la même façon, lorsque les couples déjà établis subissent, au bout d'un certain temps, une phase de désamour, il faut que chacun des conjoints prenne individuellement le temps de remplir ses autres réservoirs, dont le niveau est bas.

SI NOUS NE RENCONTRONS PAS LA BONNE PERSONNE, C'EST QUE NOUS REGARDONS DANS LA MAUVAISE DIRECTION

Les choses se manifestent toujours dès que nous y sommes prêts. Le disciple trouvera le maître qui lui convient. Si l'on se pose une question juste, la réponse surgira d'elle-même. Lorsque nous sommes mûrs pour une relation, alors, la personne parfaite croisera notre route. En revanche, elle apparaîtra rarement si nous sommes désespérément en manque. Dans ce cas, il nous faut d'abord remédier à notre état, en menant une vie qui satisfait nos autres besoins. Et ainsi, nous nous attirerons le compagnon ou la compagne que nous cherchons.

Il est important de nous rappeler qu'une âme sœur n'est jamais intrinsèquement parfaite ; elle l'est seulement pour nous, en tant que partenaire. Le lien profond qui nous unit à elle nous permet immédiatement de nous connecter à notre moi véritable. Il est faux de penser qu'il existe un seul et unique être au monde, fait pour nous. La Terre est remplie d'individus avec lesquels nous pourrions vivre un merveilleux compagnonnage. Une âme sœur est l'une de ces personnes, avec laquelle nous choisissons plus particulièrement de partager notre existence.

UNE ÂME SŒUR N'EST JAMAIS INTRINSÈQUEMENT PARFAITE ; ELLE L'EST SEULEMENT POUR NOUS, EN TANT QUE PARTENAIRE

Jadis, les gens se mettaient en couple pour survivre. Les principes affectifs que l'on nous inculquait dans notre éducation étaient conçus pour nous apporter la sécurité dans une forme de compagnonnage, et non pour engendrer une passion romantique durable. Pour recevoir ce que nous désirons d'un rapport intime aujourd'hui, il est essentiel d'acquérir de nouvelles aptitudes relationnelles.

Les films nous donnent un aperçu de la flamme dont notre âme a besoin, mais ils ne nous montrent pas comment y parvenir. Pour générer un amour passionné et solide, nous devons découvrir et développer certaines qualités. Il est important de savoir que la relation amoureuse n'est pas un mécanisme automatique, même si nous veillons toujours à remplir nos autres réservoirs. Si nous ne créons pas activement des occasions permettant à l'amour de grandir, il ne s'épanouira pas. Tous mes ouvrages sur Mars et Vénus se concentrent sur cet apprentissage.

D'ailleurs, le rapport de couple ne satisfait pas seulement notre désir d'intimité, il nous aide aussi à nous renforcer et à mieux réussir dans le monde professionnel.

LA PASSION AU LIT SE TRANSFORME EN PUISSANCE SUR LE LIEU DE TRAVAIL

Toutes les techniques visant à obtenir davantage dans le monde extérieur exigent que nous soyons au contact de nos sentiments et de nos aspirations. Si nous supprimons ou anesthésions nos pulsions sexuelles, nous nous privons d'une énorme quantité de pouvoir dans tous les domaines de notre vie. Pour générer et attirer ce qu'on veut, il est essentiel de rester connectés à tous nos désirs et de poser des actes pour les satisfaire.

Réservoir 7
Vitamine E

Le septième réservoir d'amour représente le don gratuit d'amour à un être qui a besoin de nous pour vivre. Le fait d'être responsable d'autrui constitue une exigence essentielle de l'âme. Nous ne continuerons pas à évoluer si, après trente-cinq ans, nous ne nous créons pas l'occasion de donner de façon inconditionnelle.

Nous alimentons ce réservoir en nous occupant de nos enfants, puis de nos petits-enfants. Si nous n'en avons pas, alors nous devons trouver un substitut, un être vivant que nous prendrons totalement en charge et que nous aimerons. Si l'on suit notre chronologie de base, il s'agit du premier type de soutien impliquant une forme de sacrifice ou de renoncement à soi-même, au bénéfice d'autrui.

Cette forme d'amour correspond à la relation idéale entre parent et enfant. Elle ne convient absolument pas à un rapport de couple. C'est faire fausse route que d'encourager les femmes à donner inconditionnellement à leur compagnon. Non seulement elles nourriront du ressentiment parce que en retour elles ne recevront pas ce dont elles ont besoin, mais en outre, elles se sentiront coupables de cette rancœur.

Or, il est normal d'être contrarié en constatant un tel déséquilibre. Si nous ne nous autorisons pas ce type d'émotion, nous ne percevrons pas le moment où il vaudrait mieux cesser de donner, pour commencer à recevoir.

ON NOURRIRA DU RESSENTIMENT SI L'ON DONNE PLUS QU'ON NE REÇOIT EN RETOUR

Une relation de couple peut, certes, s'accompagner d'une certaine dose d'amour inconditionnel. Quoique en réalité, dans ce contexte, le terme « inconditionnel » mérite d'être nuancé. Nous pouvons donner gratuitement et sans réserve pendant un certain temps dans la mesure où, finalement, nous savons que notre tour viendra de recevoir, nous aussi. Il serait d'ailleurs préférable que ce moment ne survienne pas trop tard car, sinon, il ne nous restera plus rien à offrir, et nous nous réveillerons un matin totalement vidés, amers et fermés à l'autre.

Dans l'idéal, en alimentant nos six premiers réservoirs, nous nous remplissons d'amour. Une fois que nous en avons fait le plein, nous pouvons le laisser déborder sur nos enfants. Mais en l'absence d'enfants, nous aurons tendance à reporter, à tort, cette nécessité de don gratuit sur notre couple et nous nous murerons dans le ressentiment. Ou alors, nous saboterons inconsciemment une relation existante ou potentielle, en traitant notre partenaire comme un enfant et en le surprotégeant.

Nous ne pouvons donner gratuitement que si nos réservoirs sont pleins et si nous débordons d'amour. C'est le défi idéal de cette phase de notre évolution. Si nous ne sommes pas parents, il ne suffit pas de s'occuper des pauvres, d'un neveu ou d'une nièce, même si cela peut nous aider tout de même. Entre trente-cinq et quarante-deux ans, nous avons besoin de nous sentir profondément responsables d'un être vivant qui requiert tous nos soins. Il peut s'agir d'un humain ou d'un animal, comme d'un jardin ou de plantes. De même, lorsque nos enfants grandissent, il faut que nous trouvions un substitut. Dans ce cas, on peut se tourner vers ses petits-enfants.

En nous sentant responsables et en donnant notre amour de façon inconditionnelle, nous renforçons notre âme.

Réservoir 8
Vitamine C

Le huitième réservoir implique de redonner à notre collectivité et de contribuer à rendre meilleur notre univers de proximité. C'est le moment idéal pour commencer un travail bénévole, afin d'aider d'autres gens qui ne nous sont pas directement liés. N'importe quel projet relatif aux personnes démunies, aux écoles, dispensaires, bibliothèques ou à l'environnement, entre autres exemples, nous sera bénéfique.

À ce stade de l'existence, nous avons besoin de nous préoccuper des autres. La vie nous a prodigué un certain nombre de cadeaux et à présent, notre mission est de les partager avec notre communauté. Pour remplir ce réservoir, il nous faut rechercher des manières de redonner un peu de tout ce que nous avons reçu.

NOUS AVONS LA MISSION DE PARTAGER AVEC LE MONDE
LES CADEAUX QUE NOUS AVONS REÇUS DE LA VIE

C'est le moment de consacrer du temps et de l'argent à des associations caritatives ou bienfaisantes, qui s'emploient à contribuer au bien-être de notre collectivité locale. En nous prolongeant de cette manière, nous commençons à épanouir notre spiritualité, au travers de notre générosité. Il convient cependant de faire attention à ne pas négliger notre famille dans ce processus. Ce type de don peut être tellement gratifiant que nous en venons parfois à oublier ceux que nous aimons. Finalement, il perdra de son charme si nous ne veillons pas à prendre soin de nous-mêmes et à toujours remplir nos précédents réservoirs.

Réservoir 9
Vitamine M

Le neuvième réservoir d'amour – redonner au monde – est une extension du huitième. À ce stade, nous avons besoin d'élargir notre horizon et de nous prolonger au-delà des limites de notre communauté locale, ethnique et culturelle. C'est le moment de partager avec des personnes d'origines et de traditions différentes.

Nous devons nous intéresser davantage aux idées et idéaux politiques, sur le plan national ou mondial. Nous pouvons nous engager bénévolement dans une campagne électorale ou nous porter nous-mêmes candidats. Pour remplir ce réservoir, nous pouvons nous investir dans toutes sortes de causes planétaires.

NOUS DEVONS UTILISER NOTRE SAGESSE ET NOTRE PUISSANCE NON SEULEMENT POUR PRENDRE SOIN DE NOUS-MÊMES ET DE NOS PROCHES, MAIS AUSSI POUR NOUS PROLONGER, EN AIDANT LE MONDE D'UNE MANIÈRE OU D'UNE AUTRE

C'est aussi une période idéale pour voyager à l'étranger, afin de partager notre lumière. Nous pouvons prendre davantage de vacances et développer notre champ d'expériences. Si nous ne sortons pas de nos limites, nous n'évoluerons pas. Beaucoup d'individus, à ce stade, commencent à se sentir vieux parce qu'ils n'étendent pas leur domaine d'action. Ils ne savent pas ce qu'ils manquent. En dépassant leurs propres frontières, ils retrouveront très vite leurs anciens niveaux d'énergie.

Les croisières et circuits touristiques conviennent parfaitement à cette étape, non seulement parce qu'ils rendent les voyages plus aisés, mais aussi parce qu'ils offrent l'occasion de remplir les autres réservoirs. En rencontrant des gens de cultures diverses et en partageant ce que nous sommes avec eux, nous découvrons que, malgré nos différences, nous sommes tous pareils, au plus profond de nous. Le fait de voir le monde révèle de nouveaux aspects de notre personnalité et nous permet de conserver notre jeunesse. Nous pouvons visiter notre pays de long en large et nous lancer dans une aventure unique, en compagnie de notre conjoint, de nos petits-enfants ou de nos amis.

LE FAIT DE VOIR LE MONDE RÉVÈLE DE NOUVEAUX ASPECTS
DE NOTRE PERSONNALITÉ ET NOUS PERMET DE CONSERVER
NOTRE JEUNESSE

C'est aussi une phase durant laquelle notre entreprise ou notre situation professionnelle peuvent prendre un essor considérable. Lorsque nous sommes intérieurement pleins et capables de redonner au monde, notre propre réussite s'amplifie de manière spectaculaire. Plus nous aurons aidé les autres, de façon inconditionnelle, plus nous aurons le pouvoir de nous attirer ce que nous désirons.

Une étude a montré qu'un homme atteint son niveau maximum de puissance entre quarante-quatre et cinquante-six ans. À ce stade, il est apte à penser librement aux besoins d'autrui. En conséquence, non seulement les gens lui font confiance et comptent davantage sur lui, mais en plus, il est suffisamment au contact de son intuition pour opérer les bons choix. Avancer en âge peut signifier s'enrichir, et non pas s'appauvrir.

Réservoir 10
Vitamine D 2

Le dixième réservoir d'amour implique de servir Dieu. Lorsque nous arrivons en ce monde, Dieu prend soin de nous. À mesure que nous grandissons et que nous nous remplissons, nous devenons progressivement aptes à tout redonner et libres de nous consacrer à Dieu. Lorsque nous alimentons ce réservoir d'amour, nous sommes automatiquement plus en accord avec la volonté divine. C'est durant cette période que nous pouvons avoir le plus grand impact sur le monde. Autour de cinquante-six ans, nous sommes totalement prêts à accomplir ce pour quoi nous sommes sur Terre.

C'est le moment où nous atteignons toute notre plénitude, où nous sommes en contact avec nos plus grands talents. Lorsque nous savons comment maintenir à niveau tous nos réservoirs, nous pouvons, chaque jour, exprimer notre plein potentiel. Bien sûr, nous pouvons avoir connu un avant-goût de cette phase auparavant, mais pour la vivre réellement, il nous faut, au préalable, avoir satisfait tous nos précédents besoins affectifs et nous être complètement épanouis. À ce stade, beaucoup de gens vieillissent d'un coup et tombent malades, parce qu'ils ne peuvent pas relever ce défi. Leurs autres réservoirs sont peu remplis, pour leur permettre d'affronter cette nouvelle exigence de don absolu et désintéressé.

À CE STADE, BEAUCOUP DE GENS VIEILLISSENT D'UN COUP ET TOMBENT MALADES, PARCE QU'ILS NE PEUVENT PAS RELEVER CE DÉFI

Lorsque nous arrivons à cinquante-six ans, nous devons alimenter ce dixième réservoir, en abandonnant totalement notre volonté à celle de Dieu. Même si nous avons déjà pu le faire avant, c'est à cet âge que nous en sommes véritablement capables, tout en continuant – cela va sans dire – à nous préoccuper de tous nos autres réservoirs.

C'est le moment de nous réaliser. Et il faut nous assurer que nous sommes prêts à apprécier ce nouveau tournant de notre existence. Si ce n'est pas le cas, alors du moins, nous savons désormais comment revenir en arrière pour nous remplir, en ne cessant cependant pas de demander d'être intérieurement guidés. Lorsque nous vivons cette phase de manière heureuse et ouverte, nous avons de plus en plus l'impression de ne faire qu'un avec le monde et l'humanité. Notre plus grande joie est de servir. Les « je », « tu », « il », « elle » et « nous » se fondent dans la seule énergie divine. La vie devient un fleuve tranquille de lumière et d'amour célestes, nous conduisant vers toujours plus d'abondance. Nous devenons un véritable canal, transmettant la Grâce à tous ceux que nous rencontrons.

Mener une vie riche et pleine n'est pas seulement une possibilité mais un devoir. Dieu le veut tout autant que nous. En veillant bien à alimenter nos dix réservoirs d'amour et à recevoir ce dont nous avons besoin, nous serons toujours guidés pour remplir notre mission sur Terre et apporter notre contribution au monde.

8

Les vertus de la méditation

Notre premier réservoir d'amour est le plus fondamental de tous. Pour le remplir, nous devons sentir notre connexion à Dieu. Il existe de nombreuses façons de le faire. La méditation est un moyen très puissant. Même si elle n'est liée à aucune religion particulière, elle participe de toutes les traditions spirituelles. N'importe qui peut en bénéficier, même en étant athée.

Petite précision : lorsque je parle de « Dieu », chacun peut interpréter cette notion à sa guise, telle qu'il la conçoit. Il peut s'agir de l'énergie positive, de l'amour infini, d'une force suprême, d'une plus grande sagesse, d'un avenir glorieux ou autre. Comme ma propre expérience implique une forte croyance en Dieu, j'utilise ce mot. Mais que le lecteur se sente libre de le remplacer par le terme qui lui convient et qui représente pour lui ce « quelque chose de plus ».

Même s'ils ne sont pas religieux, la plupart des gens croient en une forme de puissance supérieure, ne serait-ce que dans leur potentiel intérieur, ou dans un futur meilleur, plus lumineux. Quelle que soit notre conviction profonde, la méditation nous aidera à alimenter notre premier réservoir. Nous ressentirons alors immédiatement une paix et une détente accrues. Progressivement, nous éprouverons aussi de la joie, de la confiance et de l'amour. En prenant quotidiennement quelques minutes pour nous relier à Dieu, nous enrichirons notre journée.

J'enseigne la méditation depuis plus de vingt-huit ans à des personnes de multiples confessions et traditions. Ses vertus sont reconnues et acceptées par toutes les religions. Même si elle est considérée comme une pratique spirituelle, elle n'est en conflit avec aucune doctrine. Pour en apprécier les bienfaits, point n'est besoin d'être pieux. Cependant, si on l'est, elle renforcera notre foi. L'expérience régulière d'une connexion à une puissance supérieure nous aide à comprendre et à honorer les vérités universelles inhérentes à toute forme de mysticisme.

La méditation nous aide à rétablir le contact avec la partie profonde de notre être qui est reliée à Dieu. Cette connexion est déjà là, mais nous devons en prendre conscience pour la ressentir.

Effectuons tout d'abord quelques exercices de prise de conscience.

Ménageons-nous un moment pour penser à notre mère ou à une personne qui nous aime. Tandis que nous évoquons sa présence, nous commencerons à ressentir le lien qui nous unit à elle. Cette connexion est toujours là. Tout ce que nous avons à faire, c'est de déplacer notre attention, pour la retrouver.

À présent, concentrons-nous sur notre cou. Sentons notre nuque, notre gorge. Leur température, leur chaleur, leurs tensions. Soudain, nous ne pouvons oublier leur présence. Bientôt notre pensée s'en détournera et nous ignorerons de nouveau cette portion de notre corps.

Une partie de notre être ressent toujours notre cou, qui relie le torse à la tête, mais notre esprit n'en a véritablement conscience que si nous décidons d'y porter notre attention. De la même façon, la méditation implique de nous concentrer sur cette part de nous-mêmes qui est déjà connectée à Dieu. En apprenant à maîtriser cette technique, nous commencerons à éprouver notre relation avec Dieu, tout comme nous l'avons fait affectivement, pour notre mère, ou physiquement, pour notre cou.

LA MÉDITATION IMPLIQUE DE PORTER NOTRE ATTENTION SUR LA PARTIE DE NOUS-MÊMES QUI EST DÉJÀ CONNECTÉE À DIEU

En dehors de toute interprétation, l'expérience de la méditation est paisible, calme et relaxante. Graduellement, une sensation de picotement ou de chaleur envahit nos doigts et nos mains. Nous ressentons un courant d'énergie, qui nous rend plus confiants, plus aimants et plus joyeux, apparemment sans raison. Cette pratique universelle produit toujours les mêmes effets, quelle que soit l'explication qu'on choisisse de lui donner.

Pour moi, il s'agit d'une manifestation de ma connexion à Dieu. Ce sont l'amour, la grâce et la puissance divines qui affluent dans mon corps au travers de mes doigts, comme si je me branchais littéralement sur Dieu. Ceux qui n'ont pas de conviction religieuse justifieront leur expérience différemment, mais elle sera généralement de même nature.

La méditation fonctionne pour tout le monde

Cette pratique n'est plus réservée à quelques élus. Tout le monde peut y accéder et en tirer des bénéfices instantanés. Les temps ont changé de façon radicale depuis que j'ai commencé à méditer régulièrement, voilà vingt-huit ans. Je suis étonné de constater que les novices en la matière arrivent aujourd'hui à ressentir presque immédiatement cette connexion. Point n'est besoin de passer des années à l'écart de la société, du bruit et de l'agitation, pour trouver Dieu.

Il m'a fallu vivre neuf ans en reclus dans les montagnes suisses, pour découvrir mon lien spirituel. À présent, lorsque j'enseigne la méditation, je vois les gens progresser à une vitesse sidérante. Au bout de quelques semaines seulement, ils commencent à sentir le courant d'énergie affluer dans leurs doigts. Quatre-vingt-dix pour cent de ceux qui apprennent à méditer dans mes séminaires connaissent cette expérience en un ou deux jours. Pour moi, cela représente une perspective extrêmement stimulante.

En effet, il s'agit d'une grande première dans l'histoire du monde. Le fait que tout individu puisse parvenir si vite à un tel résultat ne s'est jamais produit auparavant. Les grands saints et mystiques de jadis devaient traverser une longue période d'apprentissage avant de vivre ce type d'expérience. De nos jours, pratiquement tout le monde peut percevoir ce courant d'énergie, ressentir cette paix et ce calme. Lorsque nous méditons après le travail, toutes les tensions de la journée sont automatiquement balayées. Nous nous rechargeons et nous nous trouvons tout de suite ressourcés.

Si nous pratiquons cette technique dès le matin, nous nous préparons à relever les défis de l'existence avec une attitude positive. Éprouver cette connexion avec Dieu nous permet de nous rappeler que nous ne sommes pas seuls et que nous jouissons d'un soutien supplémentaire. Tant de nos souffrances et de nos luttes proviennent du fait que nous pensons tout devoir faire par nous-mêmes. Fort heureusement, ce n'est pas le cas. Une aide considérable est à notre disposition, encore nous faut-il la demander. L'énergie que nous sentons circuler à travers nos doigts indique que nous établissons la connexion et que nous attirons dans notre vie le pouvoir, l'intuition, la clarté et la créativité nécessaires pour réaliser nos désirs.

LA SOUFFRANCE SURVIENT LORSQUE NOUS OUBLIONS NOTRE CONNEXION À DIEU

La méditation alimente automatiquement notre premier réservoir d'amour. Naturellement, tous les autres sont très importants, mais si celui-là est vide, il devient primordial. Lorsque nous manquons de vitamine G 1, nous ressentons le fardeau de la vie et de ses responsabilités. Si nous ne sommes pas conscients de notre connexion avec Dieu, nous nous mettons machinalement à la rechercher, en exigeant trop de nous-mêmes et des autres. Lorsque nous ne ressentons pas notre lien avec une puissance supérieure, nous attendons des gens qu'ils soient davantage que de simples êtres humains et imparfaits, et nous en sommes inévitablement déçus. Au lieu de nous réjouir des petits miracles que chaque jour nous offre, nous nous focalisons sur ce qui ne nous est pas donné. Nous ne reconnaissons pas tout ce qui afflue dans notre vie et qui correspond exactement à ce que nous voulons ou à ce dont nous avons besoin. Lorsque le niveau de ce premier réservoir est bas, nous aurons beau recevoir tant et plus, cela ne nous suffira jamais.

Dès lors que nous méditons sur notre connexion avec Dieu, nous apprécions mieux ce que nous avons. Cette pensée constructive, doublée d'un désir puissant et intense, augmente notre capacité à attirer et à générer ce que nous désirons. Et si nous dégageons plus d'énergie positive, les gens ont instinctivement envie de nous côtoyer, de travailler avec nous, de nous donner davantage, de nous estimer et de nous faire confiance. C'est comme si nous apportions un rayon de soleil dans leur vie.

La méditation est simple

À notre époque, la chose la plus surprenante, concernant la méditation, est sa simplicité d'accès. Par le passé, le processus était beaucoup plus ardu. Les gens ne ressentaient pas immédiatement cet agréable courant d'énergie. Il s'agissait d'une pratique fastidieuse, dont l'apprentissage décourageait de nombreux disciples. Il leur fallait souvent attendre très longtemps avant d'y être initiés, et encore, elle n'était réservée qu'aux plus motivés et aux plus chevronnés d'entre eux, à ceux que les maîtres jugeaient les plus réceptifs.

Aujourd'hui, comme nous avons reconnu l'importance des émotions et des désirs, ce long cheminement n'est plus nécessaire. Autrefois, les gens n'étaient pas autant en contact avec leurs sentiments profonds et cette exigence de patience renforçait leur désir et leur passion. Ainsi, lorsqu'ils entamaient leur formation véritable, ils pouvaient avoir un aperçu d'expérience spirituelle qui les motivait à poursuivre leur lente et difficile progression.

Les précepteurs les mettaient à l'épreuve en leur faisant accomplir de nombreux voyages et actes initiatiques, avant de leur prodiguer leur enseignement. Ces traditions permettaient de les éveiller à leur être intérieur et à leur envie d'apprendre. À un certain moment, le maître émettait un flux d'énergie dirigé vers ses disciples et les instruisait. Lorsque notre cœur s'ouvrira pour recevoir cette énergie, nous serons, nous aussi, capables de la renvoyer aux autres.

C'est le fondement même de la guérison spirituelle. Ceux qui la pratiquent par simple imposition des mains se remplissent d'énergie, et la transmettent à la personne qu'ils soignent. La même chose se produisait lorsque le maître enseignait les formes les plus élevées de méditation. S'il sentait ses ondes affluer vers le disciple, il savait que ce dernier était devenu assez perméable pour en avoir ne serait-ce qu'un aperçu.

Aujourd'hui, au bout de quelques minutes de discussion à propos des vertus de la méditation, les gens que je rencontre commencent à attirer cette énergie, ce qui indique qu'ils sont prêts. Ce n'était pas le cas voilà vingt-cinq, voire même cinq ans. Le monde change rapidement. Nous sommes beaucoup plus conscients de nos sentiments et de nos désirs les plus profonds. Cette aptitude à ouvrir notre cœur nous donne la possibilité de nous laisser pénétrer par ces ondes subtiles dès que nous commençons à éprouver notre connexion et à susciter ces ondes. Le processus de la méditation active les canaux au travers desquels le flux circulera.

La méditation interactive

La méditation interactive consiste à capter l'énergie extérieure au travers de nos doigts. C'est la méthode que j'utilise moi-même et que j'enseigne dans mes séminaires. Cette technique, associée au principe d'alimentation de tous les autres réservoirs, constitue un outil puissant, permettant de générer instantanément la réussite personnelle dans notre vie. Il existe bien d'autres manières tout aussi efficaces de méditer qui nous aideront à nous ressourcer en vitamine G 1.

Jadis, seuls les adeptes chevronnés de la méditation savaient comment faire pénétrer l'énergie à travers leurs doigts. Cette pratique n'était pas enseignée aux novices, parce qu'ils n'étaient pas assez perméables et ne pouvaient pas ressentir ce flux. Mais à présent, les gens sont prêts. Il m'a fallu plus de quinze ans pour découvrir ce qu'une personne ordinaire peut aujourd'hui acquérir au bout de quelques semaines d'entraînement.

Dans l'idéal, il vaut mieux apprendre la méditation auprès d'un expert. Mais il m'est aussi arrivé de l'enseigner à des millions de spectateurs, lors d'émissions télévisées. Et au vu des réactions positives qui ont suivi, j'ai pu constater que cela fonctionne aussi si l'on reste chez soi et si l'on ne participe pas activement à l'un de mes séminaires. Cela étant, il me semble tout de même préférable de s'initier au sein d'un groupe, car la pratique collective tend à potentialiser les afflux d'énergie et à amplifier la perception que nous en avons.

On peut même apprendre cette technique au moyen d'un livre, bien qu'il soit plus profitable de s'initier au sein d'un groupe ou auprès d'un instructeur compétent

La méditation interactive nous rappelle régulièrement que nous ne devons pas tout faire par nous-mêmes. Mon expérience personnelle m'a prouvé à quel point cette prise de conscience est bénéfique. En effet, après avoir obtenu un résultat sensible les gens se disent souvent : « Comment ai-je pu accomplir cela ? » Puis ils se demandent s'ils seraient capables de le refaire. Lorsque nous ressentons clairement que nous sommes aidés, ce doute quant à notre aptitude à réitérer cet exploit se dissipe.

Si nous faisons de notre mieux, avec le soutien d'une puissance supérieure, nous parvenons à concrétiser nos objectifs. Si nous vivons au sein de la société matérialiste des civilisations occidentales, nous avons d'autant plus besoin de nous en souvenir : nous ne sommes pas seuls, nous jouissons d'un appui supplémentaire pour réaliser nos plus grands rêves.

Concernant mes publications, on me dit parfois : « Vous devez avoir canalisé tout cela » – sous-entendu : une entité, autre que moi a écrit le livre, je n'ai été qu'un vecteur, non un auteur. Or, ce n'est pas le genre d'aide auquel je fais référence. Le soutien que je reçois de la méditation interactive me procure une plus grande clarté pour saisir mes idées, une plus grande compréhension pour les formuler, une plus grande assurance pour m'asseoir et me mettre au travail, une plus grande énergie pour respecter un emploi du temps bien rempli, une plus grande aptitude à apprécier ce qui va et à modifier ce qui doit l'être, une plus grande créativité pour trouver des solutions. Cela représente certes un appui énorme. Cependant, personne ne travaille à ma place : ce support ne surviendra qu'à partir du moment où je me mettrai à l'ouvrage, en faisant de mon mieux.

Comprendre la destinée

Dans les civilisations orientales, les gens ont davantage cons-cience du fait que la volonté divine se réalise toujours. Même si cette philosophie peut apporter la paix et la sérénité, elle tend à nier tout désir d'obtenir plus. La vie est considérée comme un processus par lequel nous récoltons les fruits de nos actions passées, et non par lequel nous pouvons créer ce que nous voulons. Or, si l'on se place du point de vue de la réussite person-nelle, l'existence ressemble plutôt à une toile blanche, dans la mesure où nous choisissons de la peindre. En revanche, si nous préférons suivre le courant et voir où il nous mènera, alors nous laissons effectivement notre passé ou notre « Karma » gouverner notre destin.

Il est évident que nous sommes affectés par nos antécédents ; tout ce que nous vivons aujourd'hui est la conséquence de nos pensées et de nos actes antérieurs. Cela ne signifie cependant pas que nous sommes inéluctablement limités par eux. À tout moment, nous pouvons décider du futur que nous désirons et commencer à opérer les changements nécessaires et adéquats.

UNE FUSÉE EN PLEIN VOL NE PEUT INSTANTANÉMENT
FAIRE DEMI-TOUR, MAIS ELLE PEUT PROGRESSIVEMENT
CHANGER DE DIRECTION

Nous ne sommes jamais prisonniers de notre destin. Chaque jour, nous pouvons repartir de zéro et commencer un nouveau tableau. Cependant, même si nous avons cette possibilité, nous sommes limités par les couleurs avec lesquelles nous peignons. Pour créer notre avenir, nous devons d'abord travailler avec ce que nous avons. Puis, progressivement, en mélangeant les diverses teintes, nous réussirons à en inventer d'autres.

Si nous sommes enclins à laisser les choses se faire, plutôt que de générer la vie que nous désirons, il nous sera bénéfique de consacrer un moment, en fin de méditation, à ressentir pro-fondément nos souhaits et désirs. Au lieu d'accepter passive-ment notre destin comme la seule manifestation de la volonté divine, prenons le temps d'accorder notre propre volonté à celle de Dieu, pour nous construire une existence remplie d'amour, de paix, de confiance et de puissance, qui nous apportera l'abondance, le plaisir, la santé et la réussite extérieure.

Nous détenons le pouvoir de générer la vie que nous désirons. Nous ne serons limités par notre passé que dans la mesure où nous ne participerons pas activement à la création de notre futur. En appliquant ces principes de réussite, nous modèlerons notre destin au lieu de le subir. La méditation interactive met en place la machinerie et le décor grâce auxquels nous pourrons jouer notre pièce à la manière que nous désirons : c'est nous qui en écrirons le scénario et qui en choisirons les personnages.

9

Comment méditer

La méditation interactive nous permet de ressentir notre connexion intérieure avec Dieu ou une puissance supérieure, en l'invitant dans notre cœur. Pour pratiquer cette technique, il nous faut d'abord trouver une position confortable, assise ou allongée, dans un environnement dans lequel nous ne serons pas dérangés. Mieux vaut débrancher le téléphone et consacrer quinze minutes à oublier toutes nos responsabilités et nous tourner vers l'intérieur. L'exercice peut aussi s'accompagner d'une musique de fond apaisante, même si ce n'est pas nécessaire.

Les yeux fermés, plaçons nos mains, paumes vers le haut, un peu au-dessus des épaules – ou ailleurs, si cela nous convient mieux – et prononçons cette phrase : « Ô Dieu, mon cœur s'ouvre à toi, je t'en prie, viens dans mon cœur. » La méditation interactive consiste essentiellement à répéter ces mots intérieurement, de manière calme et constante, pendant un quart d'heure.

POUR MÉDITER, RÉPÉTONS CALMEMENT CETTE PHRASE : « Ô DIEU, MON CŒUR S'OUVRE À TOI, JE T'EN PRIE, VIENS DANS MON CŒUR »

Nous commençons par la dire à haute voix, dix fois de suite, en nous concentrant respectivement sur chacun de nos doigts et en ayant la conscience que, ce faisant, notre objectif est d'ouvrir et d'activer le canal d'énergie correspondant.

Puis nous continuons à la répéter tranquillement par la pensée durant environ quinze minutes (il est préférable de se munir d'une montre ou d'un réveil près de nous, pour vérifier l'heure).

Au début, il est naturel et normal que notre esprit divague et se disperse. Il peut même nous arriver d'oublier la phrase. Dans ce cas, ouvrons simplement les yeux et relisons-la. Il faut, en effet, un certain temps pour que le processus devienne vraiment automatique.

AU COURS D'UNE MÉDITATION, IL EST NATUREL ET NORMAL QUE NOTRE ESPRIT DIVAGUE ET AIT D'AUTRES PENSÉES

Au début, pour nous rappeler la phrase, nous utilisons notre mémoire à court terme, mais à mesure que nous la redirons, elle se transcrira dans notre esprit sous une forme plus durable, en mémoire à long terme. En effet, progressivement, notre cerveau générera des neuromédiateurs, qui nous permettront de nous en souvenir. Avec un peu de persistance et d'assiduité, les connexions neuronales se développeront et nous n'aurons plus d'effort à faire pour nous la remémorer.

Parallèlement, les canaux permettant de recevoir l'énergie au bout de nos mains commencent à s'ouvrir. Pour faciliter le processus, gardons nos doigts en l'air et évitons qu'ils ne se touchent. Si nous ne ressentons pas immédiatement de fourmillements, nous pouvons essayer de prononcer la phrase à voix haute et dix fois d'affilée, à plusieurs reprises.

DURANT LA PHASE À VOIX HAUTE, NOUS POUVONS TRÈS LÉGÈREMENT REMUER INDIVIDUELLEMENT CHAQUE DOIGT SUR LEQUEL NOUS NOUS CONCENTRONS EN RÉPÉTANT LA FORMULE

Au début, le fait de remuer un peu nos doigts nous aidera parfois à les détendre et à mieux ressentir le flux. Par ailleurs, un lent mouvement des mains d'avant en arrière, sur environ deux ou trois millimètres, amplifiera notre conscience du champ d'énergie qui les entoure. Ainsi, en ouvrant notre cœur à Dieu et en nous concentrant sur nos doigts, nous pouvons capter les ondes subtiles. Les câbles sont déjà en place : il nous suffit de faire circuler le courant. Tout comme nos doigts nous permettent de palper le monde, ils nous servent à établir un contact tactile avec Dieu. Cette idée est magnifiquement illustrée par *La Création d'Adam* de Michel-Ange, la célèbre fresque de la chapelle Sixtine, qui représente un homme tendant le bras et touchant Dieu du bout de l'index.

TOUT COMME NOS DOIGTS NOUS PERMETTENT DE PALPER LE MONDE, ILS NOUS PERMETTENT DE TOUCHER DIEU

Même avec une grande pratique de la méditation, il arrive que notre esprit divague. Dans les premiers temps, il évoquera des choses qui peuvent nous déranger ou nous causer du stress. À des stades plus avancés, il s'orientera davantage vers des intuitions, qui nous procureront des vagues croissantes de félicité. Et finalement, chaque fois que nous chercherons une réponse intérieure à une question ou un problème, elle pourra se manifester telle une sensation délicate, quand nous serons dans un état méditatif.

La méditation nous apportera toujours ses bienfaits, même si nous ne parvenons pas à nous concentrer sur la phrase plus de deux ou trois fois d'affilée. Il est tout à fait naturel de songer, de temps à autre, à notre liste de courses, aux événements de la journée, à ce que nous avons à faire, etc.

SI, DURANT LA MÉDITATION, NOUS SENTONS QUE NOTRE ESPRIT S'ÉGARE, REVENONS SIMPLEMENT À LA PHRASE DE BASE

Chaque fois que nous nous prenons à nous égarer ainsi, il nous faut simplement revenir à la formule de base et à nouveau nous concentrer sur le bout de nos doigts. Le processus est d'une simplicité élémentaire. Tout comme songer à autre chose ne nécessite aucun effort, il est extrêmement facile de penser à cette phrase. Peu importe que nous la répétions lentement ou rapidement, le seul fait de nous la dire suffit.

Tout comme songer à autre chose ne nécessite aucun effort, il est extrêmement facile de penser à cette phrase

Nous avons davantage conscience de nos doigts en gardant nos mains en l'air. Si, au début, cette position est trop inconfortable ou fatigante, nous pouvons les poser sur nos genoux, mais nos paumes doivent rester tournées vers le haut et nos doigts légèrement séparés. Nous devons, en outre, nous assurer de ne pas toucher nos jambes nues. Si nous portons un short, nous pouvons recouvrir nos cuisses d'un tissu. En effet, lorsque nos mains reposent directement sur notre peau, nous cessons d'absorber les ondes extérieures, pour ne ressentir que celles de notre corps. L'un des bénéfices de la méditation interactive est justement cette nouvelle énergie qui s'ajoute à la nôtre.

Notre expérience de méditation revêtira différentes formes au fil du temps. La phrase nous paraîtra limpide ou floue, majeure ou mineure, proche ou distante, tel le courant paisible d'un fleuve ou le flot déferlant d'une vague. Nous nous sentirons tantôt lourds, tantôt très légers ; tantôt las, tantôt alertes. Nous ne verrons pas le temps passer, ou alors chaque minute nous semblera interminable. Chacune de ces variations est naturelle et indique que le processus fonctionne.

Notre expérience de méditation revêtira différentes formes au fil du temps

Au début, il est recommandé de méditer deux fois par jour, de façon que l'esprit, le cœur et le corps s'accoutument à ce type d'intériorisation et de réceptivité à l'énergie divine. Au bout d'un certain temps, l'assiduité devient moins primordiale, mais demeure tout de même utile. En effet, si jadis elle constituait un aspect essentiel, de nos jours, nous sentons le flux nous pénétrer dès que nous sommes en position. Et cela nous procure une sensation tellement agréable que nous chercherons spontanément les occasions de la retrouver. En général, il faut environ six semaines de pratique régulière pour que les canaux au bout de nos doigts s'ouvrent pleinement.

Une fois que nous sommes suffisamment rompus à cette technique, nous pouvons décider de la fréquence de nos méditations. Deux séances quotidiennes d'un quart d'heure constituent un bon rythme pour la plupart d'entre nous. S'il nous arrive un jour d'être vraiment trop occupés, ce n'est pas grave d'en manquer une, que nous nous efforcerons de rattraper plus tard. En effet, lorsque nous méditons, nous recevons un surplus d'énergie et de clarté que le corps s'habitue à utiliser et qui nous rend plus efficaces. Les moments les plus propices sont : le matin lorsque nous nous réveillons, aux environs du crépuscule après le travail, et le soir avant de nous coucher.

DEUX SÉANCES D'UN QUART D'HEURE PAR JOUR CONSTITUENT UN BON RYTHME POUR LA PLUPART D'ENTRE NOUS

Même si nous nous sentons débordés par les impératifs de la journée, il est sage de consacrer quelques minutes à la méditation. Si paradoxal que cela puisse paraître, celle-ci représente un gain de temps, en nous aidant à prendre les bonnes décisions et à recevoir plus de soutien. Généralement, lorsque nous sommes surchargés, c'est parce que nous pensons tout devoir faire par nous-mêmes et que, par conséquent, nous manquons de vitamine G 1. Rappelons-nous que nous ne faisons que conduire la voiture : nous ne la poussons pas.

Parfois, je passe de nombreuses heures à méditer et à apprécier le flux d'idées créatives qui surgissent lorsque mon esprit s'écarte de la phrase de base. De la même façon, avant une importante conférence, je méditerai plus longtemps pour rassembler mon énergie. Plus nous serons rechargés en influx positifs, plus les autres nous trouveront d'attrait. Plus nous nous consacrerons à cet exercice, plus nous accumulerons de vitalité, de créativité, d'amour, de joie, de paix et d'intelligence.

DIEU NE FERA PAS À NOTRE PLACE CE QUE NOUS POUVONS FAIRE NOUS-MÊMES

Certains peuvent penser que, grâce à la méditation, les choses se feront d'elles-mêmes, et l'utiliser pour fuir leurs responsabilités. C'est une erreur. Pour reprendre l'exemple de la voiture, si nous avons fait le plein d'essence et que notre véhicule est prêt à partir, il nous mènera certes où nous voulons aller ; encore nous faudra-t-il monter dedans et le faire démarrer !

Plus nous utilisons cette énergie, pour obtenir ce dont nous avons besoin ou envie, plus elle abondera dans notre vie. Si nous ne nous en servons pas après la méditation, elle cessera totalement d'affluer. Certaines batteries fonctionnent de cette manière : c'est seulement après les avoir épuisées qu'on peut les recharger complètement. Dans le cas de la méditation, si nous mettons à profit toute l'énergie que nous accumulons, nous en recevrons toujours davantage. De cette façon, notre capacité à l'absorber augmentera perpétuellement.

Ce courant d'énergie est décrit dans de multiples philosophies spirituelles et religieuses. Par exemple, dans les civilisations orientales, il est baptisé *chi* ; en Inde, on l'appelle *prana* ; et dans la tradition chrétienne, on le désigne comme le Saint-Esprit. De nombreuses cultures y font référence, mais jamais auparavant cette expérience n'était accessible au commun des mortels. C'était déjà un privilège que d'en avoir un simple aperçu. Aujourd'hui, les bienfaits de la grâce divine ne constituent plus un concept abstrait, mais un constat vécu et régulier.

Les athées qui sont dérangés par le mot « Dieu » peuvent le remplacer par la notion de futur et répéter la formule suivante : « Ô avenir glorieux, mon cœur s'ouvre à toi, viens dans ma vie. » Cette incantation procure une sensation euphorisante et convient à tout le monde.

Chacun peut, selon sa conviction profonde, modifier le premier terme de la phrase de base, qui deviendra ainsi :
« Ô / Jésus / Mère divine / Maître de l'Univers / Allah / Esprit Suprême / Krishna / Bouddha, mon cœur s'ouvre à toi, je t'en prie, viens dans mon cœur. »

Si nous avons déjà un lien spirituel établi avec une puissance supérieure, alors utilisons la méditation pour renforcer cette connexion, en plaçant, au début de notre phrase, le nom de cette force ou entité avec laquelle nous souhaitons communiquer.

Au bout de quinze minutes environ, nous serons plongés dans la conscience de notre moi véritable. C'est le moment idéal pour demander l'aide de Dieu en nous fixant des objectifs et en émettant nos souhaits pour la journée. Cela ne prend pas beaucoup de temps, parce que nous sommes à présent reliés. Nous sommes prêts à reconnaître nos envies profondes et à attirer ce que nous désirons dans notre vie.

Se fixer des objectifs

Lorsque notre cœur et notre esprit sont ouverts et connectés à ce courant d'énergie, nous sommes en mesure de demander ce que nous désirons et de ressentir notre pouvoir à inventer le quotidien. Au restaurant, si nous ne passons pas la commande, nous ne serons pas servis. De la même manière, nous devons identifier nos aspirations et nos intentions, pour mettre en œuvre ce soutien spirituel.

C'est à la fin de la méditation que nous nous fixons des objectifs. La phrase de base devient alors : « Ô avenir glorieux, mon cœur s'ouvre à toi, je t'en prie, viens dans ma vie. »

Les mains toujours levées et les yeux fermés, réfléchissons à la façon dont nous voulons que notre journée se déroule. Pensons au scénario le plus optimiste. Imaginons-nous remplis de bonheur, d'amour, de paix et de confiance. Prenons environ une minute pour explorer chacun de ces sentiments positifs. Plus nous sommes aptes à les éprouver, plus nous aurons de pouvoir supplémentaire au quotidien. Tandis que nous visualisons les événements du jour, posons-nous les questions suivantes, puis affirmons les réponses, comme si ce que nous souhaitons se produisait dans la réalité.

Comment voulons-nous que la journée se déroule ?

Que désirons-nous qu'il se passe ?

Mais encore ?
Imaginons les circonstances plus en détail.

De quoi sommes-nous heureux ?
« *Je suis heureux(se) que…* »

Qu'aimons-nous ?
« *J'aime que…* »

De quoi nous sentons-nous certains ?
« *Je suis certain(e) que…* »

De quoi sommes-nous reconnaissants ?
« *Je suis reconnaissant(e) que…* »

En éprouvant cette gratitude, reprenons conscience de l'instant présent et comptons lentement jusqu'à trois avec l'intention de revenir au monde extérieur en nous sentant ressourcés, paisibles et recentrés. Puis ouvrons les yeux en disant : « Merci, Dieu. »

Tout devient simple avec la pratique

Au début, cette dernière phase, consistant à nous fixer des objectifs, n'est pas toujours évidente. Nous avons parfois besoin de garder les yeux ouverts pour relire la question sur laquelle nous devons nous concentrer. Avec un peu d'entraînement, ce processus deviendra aisé et automatique. Tout comme nous acquérons une technique manuelle par la répétition du même geste, nous pouvons apprendre, par la pratique, à générer en nous des sentiments positifs. Ces derniers, à leur tour, attireront ce que nous voulons dans notre vie et nous aideront à rester reliés à notre moi véritable.

La définition d'objectifs est tout aussi importante que la phrase incantatoire. Pour avoir un œuf dur, il est d'abord essentiel de porter de l'eau à ébullition. Mais il faut aussi y mettre l'œuf. Dès lors, quelques minutes de cuisson suffisent. Ainsi, dans la méditation interactive, la répétition de la phrase correspond au fait de chauffer l'eau, et la définition des objectifs équivaut à y plonger l'œuf.

Nous avons tellement l'habitude d'aborder machinalement notre journée que nous en oublions de nous demander les sentiments que nous désirons éprouver et les détails des événements que nous souhaitons vivre. Nous avons généralement tendance à subir passivement notre quotidien, en adoptant une attitude d'acceptation ou de résistance face aux circonstances. Dès lors que nous nous fixons des objectifs, les choses commencent à arriver d'elles-mêmes. Ainsi, nous devenons littéralement les artisans de notre journée.

Petits miracles

Ainsi, il peut se passer des choses étonnantes. À titre d'exemple, je vais décrire ce qui m'est arrivé tout dernièrement. Hier soir, je devais faire une conférence dans l'Illinois. J'ai donc décidé de dormir sur place, pour ne rentrer qu'aujourd'hui chez moi, à San Francisco. Or, cette nuit, alors que je réfléchissais, je me suis aperçu que mon emploi du temps était si serré que durant les deux dernières semaines, ma femme, Bonnie, et moi n'étions pas sortis en amoureux. Je voulais rattraper cela en imaginant une soirée très spéciale. Mais je n'avais aucune idée de ce que nous pourrions faire. En définissant mes objectifs, j'ai demandé que la réponse me parvienne.

Dans l'avion qui me ramenait en Californie, mon voisin se révéla être l'assistant à la mise en scène d'une pièce que Bonnie avait voulu voir, quelques mois auparavant, à New York. À présent, pour mon plus grand plaisir, j'apprenais qu'elle se jouait à San Francisco. C'était précisément l'information que j'attendais. Et mon compagnon de voyage me proposa même gentiment de nous trouver de bonnes places.

Ce type d'événement arrive quotidiennement lorsque nous commençons délibérément à nous fixer des objectifs. Nous constatons alors que la vie produit toujours de petits miracles pour nous. Dans l'exemple ci-dessus, je m'étais imaginé en train de sortir et de passer un moment délicieux avec mon épouse. Alors, comme par enchantement, ma demande pour la journée a été exaucée. J'ai reçu la réponse nécessaire pour organiser une soirée merveilleuse.

En appliquant cette discipline à la fin de la méditation, nous nous attirons ce dont nous avons besoin, pour engendrer ce que nous désirons. À mesure que nous faisons ce type d'expériences, notre confiance se renforce et les miracles deviennent de plus en plus substantiels.

Au début, il suffit de visualiser des choses simples. Nous pouvons nous dire : « Je me vois au bureau, heureux. » Dès lors, si nous nous sentons bien au travail, nous le remarquons avec plaisir et gratitude, et nous pensons : « Ça marche ! Merci. »

Hier, avant de partir pour l'Illinois, j'ai d'abord imaginé que tout se passait agréablement et que j'étais rempli de paix, de confiance, de bonheur et d'amour. Résultat : mon séjour s'est très bien déroulé. L'organisateur m'avait assuré qu'il s'était occupé de tout. On est donc venu me chercher en limousine à l'aéroport, pour me conduire dans un hôtel confortable. Mais lorsque je suis arrivé, le réceptionniste ne trouvait pas ma réservation. Tranquillement, je lui ai sorti mon justificatif. Malgré cela, il lui a fallu une vingtaine de minutes, à s'acharner sur l'ordinateur et à interroger ses collègues, avant de finalement confirmer mon inscription. Durant tout ce temps, j'étais étonné de mon amabilité et de ma patience.

Au lieu de me mettre en colère ou d'être contrarié, je restais calme et j'attendais. Je rassurais même mon accompagnateur, qui était terriblement embarrassé, et le mettais à l'aise en lui disant : « Heureusement que je ne suis pas pressé. Nous avons encore juste le temps de nous rendre à la conférence. » Malgré cet incident, le voyage s'est tout de même bien passé. Plus tard, en me remémorant la situation, j'ai pensé : « Merci mon Dieu de m'avoir donné sérénité et indulgence. »

Lorsque nous nous fixons délibérément des objectifs, de tels événements en viennent à se produire chaque jour et nous avons la merveilleuse occasion de remercier la puissance supérieure qui nous accompagne. Cela ne fait que renforcer notre aptitude à littéralement « créer » notre journée, en collaboration avec Dieu, et à maintenir pleins nos réservoirs d'amour. La conscience de ce soutien et la compréhension de la réussite personnelle nous aident à garder notre cœur ouvert pour attirer tout ce que nous désirons.

10

Se décharger des tensions

Tout comme nous pouvons attirer l'énergie positive, nous pouvons nous libérer de l'énergie négative. Lorsque les canaux au bout de nos doigts sont suffisamment ouverts et que nous savons comment, consciemment, faire circuler le courant, nous pouvons apprendre à nous débarrasser, de façon plus efficace, des tensions que nous avons accumulées au cours de la journée, en rejetant cette énergie négative hors de notre corps. On appelle cela « se décharger ». Et c'est tout aussi essentiel et aisé que de méditer et de nous fixer des intentions. Cette technique nous aide à nous sentir encore mieux et nous donne une plus grande aptitude à librement construire notre quotidien.

Comprendre l'énergie négative

Il est difficile d'expliquer cette notion en termes scientifiques, mais tout le monde l'a assurément ressentie. Lorsque certains individus se sentent freinés par un des douze blocages à la réussite personnelle (reproches, dépression, anxiété, indifférence, jugement, indécision, velléité, perfectionnisme, ressentiment, apitoiement sur soi, confusion et culpabilité), ils produisent une certaine quantité d'énergie négative. Cela ne signifie pas qu'ils sont intrinsèquement mauvais ou négatifs, mais qu'ils sont déconnectés de leur source intérieure d'énergie positive. Ainsi privés de ce carburant tonique, ils se laissent envahir et mouvoir par leur négativité. Et si nous avons l'impression d'attirer de telles personnes, c'est souvent parce que, à notre contact, elles se sentent mieux. En fait, elles captent notre énergie positive.

Nous avons probablement tous connu cette expérience de nous rendre en un lieu ou de rencontrer des gens qui provoquent en nous une réaction de malaise. Nous sommes soudain pris d'une douleur à la nuque ou d'une fatigue inexplicable. Et même si nous ne pouvons en déterminer la cause objective, nous éprouvons incontestablement une forme d'inconfort.

De la même façon, la compagnie de certains êtres nous donne automatiquement l'impression de nous ressourcer. Spontanément, nos petits maux commencent à disparaître. Tout simplement, en leur présence, nous nous sentons bien. Leur énergie positive nous rend naturellement plus heureux, aimants, paisibles et confiants.

De tels phénomènes ne se produisent pas par hasard. Ils sont la conséquence d'un véritable échange. Prenons deux personnes, l'une remplie d'énergie et l'autre en manquant. Si elles se côtoient, la première aura un peu perdu de sa vitalité, tandis que la seconde s'en retrouvera rechargée. L'énergie circule d'un individu à un autre, pour trouver une forme d'équilibrage. C'est le principe des vases communicants.

Visualisons deux réservoirs vides et reliés, au fond, par un tube équipé d'une valve permettant de réguler le passage des fluides d'un récipient à l'autre. Tout d'abord, remplissons un seul des réservoirs de liquide bleu, tout en laissant la valve fermée. Puis ouvrons-la. Que se passe-t-il ? Automatiquement, le réservoir vide se remplit à moitié, et le second se désemplit à moitié. De la même façon, lorsque nous avons plus d'énergie, elle s'évacue vers ceux qui en ont moins. Cependant, si cette image illustre bien la notion de flux, elle n'explique pas celle d'échange. Elle décrit le processus du point de vue quantitatif, mais non qualitatif. Or, lorsque l'énergie positive se déverse vers l'extérieur, non seulement elle diminue, mais en outre elle attire et absorbe l'énergie négative.

Pour mieux comprendre ce mécanisme, reprenons nos deux réservoirs reliés par un tube. Mais cette fois, remplissons l'un des récipients de fluide bleu et froid, et l'autre de fluide rouge et chaud. À présent, que se passe-t-il lorsque nous ouvrons la valve ? Le liquide chaud et rouge s'écoule dans le liquide bleu et froid, et inversement. Ainsi, automatiquement, la température dans les deux réservoirs s'équilibre et leur contenu devient violet.

Cette analogie aide à comprendre l'échange d'énergies positive et négative qui se produit en permanence. En effet, si deux personnes, l'une se sentant bien et l'autre mal, se côtoient, cette dernière s'en retrouvera revigorée, tandis que la première éprouvera une baisse de régime. Elle ne constatera peut-être pas ce changement tout de suite mais, après un certain nombre d'heures ou de jours, elle commencera à remarquer qu'elle a perdu une partie de son bien-être.

Plus elle aura d'énergie positive au départ, plus elle mettra de temps à prendre conscience qu'elle a absorbé un peu d'énergie négative. Et si son niveau initial est assez bas, elle sera immédiatement affectée par la négativité de l'autre et la ressentira très vite.

Différents degrés de sensibilité

Plus nous sommes sensibles, plus nous percevons les différents flux d'énergie, et plus nous en subissons l'impact. Si nous ne le sommes pas, ou le sommes peu, notre valve demeure, pour ainsi dire, fermée. Nous restons bien protégés, mais également inaptes à nous laisser pénétrer par de trop grandes quantités d'énergie.

Certains individus sont simplement moins sensibles que d'autres. Ils ne remarquent absolument pas ces échanges subtils et n'en sont pas affectés. Ils puisent leur énergie uniquement dans la nourriture, le sport, l'air, le sexe. Ils sont plus stables, ils agissent de manière efficace, sans se poser de questions métaphysiques, et peuvent mener une vie très satisfaisante. Ils reproduisent ce que d'autres ont fait avant eux et connaissent différents degrés de réussite ou d'échec, selon les circonstances et selon leurs efforts, leurs gènes, leur éducation, leur formation, leurs actions passées et leurs talents naturels. Même s'ils peuvent faire l'expérience de tous les niveaux de succès, du plus bas au plus élevé, ils ne mettent pas en œuvre leur potentiel créatif. Ils se contentent d'appliquer ce qu'ils ont appris, mais n'ont pas la faculté d'aller au-delà pour imaginer ou explorer de nouvelles voies. Ils prodiguent leur affection en fonction de celle qu'ils ont reçue, mais il leur est plus difficile de pardonner et de recommencer à aimer, une fois qu'ils ont été blessés. Ils subissent leur destin, qu'il soit heureux ou non. Pour acquérir la capacité de modifier le cours des choses, de découvrir leur richesse intérieure et de changer leur orientation dans la vie, ils doivent devenir plus sensibles. En s'ouvrant à leurs sentiments et en pratiquant la méditation interactive, ils peuvent trouver ce pouvoir en eux.

Pourquoi nous ne guérissons pas

À l'opposé, beaucoup de gens souffrent énormément, parce qu'ils n'ont tout simplement pas appris à se décharger de l'énergie négative qu'ils absorbent des autres. Ils l'accumulent et la véhiculent, sans savoir s'en libérer de façon saine. Ainsi, certains la renverront sur leur entourage et d'autres tenteront de rester aimants et avenants à tout prix. Auquel cas, cette négativité demeurera contenue dans leur corps et engendrera la maladie. Elle affaiblira graduellement leur métabolisme et bloquera l'énergie guérisseuse naturelle qui permet à d'autres de se rétablir.

Pour preuve les conclusions édifiantes d'une étude effectuée sur des sujets atteints de cancer, visant à analyser les profils psychologiques des patients qui s'en sortent ou non. La seule différence qu'elle ait pu mettre en évidence est la suivante : ceux qui allaient mieux se plaignaient davantage de la nourriture, des conditions hospitalières et du service.

Ceux qui ne faisaient pas d'efforts démesurés pour rester gentils et accommodants recouvraient plus facilement la santé. Cela ne signifie pas qu'en nous montrant polis et bienveillants nous tomberons malades. Une attitude résolument positive affectera notre physique ou notre moral uniquement dans la mesure où nous ne nous débarrassons pas, d'une manière ou d'une autre, de la négativité que nous avons absorbée. Lorsque les gens sensibles apprennent à s'en décharger, ils en tirent des bénéfices énormes et immédiats.

Non seulement leurs blocages disparaissent, mais ils ont aussi davantage accès à leur potentiel créatif. En revanche, ils auront beau méditer durant des années, veiller aussi assidûment que possible à recevoir l'amour dont ils ont besoin, ils continueront à souffrir de la négativité des autres, s'ils ne savent pas comment s'en libérer.

Que se passe-t-il lorsque nous absorbons la négativité ?

Dans la mesure où nous absorberons la négativité sans disposer d'un moyen de la renvoyer, nous continuerons à nous sentir piégés. En dépit de notre bienveillance et de notre amour, nous resterons bloqués dans nos sentiments négatifs. Voici quatre symptômes courants dont souffrent ceux qui ne savent pas se décharger :

1. AMOUR BLOQUÉ

Lorsque nous absorbons la négativité, nous désirons nous montrer plus aimants, mais nous sommes pris de vagues récurrentes de ressentiment et de reproche. Notre amour est restreint ou réprimé. Nous souhaiterions aimer davantage, mais nous n'y parvenons pas.

Les gens moins sensibles ne connaissent pas ce type de malaise. Ils peuvent ne pas éprouver d'amour. Ils sont déconnectés des aspirations de leur âme et de leur désir profond d'aimer. En conséquence, ils ne perçoivent pas ce désir impérieux ni ce vide intérieur dû à l'absence d'amour dans leur vie.

2. CONFIANCE BLOQUÉE

Lorsque nous absorbons la négativité, nous essayons d'être confiants et d'avoir la foi, mais nous sommes régulièrement en proie à des bouffées d'anxiété et de confusion dès que nous prenons des risques. Notre confiance est entravée. Notre âme manifeste son désir d'être et de faire davantage, de dépasser ses limites, mais nous nous sentons freinés.

C'est très différent pour les gens moins sensibles qui se soucient peu de prendre des risques et sont tout à fait satisfaits de mener une existence confortable et de reproduire ce qui leur est familier.

3. Joie bloquée

Lorsque nous absorbons la négativité, nous tentons de retrouver le bonheur, mais nous sommes accablés par la dépression et l'apitoiement sur soi. Notre joie est fade et floue. Nous ressentons le désir de notre âme d'être heureuse, mais nous n'y arrivons pas.

Les gens moins sensibles, quant à eux, ne savent pas ce qui leur manque. Ils sont heureux, dans une certaine mesure, mais cela n'a rien à voir avec la joie pure et véritable qu'ils éprouvaient étant enfants. Ils ont depuis longtemps oublié cette sensation intense.

4. Paix bloquée

Lorsque nous absorbons la négativité, nous aspirons à nous sentir sereins et en accord avec nous-mêmes, mais nous sommes occasionnellement saisis par des sensations de culpabilité ou de dévalorisation de nous-mêmes. Nous n'avons pas la conscience de notre profonde bonté et de notre innocence naturelle et ne pouvons accéder à la paix d'esprit qu'elles procurent. Nous nous sentons souillés ou compromis par nos erreurs passées, et nous sommes incapables de nous les pardonner. En conséquence, nous avons l'impression d'être trop responsables des autres. Si, enfants, nous étions châtiés pour nos fautes, nous continuerons à nous punir nous-mêmes.

Les gens moins sensibles ignorent les erreurs qu'ils ont pu commettre. Comme ils ne sont pas affectés par les sentiments et les besoins d'autrui, ils n'ont pas la faculté de reconnaître qu'ils se sont trompés. Sans un certain degré de sensibilité, la personne la plus généreuse qui soit fera souvent preuve d'indélicatesse et se conduira comme un éléphant dans un magasin de porcelaine.

Les êtres sensibles sont, par définition, très ouverts. Tels des éponges, ils attirent et absorbent la négativité, partout où ils vont. Ils ressentent à la fois celle des autres et celle qu'ils ont déjà en eux.

Ce que nous réprimons, d'autres l'exprimeront

L'insensibilité provient de la capacité à réprimer ses sentiments. Si certains individus sont contrariés, ils n'ont pas besoin de traiter leurs émotions pour aller mieux. Il leur suffit de les ignorer ou de les rejeter, et finalement elles disparaissent. Cette technique fonctionne pour les gens moins sensibles. En revanche, ceux qui le sont davantage ne peuvent pas faire abstraction de ce qu'ils éprouvent.

Comme ils sont plus étroitement reliés à leur âme, ils ont tendance à être plus vulnérables. S'ils le sont vraiment beaucoup plus que leurs proches, ils absorberont la négativité de toute la famille et seront considérés comme le « mouton noir » ou le « vilain petit canard ». Ce que ses parents répriment, l'enfant sensible le percevra et l'exprimera.

Toute mère a connu ces journées très stressantes où elle fait de son mieux, mais a du mal à maintenir l'ordre dans sa maisonnée. Elle lutte pour se sentir mieux en réprimant ses peurs, inquiétudes, anxiétés, frustrations et déceptions. Et dans ces moments, ses enfants deviennent plus exigeants, indisciplinés, agités et bruyants.

D'ailleurs, on se demande souvent pourquoi ils choisissent justement les pires instants pour se mettre en colère, faire des caprices et perdre le contrôle. En fait, l'explication est simple : le sentiment négatif que le parent étouffe est absorbé par un ou plusieurs des enfants.

Reprenons nos deux récipients reliés par un tube. Admettons qu'ils représentent respectivement un enfant et un parent. Remplissons le réservoir du parent avec du liquide bleu, symbolisant l'énergie négative, et celui de l'enfant de liquide rouge, symbolisant l'énergie positive. À présent, ouvrons la valve. Les fluides commencent lentement à se mélanger.

Puis, au moyen d'un couvercle, exerçons une pression sur le contenu du récipient correspondant au parent. Qu'arrive-t-il au liquide bleu ? Il se déverse très rapidement dans l'autre réservoir. Cette image illustre bien ce qui se produit lorsque les adultes bâillonnent leurs émotions. Celles-ci seront transmises aux enfants, qui les ressentiront et les extérioriseront. C'est uniquement parce que l'un d'entre eux absorbe les sentiments refoulés par tous les membres de son entourage qu'il deviendra un « mouton noir ».

Lorsque les gens répriment la négativité qu'ils portent en eux, nous avons vu qu'ils la projettent sur d'autres individus plus sensibles. Mais ce n'est pas tout : ils sont également plus imperméables à celle émanant du monde extérieur. C'est comme si leur réservoir était relié à celui des autres par une valve unilatérale : ils rejettent la négativité, mais ne la laissent pas pénétrer.

De la même façon, des personnes très aimantes et très positives tombent malades parce qu'elles absorbent la négativité, mais ne la renvoient pas. Si nous sommes sensibles, nous devons trouver un moyen de nous décharger ; sinon, nous continuerons de souffrir inutilement.

Ressentir ou ne pas ressentir

Il existe certaines thérapies basées sur la désensibilisation. Elles reposent sur le principe qu'en aidant les gens à ne plus éprouver leurs émotions, à les réduire au silence, ils trouveront un soulagement immédiat. C'est d'ailleurs le cas, car, comme ils cessent d'absorber l'énergie négative, tous leurs symptômes disparaissent.

Si nous apprenons à museler nos sentiments, nous sommes effectivement délivrés d'une partie de nos maux physiques et de nos blocages affectifs. Mais notre cœur se ferme lentement. À mesure que nous devenons moins sensibles, nous cessons d'être vulnérables, mais nous perdons aussi le contact avec notre âme. Même si nous accédons à une plus grande clarté d'esprit, notre aptitude à la compassion s'amenuise et nous sommes de moins en moins à même de tirer les bénéfices d'une profonde connexion avec notre vrai moi. Dès lors, nous aurons inconsciemment tendance à générer ou être attirés par des situations dramatiques ou conflictuelles, qui exprimeront ce que nous réprimons.

Certaines de ces techniques consistent à se remémorer de façon répétitive le même événement douloureux, avec l'intention de ne plus rien ressentir. Si nous avons été blessés, nous évoquerons et décrirons cette situation autant de fois que nécessaire, jusqu'à ce que cela ne nous fasse plus aucun effet. Au lieu de nous rappeler le passé, pour permettre à notre souffrance de remonter à la surface, pour en prendre conscience et pour la guérir par l'amour, le but est d'émousser peu à peu nos sentiments négatifs. Même si cette méthode atrophie notre capacité à éprouver des émotions, elle peut produire des résultats très impressionnants.

D'autres thérapies se basent non pas sur la description des faits, mais sur l'analyse de nos réactions affectives, afin de réduire leur impact. Ce processus renforce le mental aux dépens du ressenti. Les patients décortiquent leur fonctionnement intérieur et dissèquent leurs contrariétés jusqu'à ce qu'elles disparaissent. Parler de soi est certes essentiel pour trouver un sens à l'existence, mais ne devrait en aucun cas servir à réprimer ses sentiments.

Fort heureusement, il existe d'autres façons de renvoyer la négativité et d'aller mieux, sans pour autant renoncer à notre sensibilité. En traitant nos émotions (comme nous le verrons dans les chapitres suivants) et en évacuant régulièrement nos tensions, nous pouvons apprendre à transformer nos sentiments négatifs, sans avoir à les refouler ou à nous endurcir. La sensibilité est un don précieux, qui nous aide à nous épanouir. L'absorption de négativité devient un problème seulement si nous ne savons pas nous en défaire sainement. En nous déchargeant, nous obtiendrons les mêmes bénéfices immédiats, sans avoir à nous anesthésier. C'est comme soigner un mal de tête sans recourir aux médicaments.

Si nous sommes sensibles, en pratiquant le processus de « décharge », nous nous débarrassons de toute la négativité accumulée non seulement au quotidien, mais aussi au cours de notre vie passée. Ainsi, lorsque nous méditerons en nous fixant des objectifs, nous serons plus perméables et plus libres de faire pénétrer en nous une énorme quantité d'énergie positive, qui nous permettra de réaliser nos rêves.

Si nous nous désensibilisons, nous nous déconnectons de notre véritable nature aimante, joyeuse, confiante et paisible. Lorsque nous réprimons nos émotions négatives, nous détruisons également ment notre aptitude à éprouver des sentiments positifs. Nous atrophions notre capacité à percevoir nos vrais désirs. Si nous nions notre tristesse, nous ne mesurerons pas combien une personne nous manque et combien nous avons envie d'être avec elle. Si nous bâillonnons notre colère, nous n'aurons pas conscience de ce que nous ne voulons pas. Si nous ignorons nos peurs, nous ne reconnaîtrons pas nos besoins d'amour et de soutien. Si nous étouffons notre douleur, nous n'aurons aucune compassion et la vie perdra son sens. Toutes les émotions négatives nous relient à des aspects essentiels de notre véritable moi.

LORSQUE NOUS RÉPRIMONS NOS SENTIMENTS NÉGATIFS, NOUS ASPHYXIONS NOTRE CAPACITÉ À ÉPROUVER NOS VÉRITABLES DÉSIRS

Si nous refoulons nos émotions, nous pouvons, dans une certaine mesure, conserver notre faculté d'être aimants, heureux, confiants et paisibles, mais nous cessons de grandir. Ces sensations positives se retrouvent dépouillées de leur richesse, de leur intensité. Nous ne vivons plus dans un monde en couleurs, mais en noir et blanc, et souvent, nous ne savons même pas ce qui nous manque. Le fait de réprimer nos sentiments nous procure un soulagement éphémère autant qu'immédiat, mais à long terme, il arrête notre croissance.

Lorsque nous n'éprouvons plus la peur, pendant un moment, nous sommes pris d'un accès euphorisant de confiance et d'assurance, particulièrement si la terreur nous emprisonnait au point de nous paralyser. Soudain, nous en sommes délivrés et nous pouvons faire ce que nous avons toujours désiré. Nous avons l'impression d'être propulsés dans la vie comme une flèche trop longtemps retenue, puis enfin libérée. Mais de même que cette flèche ralentit en fin de trajectoire pour retomber au sol, après un certain temps, nous perdons notre élan.

Notre enthousiasme et notre dynamisme s'émoussent parce que nous avons supprimé notre capacité à ressentir de nouveaux désirs. Notre ivresse passagère était due au dépassement d'une peur qui nous a permis d'assouvir une aspiration ancienne et contenue. Or, pour entretenir cette flamme, il nous faut passer au désir suivant, donc rester en contact avec nos émotions et ne pas les réprimer.

De la même façon, lorsque nous n'éprouvons plus de colère, nous nous sentons soudain remplis d'amour et de gratitude pour ce que nous avons, particulièrement si nous nous enfermions dans le reproche et le ressentiment. Nous sommes enfin libres d'aimer à nouveau. Mais une fois passée cette impulsion immédiate, nous constatons, au bout du compte, que nos rapports aux autres sont moins authentiques ou intimes. Certes, nous ne vivons plus de conflits, mais notre vie et nos relations manquent douloureusement de passion.

Ainsi, toute émotion réprimée nous satisfait davantage à court terme, mais, à long terme, elle nous déconnecte de nos sentiments profonds et, par conséquent, de notre source intérieure de bonheur. Nous devenons de plus en plus dépendants des circonstances extérieures et nous en arrivons à mener une existence dénuée d'intensité, de progrès et de créativité.

L'échange d'énergie

Plus les gens sont sensibles, plus ils absorbent d'énergie négative. L'obésité est une conséquence, parmi d'autres, de ce principe. Les personnes qui en souffrent sont fondamentalement très sensibles. Si elles ne peuvent pas perdre de poids, c'est parce que ces kilos les protègent de l'énergie négative qui les entoure. Sans cette défense, elles seraient trop affectées par ces ondes nuisibles, qui auraient des répercussions considérables et préjudiciables sur leur santé ou sur leur affectivité. La boulimie est une façon de se désensibiliser ou d'atténuer ses émotions.

TOUS LES COMPORTEMENTS DE DÉPENDANCE
SONT DES TENTATIVES POUR NOUS ANESTHÉSIER
ET RÉPRIMER NOS SENTIMENTS

Lorsque les gens sont prisonniers d'un des douze blocages à la réussite personnelle, ils sont souvent déconnectés de l'énergie positive émanant de leur être profond et renvoient des ondes négatives à la place. Or, ce qu'ils émettent, une personne sensible l'absorbera. Cela explique pourquoi certains individus ayant entrepris une thérapie ne parviennent pas pour autant à se rétablir. Ils ont beau travailler sur eux-mêmes pour essayer de se libérer, dès qu'ils se replongent dans le monde extérieur, ils captent davantage de négativité et se retrouvent coincés.

Il existe des gens qui, malgré eux, dégagent de l'énergie négative, en raison de leur mode de vie, de leur entourage ou de leur façon de penser, et qui la projettent, en permanence ou seulement par moments. Si nous sommes sensibles et perméables, le fait de nous trouver au contact de ces personnes nous rendra réellement malades.

LE FAIT DE SE TROUVER AU CONTACT DE GENS NÉGATIFS PEUT RENDRE RÉELLEMENT MALADE

D'autres personnes, qui sont davantage reliées à leur vraie nature, émettent automatiquement de l'énergie positive. Elles peuvent la renvoyer continuellement ou occasionnellement, lorsqu'elles font des choses qu'elles aiment ou pour lesquelles elles sont douées. Le fait de côtoyer ces gens nous apportera un véritable mieux-être. C'est pourquoi nous sommes tellement attirés par ceux qui réussissent.

Nombreux sont les personnages publics, dans tous les domaines – théâtre, chant, danse, enseignement –, qui brillent lorsqu'ils sont « en scène », mais perdent ce charisme et cette flamme dans leur quotidien. Or, cela ne signifie pas qu'ils ne sont pas profondément conformes à l'image qu'ils nous présentent. Au contraire, c'est, en réalité, leur attitude dans la vie de tous les jours qui ne reflète pas leur être véritable. En fait, lors de leurs prestations, ils s'ouvrent totalement et nous inondent de leur énergie positive. Mais, ce faisant, ils absorbent parallèlement les ondes négatives de toute l'assistance. Et nous commençons à nous sentir mieux parce qu'une certaine dose de négativité nous a été enlevée.

UN PERSONNAGE PUBLIC POSITIF ATTIRE L'ÉNERGIE NÉGATIVE COMME UN AIMANT

Cela explique en partie pourquoi les spectateurs adorent un artiste : ils sont momentanément délivrés de tous ces freins qui bloquent leur amour. Ils se remplissent d'énergie positive et la sentent circuler plus librement. Ils en éprouvent, dès lors, un immense soulagement et une grande joie, qu'ils manifestent au travers des applaudissements ou d'une « standing ovation ». L'artiste, de son côté, accueille et apprécie tout cet amour, mais reçoit aussi une certaine quantité de négativité. D'où le contre-coup qu'il peut subir, plus ou moins immédiatement, une fois qu'il est sorti de scène.

LORSQUE NOUS AVONS BEAUCOUP D'ÉNERGIE POSITIVE,
NOUS NE REMARQUONS PAS QUE NOUS ABSORBONS
DE L'ÉNERGIE NÉGATIVE

Pour traiter sainement cet apport d'ondes indésirables, la solution ne consiste pas à nous désensibiliser, car cela amoindrit notre faculté à engranger de l'énergie positive. Elle réside dans le fait de nous décharger. Ainsi, nous pouvons librement partager notre force avec le monde. Il nous suffit de prendre le temps de nous ressourcer grâce à la méditation et d'évacuer toute la négativité que nous avons inévitablement accumulée.

Comment se décharger

La première étape de ce processus est la méditation interac-tive. En effet, les canaux que nous avons appris à ouvrir au bout de nos doigts nous permettent non seulement de capter l'éner-gie, mais aussi de la renvoyer. Une fois que nous savons méditer selon cette méthode, se décharger devient un jeu d'enfant.

La seconde étape consiste à expulser la négativité là où elle ne fera de mal à personne. Or, l'énergie négative est automatique-ment absorbée et transformée par la nature. C'est pourquoi une promenade en forêt ou dans un parc nous procure une telle sen-sation de détente, si nous sommes stressés. C'est aussi pourquoi certaines personnes adorent aller à la plage, au bord de la mer, ou au soleil. Les éléments naturels constituent la cible idéale sur laquelle se décharger, car ils recueillent notre négativité pour la métamorphoser en énergie positive, qu'ils nous renvoient.

Ce phénomène se manifeste à la fois à un niveau subtil, mais aussi à travers le processus biochimique de la photosynthèse. En effet, les plantes vertes utilisent l'énergie de la lumière pour combiner le gaz carbonique et l'eau, afin de produire l'oxygène indispensable à notre survie. En respirant, les humains et les animaux inhalent cet oxygène et rejettent du dioxyde de carbone, qui sera à nouveau transformé en oxygène par les plantes, et ainsi de suite. Ce cycle de conversion maintient l'équilibre naturel de l'air sur notre planète. De la même manière, la nature absorbe notre énergie négative pour la convertir en énergie positive.

Voyons maintenant, d'un point de vue plus pratique, comment on peut se décharger. Après avoir médité dix ou quinze minutes, paumes vers le haut, ouvrons les yeux, baissons les mains et orientons-les en direction d'une plante, d'un feu ou d'un liquide, avec la simple intention de renvoyer notre négativité sur la chose que nous désignons des doigts. Après un certain entraînement, nous n'aurons plus besoin de méditer préalablement. Nous pourrons avoir recours à cette technique n'importe quand, en gardant les yeux ouverts ou fermés.

Durant tout le processus, nous continuons à répéter la phrase de base de la méditation, en la modifiant légèrement, selon ce dont nous voulons nous libérer. Ainsi, nous pouvons penser :

« Ô mon Dieu, mon cœur s'ouvre à toi, je t'en prie, viens dans mon cœur, prends cette tension, prends cette tension. »

« Ô mon Dieu, mon cœur s'ouvre à toi, je t'en prie, viens dans mon cœur, prends cette négativité, prends cette négativité. »

« Ô mon Dieu, mon cœur s'ouvre à toi, je t'en prie, viens dans mon cœur, prends cette maladie, prends cette maladie. »

Se décharger constitue une expérience sensorielle incroyable. Nous percevons véritablement un flux d'énergie sortant de nos extrémités. Nous pouvons sentir un fourmillement dans toute notre main tandis que l'énergie négative quitte notre corps pour aller dans la nature. Certains comparent cela à de l'eau qui coulerait le long de nos doigts.

Quelle que soit la nature de nos sensations, elles ne sont en aucun cas déplaisantes. Au contraire, c'est même extrêmement agréable. Lorsque nous assistons au concert d'un grand artiste, celui-ci absorbe notre négativité, mais nous n'avons pas conscience de la renvoyer. Nous nous sentons tout simplement bien. La même chose se produit lorsque nous l'évacuons sur un élément de la nature. Ce dernier capte notre négativité et nous en éprouvons immédiatement un mieux-être.

En prenant le temps de nous recharger puis de nous décharger, nous renforçons notre pouvoir personnel et donnons une chance à notre âme de croître et de s'épanouir.

Certaines personnes peuvent être choquées par l'idée de diriger notre énergie négative sur la nature et croire que cela nous est nuisible. Mais il n'en est rien. Tout comme les plantes se nourrissent de notre gaz carbonique et le transforment, la nature recycle l'énergie dont nous nous déchargeons et se ressource lorsque nous lui offrons notre négativité.

Où se décharger

Les meilleures cibles pour se décharger sont les éléments végétaux, comme les arbres, buissons, plantes et surtout les fleurs. Ces dernières se révèlent particulièrement efficaces pour la majorité des individus. Ceci explique peut-être leur rôle omniprésent dans nombre de circonstances de notre vie : un artiste en aura toujours dans sa loge, le public en enverra sur la scène, pour saluer une prestation, un homme en apportera quand il voudra se réconcilier. Elles sont également prépondérantes dans la plupart des traditions funéraires car, outre le message d'amour qu'elles véhiculent et qui réconforte les endeuillés, elles les soulagent un peu de leur peine en absorbant une partie de leur négativité.

Les personnages publics adorent recevoir des fleurs, sans nécessairement savoir pourquoi. De la même façon, sans en identifier la raison, les femmes apprécient qu'on leur en offre et, en cas de conflit, cela les désarme un peu. En effet, lorsque leur compagnon arrive avec un bouquet, cela les aide automatiquement à se décharger de leurs sentiments négatifs. Elles y sont d'autant plus réceptives qu'intrinsèquement, elles ont tendance à être plus sensibles que les hommes.

LORSQU'UN HOMME APPORTE DES FLEURS À SA COMPAGNE, ELLES AIDENT AUTOMATIQUEMENT CETTE DERNIÈRE À SE DÉCHARGER

La nature absorbe notre négativité. Si nous avons appris à ouvrir les canaux au bout de nos doigts et à diriger l'énergie vers l'extérieur, le processus est beaucoup plus effectif et efficace. Lorsque nous sommes capables de ressentir le fourmillement dans nos mains, notre faculté de nous décharger augmente de façon spectaculaire. Tout comme nous nous tendons vers le ciel pour recevoir une bénédiction, nous devons nous tourner vers la terre mère pour nous libérer de notre négativité.

NOUS NOUS TOURNONS VERS LE CIEL POUR NOUS RECHARGER ET VERS LA TERRE POUR NOUS DÉCHARGER

L'eau constitue un autre élément naturel propice, qui absorbe activement notre négativité. Pour se décharger, on peut choisir de se rendre au bord d'un océan, d'une mer, d'un lac, d'une rivière ou d'un étang, ou même d'aller à la piscine. On peut aussi avoir recours à une baignoire ou un lavabo remplis. Plus l'étendue est vaste, plus le processus sera sensible. Ceci explique également pourquoi il est essentiel de boire beaucoup d'eau : elle ne nous apporte pas seulement des bienfaits physiologiques ; elle nous aide aussi à maintenir le flux d'énergie et à tirer les bénéfices d'une méditation régulière. Huit à dix verres par jour représentent la quantité idéale pour la plupart des gens. Mais les individus de stature plus imposante devront augmenter cette ration.

L'EAU ABSORBE LA NÉGATIVITÉ

Le feu agit également comme un capteur efficace de notre négativité. Il suffit de se remémorer ces soirées merveilleuses que nous avons passées autour d'un feu de camp, à nous raconter des histoires effrayantes. Même si ces dernières nous emplissaient de terreur, les flammes absorbaient cette peur et la faisaient sortir de nous. Ce qui rend ce type de souvenir aussi mémorable – outre l'évocation d'un moment de chaleur, d'amitié, de connivence –, c'est aussi le bien-être provenant du fait que nous nous déchargions.

Une autre manière d'évacuer notre négativité consiste à marcher pieds nus sur la terre, l'herbe ou le sable, tout en répétant notre phrase de méditation, et en dirigeant nos doigts vers le sol. Cette technique est aussi valable lorsque nous nous promenons en forêt. Dans ce cadre, on peut même s'amuser à pointer nos doigts vers un arbre, comme autant de rayons laser, et renvoyer notre énergie pour recevoir les bienfaits de la nature. De la même façon, le jardinage est une activité tout à fait appropriée : en plongeant nos mains dans la terre, nous nous déchargeons automatiquement.

Cette nouvelle compréhension des choses nous permet de voir certaines traditions sous un autre éclairage. Pensons par exemple à celle de l'arbre de Noël. Lorsque les gens l'installent chez eux et le décorent, ils se sentent naturellement mieux parce que, d'une part, ils lui envoient leur amour et que, d'autre part, le sapin absorbe une partie de leur énergie négative. Or, cette coutume est apparue pour une raison bien simple : comme il faisait trop froid en hiver pour passer autant de temps dehors, les gens, ayant besoin de rester au contact de la nature, la rapportaient à l'intérieur de leur maison. La proximité d'un arbre ou de branchages feuillus leur était nécessaire. Ainsi, un grand nombre de pratiques et de rituels ancestraux, inhérents à toutes les cultures du monde, revêtent un nouveau sens.

TOUTES LES CULTURES VÉHICULENT UNE RICHESSE DE TRADITIONS ET DE RITUELS CONÇUS POUR SE DÉCHARGER

Selon mon expérience, la manière la plus abordable de se décharger, pour les non-initiés, est donc de garder les yeux ouverts et les mains dirigées vers le sol. Tout comme nous sentons rentrer l'énergie lorsque nos doigts sont tournés vers le haut, nous la sentons sortir lorsqu'ils sont pointés vers le bas. Je suggère de commencer ainsi notre apprentissage parce que, au départ, la plupart des gens perçoivent mieux le flux en appliquant cette méthode. Cependant, une fois qu'on a véritablement connu cette expérience sensorielle, le simple fait de toucher un élément naturel procurera la même impression. Dès lors, on pourra passer à une technique qui, selon moi, est la plus puissante et la plus efficace.

Elle consiste à tenir dans ses mains une feuille ou une fleur fraîches, tout en fermant les yeux. En cela, elle s'apparente davantage à la méditation interactive de base, à la différence près qu'au lieu d'être en l'air, nos doigts sont au contact d'un objet végétal. Certes, tous les autres procédés fonctionnent de façon appréciable, mais celui-ci donne les résultats les plus rapides.

Quand se décharger

Nous pouvons nous décharger à tout moment, dès que nous percevons une forme de négativité en nous. Cela nous apportera toujours un mieux-être. En guise d'entraînement, nous pouvons nous astreindre à quelques séances hebdomadaires de cinq ou dix minutes. Au début, il est possible que nous éprouvions l'envie ou la nécessité de prendre plus de temps. En effet, les gens sensibles, qui ont accumulé toute une existence de négativité, commencent ainsi à l'évacuer et des moments aussi courts ne leur suffiront pas. En réalité, il n'existe pas de règle générale et établie. De manière plus empirique, nous pouvons nous décharger autant de fois que nous en ressentons le besoin. Nous ne le ferons jamais trop : rien de mal ne peut se produire, nous ne courons aucun danger.

NOUS POUVONS NOUS DÉCHARGER AUTANT
DE FOIS QUE NOUS EN RESSENTONS
LE BESOIN OU L'ENVIE

Si l'on travaille dans un environnement stressé ou conflictuel, il est bon de rejeter cette négativité quotidiennement. On peut, par exemple, y consacrer quelques minutes, lorsqu'on est sous la douche. En outre, pour minimiser les tensions au bureau et à la maison, il est important de s'entourer de plantes vertes et d'eau. Les femmes, qui sont par nature plus vulnérables, captent plus facilement les mauvaises ondes et ressentent un soulagement extraordinaire lorsqu'elles apprennent à s'en libérer.

Cela étant, même si le fait de se décharger peut, dès le début, procurer des bénéfices immédiats incroyables, il convient, en premier lieu, de s'initier à la méditation. En effet, à travers la pratique régulière de cette technique, nous ouvrons les canaux permettant de recevoir de l'énergie positive. Et en nous ressourçant intérieurement ainsi, nous pouvons renvoyer la négativité au-dehors, de façon plus efficace.

Dès lors, l'absorption d'ondes négatives ne constituant plus un problème, nous parviendrons plus aisément à nous débarrasser des douze blocages. D'ailleurs, grâce à ce processus d'assainissement, il arrivera parfois qu'ils disparaissent d'eux-mêmes. Mais le plus souvent, nous devrons néanmoins explorer notre être profond pour nous en délivrer.

En réalité, en apprenant à nous décharger, nous devenons libres de créer notre futur, sans être freinés par la négativité extérieure. Et si nous nous retrouvons paralysés et confrontés à un blocage, du moins savons-nous qu'il s'agit bien du nôtre, et non de celui d'un autre.

Ne plus avoir peur de l'énergie négative

Tous ces principes relatifs à l'énergie peuvent paraître déroutants et parfois être mal compris. Il est possible qu'en les découvrant, certaines personnes soient anxieuses à l'idée de côtoyer des gens négatifs ou en arrivent à blâmer les autres pour tous leurs problèmes. Or, il s'agit d'un aspect inévitable de la vie : nous absorbons une certaine quantité de négativité si nous sommes tant soit peu rechargés en énergie positive. C'est un fait auquel nous ne pouvons échapper. Alors, plutôt que d'essayer à tout prix de fuir la négativité extérieure, nous devons seulement veiller assidûment à l'évacuer.

La nature recherche toujours un équilibre. De la même façon que, dans l'atmosphère, les basses pressions attirent les hautes pressions, l'énergie positive attire l'énergie négative. Cet échange subtil est, pour ainsi dire, dans l'ordre des choses. Le secret de la réussite personnelle consiste donc à nous recharger et à nous décharger régulièrement.

Il n'est souhaitable d'éviter la négativité que si nous sommes fatigués ou malades. Mais si nous nous ressourçons quotidiennement grâce à la méditation, alors, ce qui nous procurera la plus grande satisfaction et la plus grande joie sera de partager notre amour et notre lumière avec le monde. À mesure que nous développerons notre aptitude à absorber l'énergie positive et à rejeter l'énergie négative, chaque confrontation à cette dernière deviendra un nouveau défi qui nous rendra d'autant plus forts.

11

Se libérer des émotions négatives

Pour satisfaire nos besoins affectifs, nous devons donner et recevoir de l'amour de deux manières fondamentales : sur le plan spirituel et sur le plan terrestre. Autrement dit, nous devons nous ressourcer, d'une part en vitamines D 1 et D 2, qui se rapportent à Dieu, et d'autre part en vitamines P 1, P 2, P 3, S, R, E, C et M, qui relèvent des rapports humains (Parents, Proches, Pairs, Soi-même, Relations intimes, Enfants, Communauté et Monde). Par ailleurs, en pratiquant la méditation, en nous fixant des objectifs et en nous déchargeant de la négativité et des tensions, nous renforcerons toujours nos fondations. Pour réaliser nos rêves, nous devons rester en contact avec notre véritable moi, en maintenant nos réservoirs pleins.

Or, l'obstacle principal à leur alimentation est notre inaptitude à éprouver et à dépasser nos sentiments négatifs. Ma longue expérience, en qualité de conseiller et de thérapeute, m'a permis d'identifier douze émotions négatives de base. Nous abordons là un sujet très délicat, car il donne souvent lieu à quantité de malentendus et de compréhensions erronées. En effet, sous prétexte de nous débarrasser des émotions négatives, nous pouvons inconsciemment en arriver à les réprimer. Le simple fait de les juger ou de nous en sentir coupables suffit à les refouler et à les garder enfouies. Il existe une grande différence entre les évacuer et les ignorer. Pour nous en libérer il nous faut, auparavant, les laisser remonter à la surface. Elles jouent un rôle essentiel, en nous permettant de mieux revenir à notre véritable moi. Si nous ne percevons pas nos réactions négatives, nous ne pouvons pas nous en défaire et dès lors, il nous devient impossible de remplir nos réservoirs d'amour.

L'une des raisons majeures expliquant la capacité des gens à tirer aussi rapidement les bénéfices de la méditation aujourd'hui est leur faculté de ressentir plus pleinement. Grâce à cela, nous pouvons complètement nous décharger de notre négativité. L'accès à la créativité, à la puissance et à la prospérité matérielle est conditionné par la conscience de ce que nous éprouvons et de ce que nous voulons. Plus cette dernière sera aiguë et développée, plus notre réussite extérieure sera grande. Une émotion est toujours reliée, d'une manière ou d'une autre, à un désir. Qu'elle soit positive ou négative, sa manifestation est une énergie pure, qui nous relie à Dieu et au monde. C'est le carburant qui alimente nos réservoirs.

Lorsque les émotions sont bloquées ou anesthésiées, cela nous empêche de recevoir ce qui est nécessaire à notre épanouissement, à savoir : l'amour et l'énergie dont nous avons besoin, ou la force intérieure nous permettant d'attirer et de générer ce que nous voulons. Cependant, ressentir ne suffit pas. Il faut aussi mettre en œuvre une méthode appropriée et efficace de traitement, aboutissant à une libération. Le dépassement de nos émotions négatives nous rendra à la fois mieux armés, car nous saurons ce que nous voulons, et plus motivés, car nous aspirerons plus intensément à réaliser nos souhaits.

Certaines personnes brident leur potentiel en réprimant, en endormant ou en refoulant leurs émotions. D'autres les éprouvent, mais sont incapables de les évacuer ou de s'en libérer. Elles se retrouvent coincées dans leur négativité et inévitablement confrontées à des situations qui reflètent leur état intérieur. Cela explique pourquoi les sentiments négatifs nous font tellement peur : si nous nous enfermons dedans, nous nous condamnons, pour ainsi dire, à vivre des expériences qui ne feront que confirmer et renforcer notre mal-être.

Il existe aussi des individus qui gèrent leurs émotions de façon sélective. Ils s'autorisent, par exemple, à ressentir de la colère, mais s'interdisent toute expression de vulnérabilité, comme la tristesse ou la peur. Ou, à l'inverse, ils seront facilement en proie à la honte ou au chagrin, mais musselleront tout accès d'agressivité. Cela étant, malgré la multiplicité des combinaisons et des attitudes possibles, le résultat sera toujours le même. Si nous restons campés dans nos émotions négatives, nous les attirerons invariablement dans notre vie. Et si nous les nions, nous nous déconnecterons de notre pouvoir à générer ce que nous désirons.

Traiter ses sentiments

Traiter ses émotions négatives signifie les identifier et s'en libérer, en prenant conscience de ses désirs sous-jacents et de ses sentiments positifs. Autrement dit, cela revient à les utiliser pour revenir à son véritable moi.

Pour comprendre leur rôle primordial dans notre évolution, on peut comparer la vie à l'apprentissage et à la pratique du cyclisme. Dans ce sport, trois aspects sont essentiels : premièrement, se mettre en mouvement en actionnant continuellement les pédales – ce qui équivaut à demander l'aide de Dieu, au travers d'une méditation régulière ; deuxièmement, s'orienter dans la direction voulue au moyen du guidon – ce qui correspond au fait d'entrer en contact avec ses véritables désirs ; troisièmement, conserver l'équilibre en oscillant perpétuellement de part et d'autre du centre de gravité – qui représente notre moi profond.

À vélo comme dans la vie, il n'existe pas d'équilibre statique et définitif. Nous opérons de constants réajustements de droite à gauche. Au début, nous sommes maladroits, les oscillations sont amples et, comme nous ne savons pas rétablir la situation, nous tombons souvent. Mais à mesure que nous acquérons de l'entraînement, nous apprenons à rectifier notre position de plus en plus aisément et à accéder à une vitesse de course moins chaotique, plus stable et plus régulière.

L'émergence d'une émotion négative équivaut à la perte d'équilibre. Nous sommes toujours reliés à notre vrai moi – notre centre de gravité –, mais nous nous en éloignons. En fait, c'est un symptôme indiquant que nous sommes en train de nous déconnecter, une sorte de signal d'alerte, pour nous inciter à revenir vers notre être intérieur.

La seule façon de garder l'équilibre sur une bicyclette consiste à sentir que nous nous écartons du centre de gravité chaque fois que c'est le cas. Lorsque nous penchons vers la gauche, il nous faut nous déporter vers la droite, puis de nouveau vers la gauche, puis vers la droite, et ainsi de suite, jusqu'à ce que nous nous redressions complètement. C'est ce processus d'oscillation qui nous permet de retrouver l'équilibre.

Il se produit une dynamique similaire dans la vie. Si nous nous éloignons de notre vrai moi dans un certain sens, une émotion négative surgit. Lorsque nous la rectifions, nous retrouvons notre centre, mais nous repartons de l'autre côté et une autre émotion négative apparaît. Une fois encore, nous devons opérer un réajustement pour recouvrer notre équilibre.

Il serait inimaginable de nous maintenir à vélo, si nous pouvions nous incliner uniquement sur la droite et jamais sur la gauche. De la même façon, lorsque les gens répriment certains sentiments et ne s'en autorisent que d'autres, ils ne peuvent accéder à l'équilibre. C'est le mouvement de balancier qui nous ramène progressivement à notre centre.

Une fois que nous l'avons retrouvé, nous pouvons y demeurer un moment. Puis tout le processus recommence. À bicyclette, nous ne nous attendons pas à conserver toujours une stabilité parfaite. Nous essayons simplement de ne pas tomber et de faire en sorte que notre course soit aussi aisée que possible. Et si nous perdons l'équilibre, nous savons comment le rétablir. Or, ce principe s'applique tout autant à notre vie affective, à la différence près que nous ne l'acceptons pas aussi facilement. En effet, nous supposons souvent, à tort, que pour rester en harmonie, centrés sur notre véritable moi, nous ne devrions jamais ressentir de douleur ou d'émotions négatives. Nous résistons à ce processus naturel, parce que nous ne savons pas comment gérer nos sentiments pour retrouver notre équilibre.

À mesure que nous maîtrisons de mieux en mieux la pratique du vélo, le fait de se maintenir devient pratiquement automatique. De la même façon, à mesure que nous apprendrons à traiter nos émotions négatives, ce mécanisme s'intégrera spontanément dans notre quotidien. Pour explorer l'immense richesse de l'existence, nous devons rester au contact de *toutes* nos réactions affectives. Ainsi, nous pourrons pleinement apprécier les plaisirs simples de la vie. Les choses les plus dérisoires deviendront source de délices et de bien-être : le vent fouettant notre visage, la chaleur du soleil, la douceur du printemps, la fraîcheur de l'automne, la joie de déguiser un enfant pour une fête, l'affection partagée entre amis, la passion et la volupté de l'amour, l'euphorie de chaque nouvelle découverte ou acquisition, la fierté de l'accomplissement et l'extase à canaliser la grâce divine, à travers la méditation pour l'aider à se répandre sur le monde.

Quatre façons de traiter ses sentiments

Nous pouvons nous heurter à deux types de difficultés, lorsque nous entreprenons de traiter nos émotions négatives : certains auront du mal à les identifier, d'autres à s'en libérer. Les façons de procéder expliquées ci-dessous nous aideront à résoudre plus facilement ces problèmes. Il n'existe pas une méthode meilleure que les autres. Pour les exploiter toutes au mieux, il convient de les essayer chacune individuellement, jusqu'à ce que l'une d'entre elles fonctionne. Les quatre techniques à mettre en œuvre sont les suivantes :

1. Changer la nature de l'émotion.

2. Changer le contenu de l'émotion.

3. Changer le moment de l'émotion, en l'avançant ou en le retardant.

4. Changer l'acteur de l'émotion, en ressentant la douleur d'autrui au lieu de la nôtre.

La première technique consiste à éprouver d'abord le sentiment négatif que nous percevons, puis à changer d'émotion. Si nous sommes en colère contre quelque chose, couchons nos réactions par écrit durant quelques minutes, puis passons à une autre sensation négative. Pour ne pas perdre l'équilibre à vélo, si nous penchons d'un côté, nous nous déportons dans la direction opposée, ce qui nous déstabilise alors dans l'autre sens. Osciller entre différentes émotions négatives nous libère de tous les blocages et nous aide activement à nous recentrer.

Même si certains essaient de minimiser leur ressenti, la meilleure approche consiste à amplifier et étendre momentanément le champ de nos émotions négatives. La plupart du temps, lorsque les gens sont coincés dans une sensation particulière, c'est parce qu'ils en bloquent une autre. Notre mal-être n'est jamais dû à une cause unique. En effet, tout sentiment refoulé entravera notre flux d'énergie, nous empêchant ainsi de nous libérer et, dans ce cas, nous aurons tendance à nous enfermer dans une autre émotion.

La deuxième technique repose sur la modification du contenu. Il arrive qu'un sentiment négatif ne soit pas uniquement relié à l'événement qui semble l'avoir provoqué. Si tel est le cas, il est bon d'en trouver la cause véritable, en déplaçant l'objet de notre contrariété. Si nous sommes furieux contre notre patron et si, de toute évidence, nous ne parvenons pas à nous libérer, dressons une liste de toutes les choses susceptibles de nous mettre en colère. Éprouvons pleinement notre indignation et demandons-nous quelle autre circonstance éveille en nous cette même sensation. Quand nous sommes dérangés, blessés ou irrités par une situation donnée, dont nous n'arrivons pas à nous sortir et que nous ne pouvons pas changer, c'est généralement un signe qu'en réalité, notre trouble trouve davantage son origine dans une autre source.

La troisième méthode consiste à déplacer le moment de l'émotion. Si nous sommes en proie à une contrariété que nous n'arrivons pas à identifier et à évacuer au moyen des deux premiers procédés, alors essayons de nous remémorer une circonstance de notre passé où nous avons vécu des sensations similaires. Parfois, les sentiments que nous éprouvons aujourd'hui sont amplifiés par nos anciennes blessures.

Par exemple, si, enfants, nous avons connu la souffrance de l'abandon, nous pouvons encore en être affectés lorsque nous sommes adultes. Ainsi, dès que quelqu'un nous rejette un peu, notre douleur s'en retrouvera intensifiée. Dans ce cas, la meilleure façon de procéder est de relier notre réaction présente à un vécu antérieur. Replaçons-nous à l'époque correspondante, revivons nos sentiments tels qu'ils l'étaient alors, et traitons-les en nous donnant la possibilité de les éprouver, de les définir et de les exprimer.

Le passé est toujours plus facile à gérer. En effet, si nous avons peur aujourd'hui, nous ne savons pas ce qui se passera demain. Mais lorsque nous évoquons des situations anciennes, nous en connaissons le dénouement et l'issue. Si le problème a été résolu, nous pouvons nous rassurer : s'il l'a déjà été une fois, il n'y a aucune raison pour que cela ne se reproduise pas de la même manière. Dans le cas inverse, c'est-à-dire si jadis nous n'avons pas obtenu le soutien dont nous avions besoin, nous pouvons nous imaginer en train de le recevoir. De cette façon, nous guérirons cette ancienne blessure.

La quatrième façon de procéder est de transposer notre émotion en l'identifiant à celle d'un autre individu. Parfois, nous ne pouvons pas prendre assez de recul par rapport à notre douleur pour la ressentir et nous en libérer. Nous avons l'impression qu'elle et nous formons une seule et même chose. Pour nous en distancer, nous avons besoin de la vivre par procuration, en trouvant quelqu'un, en dehors de nous-mêmes, qui éprouve une sensation similaire et qui génère en nous une forme d'empathie. C'est probablement la plus facile de toutes les méthodes, la plus ancienne forme connue de thérapie dans l'histoire de l'humanité. On peut la pratiquer au travers des romans, des pièces de théâtre, des chansons, des films, des feuilletons de télévision…

Le fait de se confier entre amis ou au sein d'un groupe de soutien constitue également un moyen extrêmement efficace, qui nous aide à sortir de notre souffrance sans la fuir. En entendant les autres raconter leurs mésaventures et leurs problèmes, en pleurant et en riant avec eux, nous permettons à nos sentiments de se manifester de façon plus supportable et de se libérer. Pour ceux qui n'arrivent pas à déterminer la nature exacte de ce qu'ils ont à traiter, la quatrième méthode est souvent la plus directe.

Durant mes ateliers collectifs, je pratique des séances individuelles de travail, devant tout le groupe, dans le but d'aider chaque participant à éprouver et à évacuer des émotions négatives. Or, en regardant l'individu en question effectuer cet exercice de délivrance, tous les autres traversent intérieurement le même processus. Ils prennent conscience de sentiments qu'ils ont oubliés depuis longtemps. Et en établissant ainsi un lien intime avec celui qui traite sa souffrance, ils se guérissent, eux aussi, de leur propre blessure.

Première méthode :
changer la nature de l'émotion

Lorsqu'ils sont contrariés, beaucoup de gens s'efforcent immédiatement de transformer leur sentiment négatif en sentiment positif. C'est l'une des raisons majeures pour lesquelles ils se retrouvent bloqués. Ils essaient de se libérer trop vite.

Si nous sommes peu entraînés dans ce domaine, il nous sera difficile de ressentir une autre émotion que celle dans laquelle nous sommes enfermés. Pour nous recentrer plus facilement, il est extrêmement utile de connaître les douze émotions négatives de base. Ainsi, chaque fois que nous serons coincés, nous saurons vers où nous tourner pour opérer le mouvement de balancier adéquat, qui nous permettra peu à peu de retrouver notre équilibre.

Les douze états négatifs que nous ressentons naturellement sont donc les suivants :

1. « Je suis en colère. »
2. « Je suis triste. »
3. « J'ai peur. »
4. « J'ai du chagrin. »
5. « Je suis frustré. »
6. « Je suis déçu. »
7. « Je suis inquiet. »
8. « Je suis embarrassé. »
9. « Je suis jaloux. »
10. « Je suis blessé. »
11. « Je suis terrifié. »
12. « J'ai honte. »

Lorsque nous sommes prisonniers de notre colère (émotion 1), prenons d'abord le temps de la vivre et d'en exprimer l'origine par écrit. Puis demandons-nous ce qui nous rend tristes (émotion 2). De la même façon, si nous sommes enfermés dans notre tristesse (émotion 2), interrogeons-nous sur ce dont nous avons peur (émotion 3). En entrant en contact avec la deuxième émotion, nous nous sentirons immédiatement libérés de la première.

Généralement, la colère est une réaction à ce qui s'est produit, la tristesse, à ce qui ne s'est pas produit, la peur, à ce qui pourrait se produire et dont nous ne voulons pas. Chacun de ces états est intimement lié au précédent et en constitue la couche plus profonde. Lorsque nous sommes en colère contre un événement qui s'est passé, c'est qu'au fond, nous sommes tristes qu'un autre ne se soit pas passé. Lorsque nous sommes tristes qu'une chose désirée ne soit pas arrivée, c'est qu'au fond nous avons peur qu'une chose indésirable n'arrive. À mesure que nous passons d'un sentiment à un autre, nous en découvrons un aspect caché, et nous nous rapprochons progressivement de notre centre. Dès que nous commençons à retrouver notre équilibre, nous éprouvons un mieux-être évident.

Le processus consiste donc à identifier, dans la liste, la phrase qui décrit le mieux l'état dont nous ne parvenons pas à nous sortir, à nous pencher dessus quelques instants, puis à examiner l'émotion suivante, en respectant l'ordre précédemment indiqué. Si notre point de départ est la honte (émotion 12), alors nous reprenons depuis le début, en nous concentrant sur la colère (émotion 1). Ainsi, quel que soit notre sentiment premier, en plongeant toujours plus loin dans notre être, nous connaîtrons des revirements spectaculaires et une immense délivrance.

Parfois, pour nous sentir totalement libérés, il nous faudra changer deux ou trois fois de niveau. Pour ma part, j'en ai fait une règle fondamentale : à moins d'aller vraiment mieux plus tôt, je descends systématiquement de trois crans. Si je commence par la colère, je passe d'abord à la tristesse, puis à la peur, et enfin au chagrin.

À mesure que nous traversons chacune de ces émotions, il est essentiel d'écrire ce dont nous avons besoin et ce que nous voulons, apprécions ou souhaitons. À la fin de tout ce processus, il est également important de noter les sentiments positifs – amour, compréhension, confiance, reconnaissance ou gratitude – qui surviennent naturellement une fois que nous avons évacué nos émotions négatives. Cet exercice, que j'ai surnommé la « lettre d'émotion », est décrit dans pratiquement tous mes autres livres. Pour plus d'information sur le traitement des sentiments, on peut se référer à mon ouvrage intitulé *Mars et Vénus refont leur vie*.

Parfois, il est difficile de savoir par où commencer dans la liste. Dans ce cas, n'essayons pas d'être trop précis. Réorganisons-la d'une autre manière, comme ceci :

Niveau un :   « Je suis en colère (1), je suis frustré (5) ou je suis jaloux (9). »

Niveau deux :   « Je suis triste (2), je suis déçu (6) ou je suis blessé (10). »

Niveau trois : « J'ai peur (3), je suis inquiet (7) ou je suis terrifié (11). »

Niveau quatre : « J'ai du chagrin (4), je suis embarrassé (8) ou j'ai honte (12). »

Examinons chacune de ces catégories et partons de celle qui nous convient le mieux. Si elles semblent toutes s'appliquer à notre état, alors commençons par n'importe laquelle, au hasard. Si nous n'arrivons vraiment pas à nous décider, débutons au niveau trois, en nous disant : « J'ai peur de choisir le mauvais niveau. » Puis appliquons la même méthode que précédemment, en descendant d'un échelon, sans oublier d'écrire durant chacune des transitions. Lorsque nous nous sentirons libérés, veillons aussi à noter nos sentiments positifs et nos désirs, particulièrement ce que nous voulons être, faire et avoir, et comment nous souhaitons que « les choses » se passent.

Parfois, il nous sera nécessaire de terminer notre exercice d'écriture par une lettre-réponse. Une fois que nous avons suffisamment exploré nos sentiments, imaginons ce qu'un autre, en nous écoutant, pourrait dire ou faire pour que nous nous sentions mieux. Si nous avons été contrariés par quelqu'un, mettons-nous un instant à sa place, pour nous adresser une lettre dans laquelle il exprimerait tout ce que nous désirerions entendre de sa part : qu'il nous a compris, qu'il nous présente ses excuses, qu'il nous apprécie pour nos qualités, qu'il est prêt à nous donner ce que nous attendons de lui.

Même s'il nous paraît impensable qu'il nous dise de telles choses dans la réalité, cette méthode nous offre la possibilité d'éprouver les sensations réconfortantes qu'auraient éveillées en nous des paroles aussi positives et nous permet, par là même, de nous recentrer. En agissant comme si nous recevions ce soutien, nous nous libérerons de nos émotions négatives, pour mieux retrouver notre vrai moi aimant. Nous ne mesurerons pas la prodigieuse efficacité de cette approche, à moins de l'essayer par nous-mêmes. Ultérieurement, dans le chapitre 17, nous explorerons une série d'exercices qui nous aideront à faire l'expérience de cette incroyable transformation intérieure.

Deuxième méthode : changer le contenu de l'émotion

Lorsque nous nous retrouvons paralysés, cela signifie, la plupart du temps, que nous sommes non seulement déconnectés de nos sentiments négatifs, mais aussi focalisés sur la mauvaise cible. Nous pensons, par exemple, que notre contrariété est due à une personne donnée, alors qu'en réalité nous avons peur de quelque chose au travail ou sommes mécontents de nous-mêmes. Dans la majorité des cas, lorsqu'il nous semble impossible de nous libérer d'une émotion, c'est parce que nous avons besoin de la réorienter sur une autre source.

Supposons que je sois furieux contre un collègue de bureau et que je n'arrive pas à me sortir de cette animosité. Pour résoudre le problème, je vais me demander pour quelle autre raison je suis irrité. Soudain, je constate que mon agitation provient du retard que j'ai pris sur mon planning, concernant un tout autre projet.

Une fois que j'ai ainsi identifié le véritable objet de mon trouble, j'ai la sensation d'être sur la bonne voie. Cependant, ma colère (niveau 1) ne s'évacue toujours pas. Alors, je reviens simplement à la première méthode et je change d'émotion, en m'interrogeant sur ce qui éveille en moi de la tristesse, de la déception ou de la souffrance (niveau 2). Dès que je commence à éprouver l'un de ces trois sentiments, mon courroux se dissipe automatiquement et je deviens plus compréhensif, plus ouvert dans ma façon de penser, plus apte à pardonner. Comme je me rapproche peu à peu de mon centre, à l'issue de ce processus, ma négativité a en majeure partie disparu. Mon état d'esprit se transforme, à mesure que j'acquiers la conviction de pouvoir trouver une solution. Spontanément, je me remets à apprécier ce qui fonctionne, et je cesse de me cristalliser sur ce qui ne fonctionne pas.

En pratiquant régulièrement cette technique de libération, nous nous apercevrons que, bien souvent, ce pour quoi nous pensons être perturbés ne constitue, en fait, que la partie visible de l'iceberg. En rentrant en nous-mêmes et en recherchant d'autres déclencheurs éventuels de cette émotion, nous découvrirons qu'il nous est possible, et même salutaire, de renoncer à notre résistance face à ce que nous ne pouvons pas changer, et que l'origine réelle de notre contrariété est, en définitive, un événement auquel nous avons la capacité de remédier, en réajustant légèrement notre attitude ou en modifiant plus radicalement notre comportement.

Troisième méthode :
changer le moment de l'émotion

Lorsque apparemment aucune des précédentes méthodes ne fonctionne, nous devons opérer un déplacement dans le temps, en nous projetant dans le passé ou dans le futur.

LE RETOUR EN ARRIÈRE

En rattachant ce que nous éprouvons maintenant à des événements antérieurs, nous nous libérerons de façon efficace.

Si nous pouvons établir ce lien avec notre passé, il nous sera indéniablement plus facile de ressentir et d'évacuer nos émotions. Lorsque nous sommes en colère dans le moment présent, il est plus difficile de nous résigner et de lâcher prise, parce que nous jugeons ce courroux salutaire et indispensable au bon déroulement des choses. Lorsque nous sommes tristes, en proie à une sensation de perte, nous sommes inaptes à croire en l'avenir. Lorsque nous avons peur, nous ne savons pas ce que nous réserve le futur. Mais si nous nous transposons à une autre époque et revivons la frayeur que nous avons éprouvée jadis, nous nous dotons d'un atout supplémentaire : celui de savoir qu'en définitive, tout n'allait pas aussi mal et qu'au bout du compte, la situation a été résolue. Grâce à ce recul bénéfique, il devient beaucoup plus aisé de se débarrasser de la négativité.

Repensons un instant à toutes ces fois où nous avons été extrêmement contrariés par une circonstance donnée et où, bien plus tard, nous nous sommes aperçus que nous lui avions accordé une importance excessive. Rappelons-nous ces situations où nous craignions le pire et où rien de grave ne s'est produit. Et quand bien même ce que nous redoutions serait arrivé, les choses auraient fini par s'améliorer. Il nous est donc très profitable de trouver cette jonction entre notre état actuel et un événement du passé.

Une fois ce lien établi, nous devons remonter le temps et nous resituer dans ce contexte précis tels que nous sommes aujourd'hui, c'est-à-dire avec notre aptitude d'adultes à traiter les sentiments. Une fois que nous avons exploré par écrit les différents niveaux émotionnels nécessaires à la résolution de cet ancien conflit, nous pouvons nous adresser une lettre-réponse, dans laquelle nous nous prodiguons les paroles de réconfort que nous aurions tant désiré entendre. Si jadis nous avions reçu ce témoignage d'affection, nous ne nous sentirions pas aussi abandonnés, impuissants ou indignes d'amour dans les moments difficiles. Nous serions plus centrés et conscients de notre nature profonde. Le fait de revivre et d'enrichir cette expérience, en rédigeant une lettre-réponse, nous aidera à nous libérer de nos émotions négatives.

Lorsque des sentiments anciens et douloureux resurgissent, ils ne se présentent pas à nous en disant : « Coucou, je suis ta peur de l'abandon, issue de cette fois où l'on t'a envoyé vivre chez des parents éloignés. » Lorsque notre passé refait surface, c'est bien souvent sous une forme insaisissable. Nous avons peur, mais nous ignorons de quoi ; nous sommes tristes, et pourtant les choses ne vont pas mal ; nous sommes terrifiés, alors que le danger n'est pas si grand ; nous sommes jaloux, bien que nous soyons déjà comblés. La plupart du temps, nos réactions semblent disproportionnées. Nous ne pouvons pas les partager avec les autres, parce que nous les jugeons trop négatives, alors nous les réprimons. Pour éviter cela, nous pouvons les rattacher à un moment antérieur de notre existence, où elles auraient été plus adéquates, compte tenu de notre perception des circonstances et de notre stade d'évolution à cette époque donnée.

Du point de vue de l'esprit, qui a besoin de trouver un sens à toutes nos manifestations affectives, il n'est pas cohérent de mener une vie d'adulte satisfaisante, heureuse et prospère, et de se retrouver accablé de tristesse ou de dépression, durant une longue période, à la moindre déception professionnelle. Au début de ma carrière, le plus petit incident me contrariait terriblement. C'était tout naturel, puisque je n'avais aucune certitude quant à ma réussite ultérieure. Or, aujourd'hui, si je me heurte à ce même type de réaction, elle paraît moins fondée, étant donné ma situation actuelle. Ce n'est qu'en la reliant à un événement passé que mon esprit peut la comprendre, en accepter l'ampleur et ainsi, autoriser mon cœur à l'éprouver plus pleinement. Et si je sens qu'elle ne s'évacue pas complètement, je tente d'établir la jonction avec une circonstance encore plus lointaine, pour la vivre plus profondément.

Plus nous remontons dans le temps, plus nous nous accordons la permission de ressentir des émotions négatives. En effet, lorsque nous sommes jeunes, nous avons moins de discernement face à l'existence. Dès lors, nos sensations sont intensifiées, et parfois excessivement douloureuses.

Plus nous remontons dans le temps, plus nous nous accordons la permission de ressentir des émotions négatives

Lorsqu'un parent laisse son enfant chez une nourrice et que le petit hurle comme s'il allait mourir, nous pouvons faire preuve d'indulgence et compatir avec lui. En effet, nous savons que son esprit n'est pas assez développé. Il n'a pas la conscience ou le souvenir que Papa ou Maman va revenir. C'est l'une des leçons les plus importantes qu'il nous faut apprendre en grandissant. Lorsque la personne qui représente notre source d'amour s'en va, elle ne disparaît pas à jamais : nous sommes toujours en sécurité. Mais avant d'acquérir cette compréhension – et bien d'autres – nous avons, durant notre enfance, de très fortes réactions émotionnelles.

En reliant des sentiments intenses de notre présent à notre passé, nous leur fournissons un contexte dans lequel faire surface. Parfois, lorsque nous sommes en proie à un blocage, à une incapacité d'éprouver une émotion, c'est parce qu'elle ne nous paraît pas fondée ou rationnelle. En opérant la jonction avec un événement antérieur, nous nous donnons une chance de ressentir et de libérer tout ce que nous n'avons pas pleinement résolu auparavant. Par conséquent, si nous ne parvenons pas à laisser remonter le flux de réactions négatives, en nous référant à une circonstance relativement récente, nous pouvons nous replonger dans un moment beaucoup plus reculé de notre vie.

Par exemple, lorsque j'avais six ans, j'ai passé mes vacances d'été en Californie avec ma famille. Un jour, mes parents demandèrent qui, parmi nous, avait envie de rendre visite à une de mes tantes, qui habitait non loin de là. Or, j'avais appris qu'elle vivait juste en face de Disneyland et je me suis porté volontaire. J'imaginais que nous irions tous ensemble la voir, que nous passerions une journée merveilleuse dans le parc d'attractions et que nous rentrerions le soir même. Hélas ! les choses ne se déroulèrent pas du tout comme je l'avais prévu. En fait, on m'accompagna chez ma tante et l'on me laissa seul, en sa compagnie, pendant toute une semaine – au cours de laquelle nous n'avons pas mis le pied à Disneyland ! Je ne savais pas si l'on viendrait me chercher et si je rentrerais jamais chez moi. Je me sentais terrifié et désespéré. En utilisant ce souvenir, je peux relier toute réaction douloureuse d'aujourd'hui à la tristesse et à la peur que j'ai éprouvées alors.

Chaque fois que nous sommes contrariés sans identifier de cause tangible, cela signifie inévitablement que notre trouble n'a rien à voir avec les circonstances présentes. Dans ce cas, pour ressentir et évacuer nos émotions, nous devons nous replacer dans un contexte susceptible de les renforcer et de les libérer. Il s'agit là d'une technique très utile et très salutaire car, en l'absence de raison définie pour justifier notre souffrance, nous pourrions trouver le moyen de nous en créer une.

En effet, si nous ne nous dotons pas d'un cadre sécurisant dans lequel traiter nos sentiments, nous attirerons ou générerons automatiquement des situations qui les valideront. Le principal obstacle à notre épanouissement est notre tendance à reproduire nos anciens schémas, parce que nous n'avons pas le désir ou la capacité d'affronter les émotions qui refont surface. Si nous refusons de remonter le temps pour remplir nos précédents réservoirs d'amour, notre passé nous poursuivra sans cesse, au travers d'événements toujours similaires. Tant que nous ne nous résoudrons pas à adopter la démarche nécessaire à notre délivrance, nous nous heurterons invariablement à des circonstances qui légitimeront notre douleur.

J'ai pris conscience de cette tendance il y a des années. Je faisais les cent pas à attendre quelqu'un. Une partie de moi commençait vraiment à se mettre en colère, mais j'étais trop gentil pour m'autoriser des sentiments aussi négatifs. Et puis une chose étonnante s'est produite. J'ai subitement éprouvé le besoin de me laver les mains. Je me suis dirigé vers l'évier de la cuisine et j'ai ouvert le robinet, en tournant le mélangeur à fond vers la gauche. En attendant que l'eau atteigne la bonne température, j'appréciais paisiblement le paysage par la fenêtre sans même remarquer la vapeur qui montait. Puis, machinalement, j'ai plongé mes mains sous l'eau brûlante. J'ai immédiatement hurlé de douleur.

Cela étant, même si j'avais physiquement mal, j'éprouvais également un certain soulagement : j'avais inconsciemment créé une opportunité de sentir physiquement la souffrance émotionnelle que je réprimais.

Dès lors, je suis devenu plus attentif à ce type de phénomène. Lorsque nous nous retrouvons toujours dans des situations négatives, qui ne correspondent pas du tout aux désirs conscients de notre esprit, c'est qu'en fait notre âme attire de telles circonstances dans notre vie, pour nous aider à prendre contact avec notre négativité refoulée et à nous en libérer. Cela constitue parfois le seul moyen dont elle dispose pour nous reconnecter à notre moi véritable.

LE PROCESSUS DE RENFORCEMENT PERSONNEL

Parfois, au lieu de remonter le temps, nous pouvons nous projeter dans l'avenir. Si nous sommes en proie à une contrariété dont nous n'arrivons pas à nous libérer, il peut être très utile d'aller intérieurement au bout des choses. Pendant quelques minutes, imaginons que la situation continue à empirer, que la raison de notre colère se confirme et s'amplifie ou que nos plus grandes peurs se réalisent. Alors, tandis que nous nous visualisons dans le futur, en train de vivre cette expérience, traitons nos émotions comme nous savons le faire. Au moyen de ce procédé simple, nous créons un contexte approprié pour permettre à nos sentiments de se manifester. Une fois qu'ils sont remontés à la surface, prenons un instant pour les relier à notre passé, puis utilisons la première méthode pour libérer nos réactions négatives. C'est ce que j'appelle le processus de renforcement personnel.

Jack était vraiment nerveux chaque fois qu'il devait faire une présentation orale dans le cadre de son travail. Durant des jours, avant un grand événement, il perdait le sommeil et se sentait anxieux et perturbé. Dans mon atelier de réussite personnelle, il s'est entraîné à anticiper l'avenir pour évacuer ses craintes.

L'exercice consistait à écrire les pires choses qui pouvaient se produire. Une fois qu'il eut commencé, ce fut facile, mais douloureux. Il imagina que tout allait de travers : rien de ce qu'il disait n'avait de sens, ses plaisanteries tombaient à plat, personne n'était impressionné, ses idées n'étaient pas à la hauteur et il n'aurait pas la possibilité de se rattraper parce qu'il serait licencié.

En regardant ses peurs en face, il se sentit triste, blessé et découragé. Puis il relia cette peine et cette souffrance à un événement lointain : des années auparavant, il avait dû remplacer quelqu'un à la dernière minute et donner une conférence à laquelle il n'était pas préparé, et cette fois-là, il avait *réellement* été rejeté par ses auditeurs. Il établit la relation entre ses sentiments et ce moment précis, et entreprit de traiter son passé en employant la première méthode. Ainsi, sa nervosité disparut. Occasionnellement, elle revenait, mais il savait comment s'en défaire.

Quatrième méthode : changer l'acteur de l'émotion

La quatrième façon de débloquer et de traiter nos émotions négatives est de les attribuer à un autre individu. Au lieu de nous focaliser sur notre propre douleur, prenons le temps de nous intéresser à celle d'autrui. En transposant le centre de notre attention de nous-mêmes sur les autres, nous parvenons plus aisément à prendre du recul par rapport à notre souffrance et à finalement nous en libérer. Lorsqu'une scène donnée, dans un film, nous fait monter les larmes aux yeux, nous ne savons peut-être pas pourquoi nous réagissons aussi fort, mais c'est à l'évidence en raison d'un événement de notre passé. Un nerf sensible a été touché. Une chose s'est produite dans cette fiction, qui a éveillé en nous une sensation que notre cœur avait besoin d'éprouver.

Même si les vidéocassettes sont tout aussi efficaces, le fait d'aller voir un long métrage en salle offre un avantage supplémentaire, car nous sommes entourés d'autres gens partageant la même expérience. Un livre possède la même force de guérison. En vivant la joie ou la douleur d'un autre, nous pouvons plus pleinement rester en contact avec la nôtre. Les pièces dramatiques sont également d'une grande utilité, car elles dépeignent les problèmes que nous rencontrons dans la vie, mais dans des circonstances plus tragiques ou plus comiques. Il nous est ainsi plus facile de nous émouvoir avec les personnages.

Dans notre propre existence, nous réprimons souvent nos sentiments, parce que notre esprit les invalide. Toutes les œuvres littéraires ou cinématographiques nous permettent de théâtraliser notre douleur. Nous acceptons la souffrance et le chagrin des protagonistes de l'histoire. En suivant leur cheminement affectif, jusqu'au dénouement final, nous connaissons la délivrance.

La musique et les chansons guérissent aussi le cœur. Les grands compositeurs classiques suscitent toujours autant d'admiration, parce qu'ils ont souvent réussi à saisir et à traduire, avec une extrême sensibilité, les mouvements passionnels de l'âme, comme l'exultation, le salut, l'espérance, l'accablement, la rage, la trahison et le désespoir. Le même éventail de sentiments peut être exprimé par la poésie et les paroles de chansons.

Dans mes séminaires, j'utilise toujours différents types de musiques pour inciter les gens à laisser s'exprimer ce qu'ils ont trop longtemps enfoui. De la même façon, la bande sonore d'un film joue un rôle essentiel pour le spectateur, en soulignant et en intensifiant la trame émotionnelle du scénario. Certains passages annoncent une catastrophe imminente ou nous préviennent d'un danger, et d'autres nous procurent un soulagement, en nous indiquant que tout va bien se passer.

Une autre façon d'appliquer cette méthode et de nous aider nous-mêmes est de participer à des groupes de soutien. Lorsque nous contribuons à guérir la souffrance de nos semblables, par le biais de notre compassion, nous donnons à notre douleur intérieure la possibilité de remonter à la surface et parfois de s'en trouver automatiquement libérée. Si nous avons du mal à nous connecter à notre passé, il peut se révéler bénéfique d'assister à des réunions d'entraide ou à des ateliers de développement personnel. Ma propre aptitude à vivre mes sensations intérieures s'est considérablement enrichie au contact d'autres individus qui étaient davantage reliés à leur être profond.

Grâce à ces quatre approches, nous disposons maintenant d'outils puissants pour traiter nos sentiments. Nous avons le pouvoir d'entrer en contact avec nos émotions négatives et de nous en libérer. En pratiquant ces techniques, nous nous maintiendrons en équilibre et irons où nous voudrons en quelques mois.

12

Obtenir ce qu'on veut

Le secret de la réussite personnelle réside dans le fait d'être en accord avec nous-mêmes et de continuer à vouloir toujours plus. Pour y accéder, il ne suffit pas d'être satisfaits de notre vie. Nous devons aussi évoluer dans notre aspiration à obtenir davantage. La passion, c'est le pouvoir. Ce que nous désirons vraiment, nous l'obtenons. Lorsqu'un individu ne parvient pas à avoir plus, c'est qu'il ne s'autorise pas à le vouloir. Parfois, l'idée lui en semblera séduisante, mais il n'ira pas au bout : il ne le souhaitera pas réellement.

Pour atteindre la réussite extérieure, nous devons la désirer à tel point que cela nous fait mal de ne pas y arriver. En même temps, il nous faut apprendre à libérer et à guérir cette souffrance, pour connaître le bonheur intérieur. Nous devons être tout à fait capables de trouver la joie, l'amour, la confiance et la paix, tout en gérant les inévitables vagues de frustration, de déception, d'inquiétude et autres émotions négatives qui accompagnent nos ambitions.

Cela explique pourquoi tant de gens ayant connu une réussite exemplaire sont issus de milieux humbles ou difficiles. Ils ont peut-être été orphelins ou vécu leur enfance dans la pauvreté et la privation. Ils ont appris, à la manière dure, comment se satisfaire de moins, tout en continuant à vouloir plus.

Nombreux sont ceux qui, ayant assouvi toutes leurs ambitions et accédé à la richesse ou à la gloire, s'en sont trouvés affaiblis, blasés, apathiques, et ont vu leur carrière et leur existence sombrer. Après avoir atteint les sommets et s'être installés dans « la belle vie », ils ont cessé de produire, d'engendrer ou d'attirer la réussite, parce qu'ils ont perdu contact avec leur désir d'avoir plus. Dès lors, ils ont lentement déchu ou ils ont plongé d'un coup. Cependant, cette chute n'est pas toujours irréversible.

Après avoir touché le fond, bien souvent, les gens refont surface. Ils remontent la pente, en éprouvant pleinement leur aspiration à obtenir davantage et tous les sentiments qui l'accompagnent. En libérant leur souffrance et en réapprenant à être heureux avec moins, ils créent de nouveau le sol fertile dans lequel planter les graines du désir.

Leur résurrection est donc due à deux facteurs. D'une part, une fois qu'ils ont tout perdu, ils en viennent à apprécier ce qu'ils ont. D'autre part, en vivant la douleur de l'effondrement, ils renforcent leur capacité à vouloir et retrouvent leur faculté à générer l'abondance. L'acceptation et le désir leur donnent un nouvel essor dans l'existence. Heureusement, grâce à notre compréhension de la réussite personnelle, nous ne devrons pas tomber dans de tels extrêmes pour combiner satisfaction et ambition. Dès lors que nous saurons entrer en contact avec nos émotions négatives, pour ensuite les transformer, nous n'aurons pas besoin de connaître la faillite pour faire jaillir notre passion et notre soif de plus.

Le secret de la réussite extérieure est le désir

Toute réussite extérieure repose sur le désir. Nous devons savoir ce que nous voulons, le ressentir profondément et y croire. Le désir, la passion et la foi, c'est le pouvoir. Lorsque nous éprouvons ces aspirations et que nous agissons pour les assouvir, l'univers exauce nos souhaits.

Si nous entraînons notre volonté au travers d'actes visant à satisfaire nos désirs, ces derniers deviennent plus puissants. Plus nous persistons sur cette voie, plus ils se manifestent clairement et plus notre confiance se renforce. La pleine sensation d'un désir recèle, en elle-même, à la fois la connaissance intuitive de ce qu'il faut faire et la conviction que nous allons réussir. En passant à l'action, nous serons de plus en plus certains d'obtenir ce que nous voulons. Le monde n'y croira pas tant que nous n'y croirons pas nous-mêmes.

LA CLÉ DE TOUTE RÉUSSITE EXTÉRIEURE EST DE DÉSIRER, DE RESSENTIR ET DE CROIRE

Pratiquement toutes les grandes histoires de réussite sont jalonnées par des épisodes de rejet, d'échec, de frustration, d'inquiétude et de déception. Il y a toujours des contretemps, des trahisons et des retards. Ceux qui pensent grand ou veulent grand s'attirent des obstacles d'autant plus imposants à surmonter. Avec de la patience et de la persistance, s'ils continuent à consolider leur volonté, ils parviennent à leurs fins. Rome ne s'est pas faite en un jour. Il faut assurément du temps pour générer et attirer ce que nous désirons. Mais surtout, il y faut de la passion.

Ce qui nous amène à un autre principe fondamental : ce n'est pas ce que nous faisons qui compte, mais ce que nous voulons, ressentons et croyons. Naturellement, l'action est nécessaire, mais elle ne doit pas constituer une lutte, ni user toutes nos forces. Cependant, elle joue un rôle essentiel : celui d'affermir notre foi, qui représente le principal déclencheur de la réussite.

LE MONDE CROIRA EN NOUS ET RÉALISERA NOS SOUHAITS SI NOUS CROYONS D'ABORD EN NOUS-MÊMES

Si nous nous lançons dans l'aventure, si nous nous engageons sur une voie et que nous nous y tenons, si nous faisons le saut dans le vide et l'inconnu, nous fortifions notre confiance en nous-mêmes et en la possibilité d'obtenir ce que nous voulons. Il n'est pas nécessaire de nous pousser aux extrêmes limites, lorsque nous savons nous servir de notre intuition. Une fois que nous aurons appris à mieux percevoir cette voix intérieure, nous n'aurons pas tant d'efforts à faire, ni de si grands risques à prendre.

Quelquefois, nous en faisons trop, parce que nous ne croyons pas dans notre pouvoir à attirer et générer la réussite. Beaucoup de gens s'épuisent parce qu'ils n'obtiennent pas ce qu'ils veulent. Ils donnent trop, travaillent trop et s'empêchent, par là même, de parvenir à leurs fins. En s'en remettant au seul fait d'« agir », ils se déconnectent de leur foi.

> EN S'EN REMETTANT AU SEUL FAIT D'« AGIR » POUR RÉUSSIR,
> BEAUCOUP DE GENS SE DÉCONNECTENT DE LA FOI,
> DE LA CONVICTION PROFONDE QU'ILS PEUVENT OBTENIR
> CE QU'ILS VEULENT

Cependant, une fois qu'elles sont complètement exténuées, certaines personnes peuvent accéder au succès. Au départ, elles essaient tout et y consacrent toutes leurs forces. Elles se font violence jusqu'à ce qu'il ne leur reste plus rien. Puis elles s'effondrent. Elles abandonnent. Elles supplient Dieu. Mais alors, en ressentant leur désir intense, en lâchant prise et en acceptant ce qu'elles ont, elles génèrent la secrète alchimie de la réussite.

Thomas Edison décrivait son génie d'inventeur comme étant constitué de quatre-vingt-dix-neuf pour cent de transpiration et de un pour cent d'inspiration. Il tentait tout pour parvenir à une solution, il exploitait au maximum son savoir. Et à un moment, lorsqu'il avait épuisé toutes ses ressources, son esprit abdiquait. Il s'abandonnait et, comme par enchantement, la réponse survenait. À travers son acharnement et sa persévérance, il démontrait sa croyance dans la possibilité d'une réussite. En ne renonçant pas, il entretenait la flamme de sa passion et pouvait faire jaillir des idées brillantes.

> UNE FOIS ALLUMÉ, LE FEU DE LA PASSION
> ATTIRE DE GRANDES ET BRILLANTES IDÉES

En appliquant les principes de la réussite personnelle, nous pourrons ressentir cette flamme sans tomber dans de tels extrêmes. Nous serons capables de prouver que nous croyons en nous-mêmes sans avoir à tout remettre en jeu à chaque fois. Nous saurons entretenir notre réussite sans nécessairement toucher le fond et sombrer dans le désespoir, pour ensuite remonter la pente. Nous apprendrons simplement à puiser dans notre faculté naturelle à obtenir ce que nous désirons.

Le pouvoir de l'abandon

Chaque fois que nous dépassons nos limites, cela se manifeste par l'émergence d'émotions négatives. Nous ne pouvons plus nous sentir positifs par rapport à ce que nous faisons. Lorsque nous allons au-delà de nos forces et que, finalement, nous lâchons prise, nous capitulons pour nous en remettre à Dieu, à l'esprit ou à cette mystérieuse source d'inspiration et d'idées brillantes. Nous pouvons donner à cette puissance supérieure le nom qui nous convient. Si nous sommes versés dans la religion ou la spiritualité, cette entité revêtira un caractère divin. Si nous sommes athées ou agnostiques, nous nous contenterons d'invoquer, par exemple, notre intelligence transcendante et intuitive.

Quelle que soit notre conviction, dès que nous lâchons prise, après avoir fait tout ce qui était en notre pouvoir, nous recevons ce que nous désirons. Le simple fait de ressentir un certain désir et d'abdiquer ne suffit généralement pas. Il nous faut vraiment vouloir une chose et avoir confiance. Si nous sommes certains que nous avons de la chance ou que « les anges » sont là pour nous secourir, réussir devient beaucoup plus facile. Lorsque j'ai appris à demander de l'aide et à l'obtenir d'une source plus élevée, j'ai connu une productivité et une créativité accrues, avec beaucoup moins de tensions. Je sais que j'obtiens beaucoup de soutien, dès que je le sollicite.

Si nous nous rappelons que nous ne devons pas tout faire par nous-mêmes, nous devenons moins fébriles, moins obsessionnels, plus sereins. Il s'agit là d'une autre raison pour laquelle la pratique régulière de la méditation est essentielle. Le fait de prendre ne serait-ce que quinze minutes pour nous souvenir que nous ne sommes pas seuls nous permet de nous fixer les justes objectifs pour la journée. Au lieu d'avoir l'impression que tout dépend de nous, nous reprenons conscience que nous sommes accompagnés.

LE FAIT DE MÉDITER QUINZE MINUTES
POUR NOUS SOUVENIR QUE NOUS SOMMES AIDÉS NOUS PERMET
DE NOUS FIXER LES JUSTES OBJECTIFS POUR LA JOURNÉE

Si je ne consacre pas, chaque jour, quelques instants à la méditation, j'ai facilement tendance à penser que tout repose sur mes épaules. Grâce à cette technique, je parviens à me dégager de cette responsabilisation excessive. À titre d'exemple, remuons l'un de nos doigts très vite, d'avant en arrière, durant trente secondes. Puis réitérons ce même geste, mais cette fois, avec la conscience qu'en fait, ce n'est pas réellement nous qui actionnons notre doigt. Nous ne faisons que lui dire de s'agiter, et c'est notre corps qui lui insuffle ce mouvement, sans que nous sachions comment.

Il est très important de comprendre que nous sommes aux commandes. Nous donnons les ordres, nous choisissons la route, nous conduisons la voiture. Mais nous n'avons pas à la pousser ou à nous occuper du fonctionnement du moteur. Le véhicule fait cela pour nous. Il nous suffit de tourner la clé de contact et de manier le volant pour aller dans la direction voulue.

NOUS CONDUISONS LA VOITURE, NOUS N'AVONS PAS
À LA POUSSER

Lorsque nous ressentons notre connexion spirituelle, nous nous rappelons plus aisément que nous ne sommes pas seuls. En demandant simplement que certains événements se produisent, nous devenons conscients de tout ce qui nous arrive. À force de résister à la vie, nous nous enfermons, au point d'oublier que tant de choses sont faites pour nous. En nous fixant des objectifs au début de chaque journée et en constatant ensuite que le monde répond à nos désirs, non seulement nous réussissons mieux mais, de surcroît, nous économisons nos forces et allégeons notre tâche. Au lieu d'achever un travail en trois ans, il nous faudra d'abord trois mois, puis trois semaines.

La véritable confiance dans nos aptitudes implique, par essence, la conviction intime d'aboutir au résultat escompté. Les pianistes ne s'assoient pas devant leur instrument en pensant qu'ils doivent remuer leurs mains. Ce geste est instinctif. Une fois que nous avons appris à nous servir du clavier d'un ordinateur, nous n'avons même plus besoin de réfléchir. Nos doigts se dirigent automatiquement sur les touches et tapent ce que nous voulons écrire.

Quoi que nous fassions, notre seul rôle est d'indiquer la manière d'agir à notre esprit, à notre corps ou à notre cœur. Alors, nous arrivons à nos fins – ou non. Ce qui permet aux choses de se réaliser est la connexion à notre véritable moi et la conscience claire de ce que nous désirons. La pratique ne nous aide que dans la mesure où elle nous donne plus d'assurance. La confiance en soi et la détermination d'objectifs apportent la réussite.

Abandonner la lutte

Nous pouvons toujours décider de nous en remettre à une puissance supérieure. Si nous n'avions pas cette conscience, nous serions sans cesse obligés de lutter et de dépasser nos limites, pour ressentir l'immense créativité à notre disposition. Beaucoup des grands écrivains, poètes, inventeurs, scientifiques, guérisseurs et chefs de file de divers mouvements ont mené des existences tumultueuses et chaotiques, qui les forçaient à devenir humbles, à lâcher prise et à s'abandonner à une volonté suprême. Grâce à cette précieuse compréhension de la réussite personnelle, nous pouvons faire de même sans avoir à supporter tant de misère et affronter tant de difficultés.

Nous savons désormais qu'il nous faut remplir nos réservoirs d'amour pour nous connecter à notre véritable moi et accéder à l'abondance. Dès lors, nous n'avons qu'à rester en contact avec nos aspirations et faire de notre mieux : les événements se produiront, comme par magie, pour réaliser nos souhaits. Lorsque nous atteignons la réussite extérieure selon nos anciens principes, nous repoussons nos limites jusqu'à ne plus pouvoir rien faire et c'est seulement alors que nous nous en remettons à Dieu.

Si nous lui confions chacune de nos journées tout en continuant d'actionner les commandes, nous nous épargnons une quantité considérable d'efforts. Cette discipline quotidienne nous rappelle que nous ne devons pas effectuer tout le travail par nous-mêmes. Il nous incombe certes d'agir au mieux et de faire preuve de bonne volonté, mais c'est beaucoup plus facile lorsque nous croyons vraiment en l'existence de cette puissance supérieure et de ce soutien supplémentaire.

SI NOUS NOUS EN REMETTONS À DIEU CHAQUE JOUR, ALORS NOTRE PARCOURS ENTIER DEVIENT BEAUCOUP PLUS AISÉ

Certains parviennent effectivement au lâcher-prise et à l'abandon, mais n'obtiennent pas ce qu'ils veulent du monde extérieur, parce qu'ils laissent tout entre les mains de Dieu. Cela ne fonctionne pas non plus. Pour réussir, il nous faut à la fois nous sentir responsables *et* demander de l'aide. Si nous comptons trop sur Dieu, nous perdons contact avec nos envies et nos souhaits profonds. Lorsque les choses ne se produisent pas, au lieu d'en éprouver de la déception, de la tristesse ou de la peur, nous restons cantonnés dans la confiance et la foi.

Pour attirer et générer ce que nous voulons, nous devons être capables de ressentir et de libérer les émotions négatives qui surviennent naturellement si nous n'obtenons pas ce que nous désirons réellement. Ce processus est essentiel pour rester connectés à nos véritables aspirations. Lorsque tous nos réservoirs d'amour sont pleins, notre volonté et celle de Dieu s'accordent. Pour connaître les desseins divins à notre égard, il nous suffit d'ouvrir notre cœur et de nous interroger simplement sur ce que nous voulons. Lorsque nous agissons en fonction des vrais désirs qui émergent en nous, nous avons le pouvoir de les réaliser sans effort excessif.

LORSQUE TOUS NOS RÉSERVOIRS D'AMOUR SONT PLEINS, NOTRE VOLONTÉ ET CELLE DE DIEU S'ACCORDENT

Nous ne recevons l'aide de Dieu que si nous la demandons et si, au préalable, nous nous aidons nous-mêmes. Nous devons poser des actes, et alors, seulement, il nous enverra sa force et son soutien. À mesure que nous pratiquerons régulièrement la méditation, nous commencerons à sentir l'énergie pénétrer au bout de nos doigts puis, progressivement, envahir tout notre corps.

NOUS NE RECEVONS L'AIDE DE DIEU
QUE SI NOUS LA DEMANDONS ET SI, AU PRÉALABLE,
NOUS NOUS AIDONS NOUS-MÊMES

Chaque fois que nous avons besoin d'une impulsion supplémentaire, nous pouvons simplement lever les mains en l'air et capter davantage d'énergie. Celle-ci renforcera notre vitalité et notre clarté d'esprit, ainsi que notre faculté de nous connecter avec notre créativité profonde. Si nous remettons tout dans les mains de Dieu, nous perdons conscience du rôle qui nous incombe et nous empêchons cette même énergie d'affluer. Elle reste toujours à notre disposition, encore nous faut-il faire en sorte de l'absorber.

La pensée positive ne fonctionne pas toujours

Cette philosophie ne fonctionne pas lorsque les gens l'utilisent pour nier leurs véritables sentiments et aspirations. Lorsqu'ils essaient d'être toujours positifs, ils ont tendance à réprimer leurs émotions négatives. Ils ne veulent pas tourmenter ou affliger les autres, ni éprouver de sensation désagréable. Au lieu d'affronter la douleur de ne pas avoir – ou la déception de ne pas obtenir – ce qu'ils veulent vraiment, ils choisissent de se concentrer sur le bon côté des choses.

Ils croient dans la foi, la bonté, la gentillesse, la générosité, la lumière, les anges, le Karma, la destinée, la volonté suprême ou la grâce de Dieu. Même si la pensée positive peut apporter la félicité, elle rend un individu inapte à ressentir pleinement son pouvoir de générer, d'attirer et d'obtenir ce qu'il veut.

En tentant de se montrer toujours indulgent, confiant, bienveillant, il amoindrira, sans le savoir, sa faculté profonde de gouverner sa vie. Incapable d'éprouver passionnément ses désirs, il se concentrera sur l'appréciation de ce que l'existence lui prodigue. Il vivra selon divers principes, comme : « suivre le courant »,

« accepter et pardonner », « que Ta volonté soit faite », « renoncer à ses désirs », « se mettre au service », « se détacher de son ego », « s'élever au-dessus des émotions négatives », « attendre un miracle », « la peur n'est qu'illusion », « la maladie n'existe pas », et ainsi de suite. Il s'emploiera uniquement à accepter, à aimer et à désirer ce qu'il a, et négligera le fait de vouloir plus.

UNE TROP GRANDE CONCENTRATION SUR LA SATISFACTION INTÉRIEURE PEUT BLOQUER LA RÉUSSITE EXTÉRIEURE

La moindre réaction suspecte, la plus petite sensation de contrariété éveillera en lui honte ou culpabilité. Même si les concepts positifs précédemment évoqués sont indéniablement essentiels, nous devons aussi reconnaître l'importance de nos émotions négatives, qui constituent une porte ouverte sur nos aspirations et nos sentiments profonds.

La réussite personnelle combine le bonheur intérieur, ou spirituel, et la satisfaction extérieure, ou matérielle. Nous devons nous assurer qu'à travers la pensée positive, nous ne réprimons ni notre négativité, ni nos désirs intenses. En ce sens, cette doctrine peut se révéler trop limitative, si l'on fait abstraction d'un principe primordial : il nous faut aussi adopter une attitude positive face à *tout* ce que nous ressentons et face à ce que nous voulons dans l'existence.

13

Découvrir son étoile magique

Je me rappelle encore le jour où ma fille Lauren découvrit pour la première fois la magie qu'il y a à exprimer un vœu en étant convaincu qu'il se réalisera un jour.

Cela survint à l'occasion de vacances à Hawaï. Alors que j'effectuais quelques achats dans une librairie, elle remarqua, bien qu'ayant cinq ans à peine, une boîte qui contenait, disait-on, des « étoiles magiques ». À l'exemple de tous les enfants, Lauren voulut aussitôt en savoir davantage, et moi, souhaitant satisfaire sa curiosité, je m'emparai d'une boîte et parcourus la notice qui disait à peu près ceci : « Fermez les yeux et tenez une étoile magique contre votre cœur. Puis faites le vœu qui vous plaira et vous verrez qu'il se réalisera. »

Cette révélation mit Lauren dans un état d'excitation tel qu'on aurait cru qu'elle avait fait la découverte de sa vie. Elle me demanda, en écarquillant de grands yeux : « Je peux vraiment demander tout ce que je veux ? » Après que je lui eus répondu par l'affirmative, il ne me resta plus qu'à m'exécuter et lui offrir une boîte de ces fameuses étoiles.

Alors que nous nous promenions sur la plage, je la regardais, toute à sa joie, serrer l'étoile contre son cœur en prononçant toutes sortes de vœux dans un bonheur sans mélange. Plusieurs heures s'étaient écoulées quand, finalement, elle me demanda : « Dis, papa, pourquoi mes vœux ne se sont-ils pas réalisés ? » Et moi de penser : « Mon Dieu, que vais-je bien pouvoir répondre ? »

Par bonheur, je n'eus pas à le faire, car Bonnie, ma femme, me tira de ce mauvais pas en déclarant : « Aussi longtemps que tu garderas le cœur ouvert à ce qui t'entoure, tes vœux se réaliseront. Mais cela n'arrive pas toujours du premier coup ; cela prend parfois du temps ; c'est pourquoi tu devras apprendre à être patiente. » Lauren parut se satisfaire de cette réponse, car son enthousiasme ne fut en rien entamé.

Par cette simple déclaration, Bonnie venait de résumer le secret de la réussite : garder le cœur et l'esprit ouverts, tout en faisant preuve de persévérance, ce qui explique probablement aussi qu'elle ait une vie heureuse et comblée. Dès lors, on comprend pourquoi bien des gens perdent toute capacité à réaliser leurs projets : dès l'instant où ils n'obtiennent pas sur-le-champ ce qu'ils désirent, ils baissent les bras et cessent aussitôt d'y croire, même s'il est connu que le succès repose avant tout sur la volonté et l'obstination.

Le principe pourrait se résumer ainsi : « J'obtiendrai ce que je veux parce que je le veux vraiment, mais aussi parce que j'ai la sincère conviction de l'obtenir un jour. » De cette façon, désir et confiance se combinent dans un seul et même axiome.

Savoir ce que l'on veut vraiment

C'est par la connaissance de soi et un contact permanent avec ses plus profonds désirs que l'on parvient à trouver son « étoile magique ». Rester concentrés sur nos véritables objectifs permet d'accroître progressivement notre capacité à nous accomplir, d'abord dans notre esprit, puis dans notre cœur, et, pour finir, dans nos actes.

Mais savoir ce que l'on veut vraiment est moins facile qu'il n'y paraît de prime abord. De nombreux facteurs peuvent nous en détourner comme, par exemple, l'amertume que l'on conçoit en pensant que cela ne se réalisera jamais. Pourtant, c'est essentiellement la peur – peur de l'échec, surtout – qui nous empêche de reconnaître ce à quoi nous aspirons le plus.

Quand, voilà vingt-huit ans, je commençai à donner des conférences, ma peur et mon anxiété dominaient l'ensemble de mes sentiments. Prendre la parole me rendait affreusement nerveux justement parce que j'avais des dons naturels pour cela, ce qui, du reste, ne s'est pas démenti par la suite. Rater un discours m'aurait anéanti, alors qu'échouer en tant que pro-grammeur informatique, par exemple, m'aurait laissé à peu près indifférent, sachant que je n'avais aucune disposition pour ce genre de profession. La peur de l'échec est d'autant plus grande que ce que l'on a entrepris nous tient à cœur. C'est une chose que d'être critiqué pour les vêtements que l'on porte, une autre que de l'être à cause de ses désirs ou de ses convictions.

Dévoiler notre véritable personnalité nous rend inévitable-ment vulnérables ; la moindre critique, le moindre rejet pren-nent alors des proportions démesurées et nous conduisent à nous interroger sur nous-mêmes et sur notre passé. En ce qui me concerne, mon anxiété n'était que le reflet de problèmes antérieurs que, pour diverses raisons, je n'avais pu résoudre. Et c'est en apprenant à m'accommoder de mes échecs et de mon impuissance qu'en l'espace de quelques mois, je parvins à me libérer de cette anxiété.

Cette expérience m'apprit aussi que la peur est d'autant plus grande qu'on prend le risque d'être franc avec soi-même. Il arrive que nos propres aspirations nous échappent, simplement parce que nous sommes victimes de « blocages ». Exprimer nos véritables désirs comporte trop de risques, alors nous nous en détournons ; c'est pourquoi, si nous voulons vraiment décou-vrir notre potentiel actif et acquérir une meilleure confiance en nous-mêmes, nous devons, tout d'abord, prendre conscience des facteurs qui nous ont conduits à nier nos véritables aspirations.

Confiance, constance et aspirations

Il suffit qu'un désir ne soit pas satisfait pour que nous y renoncions d'une manière ou d'une autre. Nous ne nous en préoccupons plus, nous n'aspirons plus à le voir se réaliser et nous cessons bientôt d'y croire. Quand un homme renonce à une idée, il cesse aussitôt d'y penser ; quand c'est une femme, elle cesse d'y croire. Dans un cas comme dans l'autre, chacun aura perdu espoir. Or, l'espoir est un élément déterminant de notre existence, car il nous permet de rester conscients de notre aptitude à ressentir pleinement nos aspirations.

Confiance, constance et patience sont les ingrédients néces-saires à la réussite. Nécessaires parce qu'ils favorisent un contact permanent avec nos véritables désirs. En cas d'échec, il est important de ressentir profondément sa tristesse et sa déception. Pourquoi certains personnages riches ou célèbres vivent-ils de nombreux conflits ? Pourquoi sont-ils constamment sous médication ? Simplement parce qu'ils ont de puissantes aspirations, et que cela les contraint à une vie trépidante. J'en veux pour exemple la cérémonie des Academy Awards, où les participants rivalisent d'urbanité et de gentillesse, quand il est notoirement connu que, sous leurs dehors policés, se cache un océan de jalousie, d'angoisse et d'appréhension. Si certains connaissent honneurs et consécration, autrement nombreux sont ceux qui éprouvent de la rancœur ou de l'amertume, quand ils ne sont pas dévorés d'une haine inexpiable.

Cependant, si intenses soient-elles, ces émotions ne doivent pas gâcher notre existence. C'est en sachant nous accommoder de nos sentiments et évacuer nos émotions « négatives » que ces sentiments peuvent souvent se révéler bénéfiques et nous aider à persévérer et à juguler la colère, la jalousie et la frustration qui nous assaillent quand quelqu'un d'autre a obtenu à notre place ce que nous désirions. Lorsque nous échouons, ou que nos résultats ne répondent pas à nos attentes, nous éprouvons des regrets, un certain embarras, et parfois même de la honte. Prendre le risque d'éprouver de tels sentiments, et même pire, est un phénomène tout à fait naturel quand on désire ardemment quelque chose.

Éprouver des émotions et s'y abandonner

Notre persévérance participe du contact que nous maintenons avec nos sentiments. En outre, les reconnaître et les analyser nous apportera un surcroît de confiance. C'est en adoptant une telle attitude que nous pouvons aller de l'avant et rester ouverts aux occasions favorables à la réalisation de nos attentes. Les femmes sont généralement très conscientes de leurs émotions, sans pour autant s'y abandonner ; cela, souvent au rebours des hommes qui, eux, les méconnaissent peu ou prou, tout en s'y abandonnant avec plus de facilité.

C'est par la somme d'énergie que mettra l'homme dans la concrétisation de ses désirs que s'établira le degré de contact avec ses propres sentiments. En d'autres termes, plus il se cramponnera aux objectifs qu'il se sera fixés, plus grande sera sa déception en cas d'échec, avec, néanmoins, pour résultat une foi accrue en ses convictions. Prendre des risques calculés et aller au bout de lui-même lui permettra de mieux percevoir ses émotions. En revanche, les faire partager ne revêtira pour lui qu'une importance secondaire.

PRENDRE DES RISQUES CALCULÉS ET ALLER AU BOUT DE LUI-MÊME PERMETTRA À UN HOMME DE MIEUX PERCEVOIR SES ÉMOTIONS

Une femme peut gagner en assurance et apprendre à se libérer de ses émotions négatives en se concentrant sur la connaissance des désirs et des besoins profonds que cachent souvent de douloureuses expériences. Dès lors qu'elle établit un lien avec ses aspirations, son potentiel s'épanouit et lui procure l'assurance dont elle a besoin. En revanche, prendre des risques et aller au bout d'elle-même est moins important à ses yeux que partager ses émotions dans un contexte favorable, car le soutien qu'elle y trouvera contribuera grandement à lui faire prendre conscience de ses aspirations.

PARTAGER SES ÉMOTIONS DANS UN CONTEXTE FAVORABLE AIDERA UNE FEMME À PRENDRE CONSCIENCE DE SES ASPIRATIONS

Une importante caractéristique dans l'aptitude de la femme à gagner en assurance réside dans l'expression de sa propre valeur. Pour autant qu'elle ressentira plus profondément ses désirs et ses émotions, elle commencera à reconnaître ses mérites. En prêtant l'oreille à ses sentiments profonds, elle saura s'affirmer et renoncer à toute émotion qui lui serait préjudiciable.

Le fait qu'un homme parvienne à maintenir un lien avec ses désirs et ses sentiments contribue à accroître sa constance et sa ténacité. Sitôt qu'il peut « sentir » la chose à laquelle il aspire, la conviction de pouvoir y accéder se fait jour. Il redouble d'assurance et sent le succès à portée de main. S'accorder le temps de passer en revue ses objectifs et de percevoir les émotions concomitantes lui permettra de parvenir à ses fins, et même d'aspirer à davantage, pour peu qu'il en conçoive le désir.

Sitôt que nos aspirations sont très fortes, notre instinct nous dicte les limites du possible. Ces limites nous apparaissent clairement, et notre surcroît d'assurance et de persévérance stimule notre capacité à réaliser nos désirs. Il suffira alors de concentrer notre attention sur la réalisation de ces désirs pour que toute notre vie en soit imprégnée. Non seulement notre imagination s'en trouvera exaltée, mais tout ira dans le sens de notre réussite.

Pour augmenter ses chances de réussite, le secret consiste à recenser toutes les émotions consécutives à un échec et à les évacuer. Ce processus effectué, on prend alors la mesure de ses désirs profonds. C'est en nous ouvrant à notre véritable nature que nous trouvons à nouveau le pouvoir de réaliser ce à quoi nous aspirons et de continuer à apprécier ce que nous possédons déjà.

Le processus du renoncement

Lorsque nous ne savons comment nous défaire de nos émotions négatives – que nous appellerons ici déceptions ou désillusions –, le meilleur moyen reste encore le renoncement. En fait, le processus est simple : si le fait de ne pouvoir satisfaire un désir nous tourmente, il suffit d'y renoncer, ou alors d'en changer en sorte qu'il soit à la hauteur de nos aptitudes et réciproquement. En agissant ainsi, nous sommes assurés de n'être jamais déçus. Si certaines personnes s'en trouvent très heureuses, elles se demandent cependant pourquoi elles sont désabusées ou comment il se fait qu'elles n'obtiennent pas plus que ce qu'elles espéraient.

Bien des anecdotes illustrent cette attitude de renoncement. Cependant, à titre d'exemple je dirai simplement que lorsque l'on a, sa vie durant, souhaité posséder une villa sur la Côte d'Azur et que, la soixantaine sonnant, on se rend compte que ce rêve ne se réalisera jamais, il n'existe pas meilleure consolation que de se dire qu'on a toujours préféré la montagne à la mer, a fortiori si l'air salin ne nous convient pas.

C'est, au demeurant, la manière la plus efficace de nous libérer de nos aspirations les plus tenaces lorsque l'on sait qu'elles ne se concrétiseront jamais. Bonne ou mauvaise, chacun de nous possède son étoile. Tout ce que nous avons à faire, c'est veiller à ce que nos espoirs et nos ambitions soient à la mesure de nos aptitudes à les réaliser.

Si, d'un coup de baguette magique, l'on pouvait oublier tous nos renoncements, non contents d'être plus heureux dans la vie, on exaucerait sur-le-champ bon nombre de ses désirs. Croire en l'avenir, c'est ouvrir la porte à toutes sortes de possibilités. Aussi faut-il croire et demander, car ne rien demander équivaut à ne rien obtenir. Entre l'assurance fondée sur la réalisation de nos désirs, la prise de conscience de nos désirs véritables et notre capacité de les concrétiser, nous détenons les trois principales clés du succès.

Le tort d'être aimable

Les gens qui renoncent à leurs désirs ou qui les nient sont des gens pragmatiques. La plupart d'entre nous ont une propension à croire qu'il existe une justice immanente, qu'un bienfait nous est toujours rendu, que l'on ne récolte que ce que l'on sème, etc. Cela n'est vrai qu'en partie. Comment croyez-vous qu'Harpagon remplit sa cassette de pièces d'or ? Par quel moyen pensez-vous que les dictateurs accèdent au pouvoir suprême ? Et comment se fait-il que les meilleurs d'entre nous finissent parfois bons derniers ?

Dans tous les cas, la réponse réside dans le refus, la négation, le renoncement. Tous les Harpagon et tous les dictateurs du monde ne se soucient guère des sentiments d'autrui. Ils se bornent à mettre en œuvre ce qu'ils ont décidé de faire et à désirer passionnément la chose à laquelle ils aspirent. Il n'y a aucun mal à faire le bien, bien au contraire, sauf que cela sous-tend parfois une forme d'abnégation.

Pour atteindre les objectifs que l'on s'est fixés, il n'est pas même nécessaire de croire en Dieu : les mécréants millionnaires ne manquent pas. On pourrait même se risquer à dire que leur absence de foi aura contribué à leur réussite car ils ne se seront fiés qu'à eux-mêmes, et non pas à une intervention divine qui aurait aliéné leur véritable potentiel.

C'est en désirant ardemment quelque chose que l'on parvient à l'obtenir, car les réponses à nos désirs sont toutes inscrites dans l'univers, sauf que l'on n'obtient que ce que l'on a farouchement désiré. Cela induit la sacro-sainte notion de libre arbitre, qui nous permet d'opter pour le paradis ou pour l'enfer, non pas *post mortem*, mais notre vie durant.

Tout désir profond recèle en lui le moyen d'y accéder, que l'on soit croyant ou pas. L'unique foi qui soit essentielle est celle que l'on a en soi. De fortes convictions sont porteuses de confiance en soi qui, elle-même, est génératrice de persévérance, d'ardeur et de détermination.

C'est dans l'adversité, quand on essuie des revers et des déceptions, que l'on met à l'épreuve la confiance que l'on se porte. Cette assurance favorise l'évacuation des pensées défaitistes qui, autrement, feraient obstacle à notre persévérance. L'ambition aveugle conduit toujours au succès social et matériel. Néanmoins, comme nous l'avons dit plus haut, il advient parfois que ce succès soit en rupture avec nos aspirations ou notre personnalité profondes.

Quel qu'en soit le degré, parvenir au succès et à la reconnaissance générale en ayant trahi sa propre personnalité ne procure qu'un inextinguible sentiment d'insatisfaction que l'on ne contrebalancera qu'au prix de nombreux compromis. De quelque nature qu'il soit, le succès matériel – ou même l'échec – n'est nullement lié à l'accomplissement de soi, tout comme l'accomplissement de soi n'est nullement lié à quelque forme de succès que ce soit. Pour autant qu'on le veut vraiment, l'atteindre n'exige, en général, que peu d'efforts. La véritable réussite passe, en substance, d'abord par l'accomplissement de soi, et ensuite par la réalisation de ses désirs.

Pour ce qui est d'en appeler à Dieu, la démarche contribuera à rendre le processus de réussite moins difficile moralement quoique toujours hasardeux. Il est de fait qu'une foi trop grande aveugle et affaiblit. La grâce divine ne peut nous assister que dans les tâches impossibles, et c'est seulement en prenant de l'assurance que l'on accède à sa propre indépendance. Dieu nous vient en aide dès l'instant où nous voulons aller au bout de notre effort, en faisant de cette volonté un droit imprescriptible pour chacun d'entre nous. C'est par ce biais que nous gagnons en assurance, mais acquérons aussi la foi. Les miracles ne surviennent qu'après que l'on a fait tout son possible, et servent surtout à nous faire comprendre que rien ne nous est définitivement interdit.

Les heureuses coïncidences

Observons un exemple récent : au moment où le jeu *Les hommes viennent de Mars* fut lancé dans le commerce, j'allai à New York pour en faire la promotion. Cela faisait des mois que j'espérais rencontrer les têtes dirigeantes de la maison de jouets Mattel pour leur faire part de quelques suggestions sur la meilleure façon de promouvoir le jeu ; mais, en raison d'emplois du temps de part et d'autre très chargés, je n'y étais jamais parvenu.

Pourtant, je n'étais pas arrivé à New York, qu'un de mes interlocuteurs se décommanda. Je décidai aussitôt de mettre ce contretemps à profit pour visiter la foire du jouet, histoire de juger *de visu* de la manière dont le jeu était présenté. Au cours des vingt petites minutes que dura cette visite, j'eus la chance d'être présenté au président de Mattel, à son président-directeur général ainsi qu'à son vice-président. Tant et si bien qu'au moment où les responsables des achats de Toys R Us se présentèrent au stand, j'étais à même de formuler quelques idées pour la promotion du jeu. Ce jour-là, chacune de ces rencontres fut fortuite. Je ne les devais qu'à ma bonne fortune : j'en avais exprimé le désir, et cela s'était réalisé.

Bonnie, ma femme, appelle ce phénomène le « correctif de Dieu » : connaît-elle un revers ou une déception, qu'elle reste persuadée que certains correctifs surviennent tout naturellement, en sorte que les événements espérés se produisent au moment opportun. Sans mon rendez-vous annulé, la rencontre avec les gens de Mattel n'aurait jamais eu lieu ; rencontre qui, au surplus, se révéla plus fructueuse que mon rendez-vous prévu de longue date.

Est-il nécessaire de préciser que, quelques semaines auparavant, après une séance de méditation, je m'étais vu en grande conversation avec les dirigeants de Mattel ? Je vous laisse imaginer ma déception quand j'appris que, pour de simples raisons d'agenda, il me serait impossible de les rencontrer. Pourtant, sans autre volonté que celle du hasard, ce que j'espérais arriva.

Je profitai, ce jour-là, de la chance qui m'était donnée pour exposer mes vues sur la campagne publicitaire du jeu auprès des responsables de Toys R Us, afin que leurs réserves fussent suffisamment approvisionnées pour les fêtes de Noël. Si j'en crois les échos qui me sont parvenus par la suite, j'ose croire que j'avais fait du bon boulot. Par un heureux hasard, les projets que je nourrissais depuis de longues semaines venaient de se réaliser au-delà de mes espérances.

C'est un phénomène qui se produit fréquemment, pour peu que nos attentes soient clairement définies. Au début, on pense avoir eu une chance inouïe, mais après réflexion, on se rend compte que cette chance n'a été, en fait, que la conséquence d'une intention expressément établie, mais pour l'aboutissement de laquelle l'intuition et la volonté personnelles ont tenu une place prépondérante.

Définir ses intentions équivaut, par voie de conséquence, à se donner confiance. Le secret de la chose réside dans le désir de commencer petit, de s'en tenir au probable. C'est ensuite, seulement après que nos intentions se sont réalisées, qu'on se risque à pousser une porte ouvrant vers d'autres possibilités. Dès lors que le succès se poursuit, il nous est loisible de prendre la pleine mesure de nos compétences.

Qu'un désir soit comblé, et notre foi, notre assurance et nos convictions s'en trouvent d'autant accrues. Définir nos intentions de façon quotidienne nous apprend que l'existence n'est qu'une suite de petits miracles, parfois de grands – mais rarement –, et que les événements s'organisent autour de nous et à notre insu, sans que nous puissions intervenir. J'en veux pour exemple les gens qui changent de comportement en un clin d'œil, simplement par le caractère de la relation qu'ils établissent avec autrui. Par ailleurs, on peut aussi s'autoriser à dire que tous les miracles se valent. Le simple fait de bouger le petit doigt en est déjà un. Mais, fût-il l'œuvre de Dieu, nous le tenons malgré tout pour acquis. Définir clairement ses intentions, c'est faire en sorte qu'elles se réalisent, et, partant, découvrir les pouvoirs qui sommeillent en nous.

Feux verts, feux rouges

Notre comportement change à mesure que nous acquérons de l'expérience et de l'assurance. Au lieu de maugréer contre les feux rouges, nous nous réjouissons de voir s'allumer des feux verts dans tout ce que nous entreprenons. Nous nous arrêtons davantage aux gens qui nous aiment qu'à ceux qui nous détestent ou qui recherchent la confrontation. Au lieu de nous plaindre de ce qu'il nous manque, nous nous mettons à apprécier pleinement ce que nous possédons déjà ; plutôt que de nous appesantir sur nos erreurs et de nous en sentir prisonniers, nous jouissons de notre liberté d'action et poursuivons allègrement notre chemin. En un mot comme en cent, quand notre existence abonde en feux verts, un feu rouge occasionnel ne peut que nous laisser indifférents.

Je vois encore ma fille Juliet pestant au volant de ma voiture sous prétexte qu'elle se heurtait à un feu rouge à chaque carrefour. En réponse, je lui proposai de tenter une expérience : en l'espèce, faire le tour de la ville afin de vérifier si tous les feux que nous rencontrerions seraient effectivement rouges.

Juliet eut tôt fait de se rendre compte que nous avions le plus souvent le feu vert. Alors, pourquoi réagissons-nous ainsi ? Simplement parce qu'un feu vert se passe rapidement et qu'on le remarque à peine, alors que le feu rouge nous contraint à l'immobilisation. Or, à différents degrés selon notre tempérament, notre nature nous porte vers le mouvement, et c'est la raison pour laquelle nous ressentons chaque arrêt comme un obstacle.

VOIR LES FEUX VERTS
ET PAS SEULEMENT LES ROUGES

Cet exemple illustre on ne peut plus clairement la perception que la plupart des gens ont de l'existence : ils se demandent sans cesse pourquoi tant de feux rouges se dressent devant eux. À ceux-là je donnerai deux réponses : soit ils souffrent d'un senti-ment d'iniquité, soit ils n'attendent pas grand-chose de l'exis-tence. Les mauvaises expériences aidant (si l'on ose s'exprimer ainsi), ils finissent par croire que leurs espoirs ne se réaliseront jamais, quand il leur suffirait de s'ouvrir à ce qui les entoure et d'en remercier le ciel pour prendre conscience des multiples pos-sibilités qui s'offrent encore à eux. Le simple fait d'exprimer sa gratitude suffit à accroître sa foi et sa confiance en soi. Bien plus salutaire que de se confondre en remerciements est la sincère reconnaissance que l'on exprimera chaque fois qu'un bienfait nous est spécifiquement échu.

Pour vaincre sans combattre il suffit de s'adresser à Dieu. Les gens qui ont foi en eux-mêmes en ont le pouvoir, quoiqu'ils doivent soutenir un effort continu. En invoquant la miséricorde divine, la vie pèse moins lourd, certes, mais encore faut-il s'y soumettre. Là aussi, c'est une question de choix. Les anges n'at-tendent qu'un signe de nous pour voler à notre secours, à défaut de quoi ils restent sur leur quant-à-soi, surtout en nous enten-dant dire : « Bon Dieu, si tu existes, qu'est-ce que tu attends pour intervenir ? »

Les anges attendent notre appel

Bien des gens ne sollicitent pas l'aide de Dieu sous prétexte qu'ils s'en trouvent indignes. Mais en croyant en Dieu et en Sa toute-puissance, on s'avise alors que Ses pouvoirs sont infinis et qu'il n'existe pas de limite à Sa munificence. Avec Lui, trop ce n'est pas encore assez car, si humble soit-elle, toute créature mérite Sa protection. Si les parents n'ont d'autre préoccupation que d'aider leurs enfants, avec Dieu, c'est la même chose, sauf que Dieu est tout-puissant, et que rien, à Ses yeux, ne constitue moins une offense que d'implorer son aide.

Tout ce que Dieu attend de nous, c'est que nous sollicitions son aide

Nous aliénons de nous l'intervention divine et notre poten-tiel actif en réprimant notre volonté et nos désirs profonds. Alors que notre prise de conscience se fait plus aiguë et plus étroite notre relation avec Dieu, la différence entre la volonté du Seigneur et la nôtre est infime. Les torrents d'amour qu'Il déverse dans notre cœur nous raffermissent dans nos désirs et nos convictions. En ces instants heureux, la volonté de Dieu et la nôtre se juxtaposent pour n'en faire qu'une. Plus étroite est notre relation avec Dieu, plus fort est notre pouvoir.

Être conscient de ses renoncements

Un jour, alors qu'elle n'avait que six ans, je regardais ma fille déployer mille et un efforts pour attirer mon attention. « Cesse d'ennuyer papa, Lauren », intervint Shannon, ma cadette, à qui Lauren rétorqua aussitôt : « J'ai eu une journée difficile, je voulais seulement que papa me raconte une histoire. » Étonné de voir à quel point ma petite fille pouvait avoir de la suite dans les idées, je lui promis de lui faire la lecture dans les instants qui suivraient. À compter de cet instant, je la vis attendre patiemment, heureuse de s'être fait comprendre et confiante en ma promesse.

J'entends par là que nombre d'enfants sont perturbés parce qu'ils présument que, s'ils n'obtiennent pas ce qu'ils veulent, c'est que nous ne comprenons pas leurs besoins. Perturbés, ils le deviennent plus encore quand ils ne savent pas ce qu'ils veulent. Paradoxalement, ils acquièrent aussi cette perception quand ils obtiennent toujours ce dont ils ont envie.

Selon le soutien que nous avons reçu en grandissant, nous sommes plus ou moins aptes à ressentir et à exprimer nos besoins et nos désirs. Encore une raison pour laquelle la perception de nos sentiments « négatifs » est si importante : pour peu que nous nous abandonnions à nos ressentiments et sondions l'intérieur de nous-mêmes, nous sommes en mesure de reconnaître nos véritables aspirations.

Dès l'instant où nous faisons le plein d'amour, ces aspirations commencent à faire surface. Notre penchant pour le renoncement s'atténue. La moindre velléité tendant à nous détourner d'un sentiment ou d'un désir suffit à le rendre capital à nos propres yeux.

14

Renoncer à résister

Comment se fait-il que lorsque nous fuyons désespérément une chose, elle a tendance à nous poursuivre ? Très souvent persiste ce à quoi l'on résiste. Mais, sauf récriminer, qu'y pouvons-nous ? Voilà une autre notion qui nous empêche le plus souvent d'atteindre le résultat escompté. Nous pensons en effet qu'il suffit de résister pour être libéré. Eh bien, c'est faux. Dans bien des cas, c'est, au contraire, en cessant de résister que nous pourrons poursuivre notre chemin.

Résister, cela revient, en vérité, à aggraver une situation déjà difficile, allier notre énergie à celles qui s'opposent à nous, consacrer l'entièreté de notre attention à un problème donné, et réagir avec la conviction que nous sommes impuissants, uniquement parce que ce problème et les circonstances qui l'entourent sont indépendants de notre volonté.

Prenons quelques exemples : au travail, les personnes à qui nous nous opposons le plus sont, très souvent, celles à qui nous avons affaire journellement. Résister à nos enfants revient, d'une certaine façon, à leur conférer un sentiment de force qu'ils ne possèdent pas. Résister à une envie, c'est aspirer à la satisfaire à n'importe quel prix. Résister à une facture, c'est la rendre plus pénible à acquitter, etc. Par une étrange coïncidence, il suffit de résister à une chose pour que sa force s'en trouve augmentée.

Par notre résistance, nous nous détournons de nos objectifs en occultant notre pouvoir créatif. Concentrer nos énergies sur ce que nous refusons amoindrit notre faculté d'obtenir ce que nous désirons. Rien n'est plus difficile que de rester convaincus que nos rêves se réaliseront, quand ce qui nous est refusé accapare l'ensemble de nos pensées, et de prendre conscience de la chance qui nous est donnée, quand on la cherche désespérément ailleurs.

Ce n'est pas qu'il faille pour autant ignorer toutes les choses que nous rejetons, mais, plutôt que de leur résister, ramenons-les à de justes proportions, et concentrons-nous sur nos véritables objectifs. Notre faculté à préparer l'avenir n'est qu'une question d'approche et de comportement. Au lieu de résister, prenons conscience des émotions qui nous affligent et libérons-nous-en. Cela fait, nous pourrons alors nous projeter en avant.

Résister renforce la croyance selon laquelle nous ne pourrons jamais concrétiser nos aspirations. Inconsciemment, nous rassemblons les éléments qui tendent à prouver notre impuissance, et nous nous coupons de notre pouvoir créatif. Créer, c'est croire avant toute autre chose. Le pouvoir de la pensée est beaucoup plus grand qu'on ne saurait l'imaginer. Quatre-vingt-dix pour cent de nos gains, nous les devons à la pensée, les dix autres, à nos actes. Si l'on n'obtient pas ce que l'on veut, c'est que l'on a encore des réticences enfouies au fond de soi. Mais garder la foi, même dans l'épreuve, nous renforce dans notre ardeur et dans nos convictions.

CRÉER, C'EST SURTOUT CROIRE

C'est au moment où nous doutons de nous-mêmes que nous commençons à nous opposer vainement à la terre entière. Au lieu de prendre conscience de nos acquis et de nous employer à améliorer notre sort, nous engageons tous nos efforts à nous opposer à ce que nous possédons déjà.

Résister à une personne ou à une situation donnée infléchit la trajectoire de nos désirs. Au lieu de paix et de bonne coopération, on se prépare au conflit et à la rupture. Au lieu de souhaiter le parachèvement d'un projet, on gaspille une énergie formidable à s'y opposer. Au lieu d'approfondir certaines relations, on s'appliquera à ce qu'un tel ou une telle cesse d'avoir tel ou tel comportement. L'attention se fixe alors sur tout ce que nous rejetons, et les pensées sur les instants où nous nous sommes sentis lésés, alors que, *a contrario*, nous devrions garder en mémoire nos véritables désirs et les nombreuses fois où ils ont été exaucés.

Au comportement de nos proches nous nous opposons avec le sentiment qu'ils ne nous aiment pas. Plutôt que de vouloir leur bien, et de leur manifester quelque intérêt, nous sommes à l'affût du moindre écart de conduite, du plus petit faux pas susceptible de nous décevoir. En résistant à une situation donnée, nous dilapidons inutilement notre énergie, toujours au détriment de nos véritables objectifs. Ce à quoi l'on résiste persiste. Dans le bien comme dans le mal, tout ce qui retient notre attention ne fait que s'accroître. En s'attelant à un objectif dans un esprit de conflit, on s'attire tout ce qui s'y oppose.

TOUT CE QUI RETIENT NOTRE ATTENTION CROÎT EN IMPORTANCE

Résister à une idée, c'est continuer à l'alimenter et, partant, à admettre implicitement son existence. Résister, c'est aussi désespérer, et le désespoir naît de l'absence de foi.

RÉSISTER, C'EST AUSSI NOUS CONVAINCRE QUE NOS ESPOIRS SERONT FORCÉMENT DÉÇUS

Imaginons un instant qu'on s'attende à recevoir un chèque de cinq millions de francs ; dès lors, rien ne s'oppose à ce que l'on paie ses factures. À l'inverse, on les acceptera de plein gré sans chercher à en repousser le règlement. Dans cet exemple, on n'oppose pas de résistance, parce qu'on est confiant en nos ressources pécuniaires.

Supposons aussi que la personne de qui l'on partage l'existence soit souffrante, mais qu'on ait l'intime conviction qu'elle guérira bientôt. On n'hésitera pas à prendre la relève et à s'occuper d'elle, sans se soucier d'être ou non payé en retour. Plutôt que de s'opposer à la maladie, on suivra son évolution en sachant qu'elle disparaîtra bientôt. Cette confiance en soi vient de ce que l'on ne se sent pas d'entraves, et c'est par le biais d'une perception semblable que nous comprenons que, pour toucher au succès, il faut abandonner toute volonté de résistance.

Le succès et la confiance en soi sont concomitants et agissent concurremment. Tous deux procèdent du même principe, à savoir celui de la boule de neige. Plus nous réussissons dans nos entreprises, plus nous gagnons en assurance, et réciproquement. À cela s'ajoute un enthousiasme grandissant, révélateur de ressources méconnues et qui nous ouvre des voies jusqu'alors inespérées.

Une fois partis, il ne nous reste plus qu'à poursuivre sur notre lancée. Rien n'engendre le succès comme le succès. Acquis à cette notion, nous pouvons alors comprendre toute l'importance qu'il y a à définir journellement ses objectifs. Les atteindre nous permet à chaque fois de prendre la juste mesure de notre potentiel à réaliser nos ambitions. Ne pas nous satisfaire de ces petits miracles reviendrait à nous en aliéner de plus grands, et nous borner à résister à ce qui nous agresse.

Rien n'engendre le succès comme le succès

Pour connaître le succès, nous devons ressentir nos désirs et agir dans leur sens. Cependant, au cours d'une journée, bon nombre de nos désirs ne sont le fait que des sentiments de résistance ou de rejet qui nous assaillent. Ces sentiments-là sont, en réalité, de faux désirs qui, au lieu d'aller dans le sens de nos espérances, drainent une grande part de notre énergie, et accentuent notre impression d'impuissance à atteindre nos objectifs.

Tout rejet accroît notre impression d'impuissance à atteindre nos objectifs

Admettons que l'on se trouve pris dans un embouteillage. Pour peu que l'on soit pressé, on souhaite que les autres voitures avancent, alors qu'en fait, ce qui importe le plus, c'est de ne pas rester coincé dans la circulation. En s'opposant à la densité de la circulation, on pense seulement à ce qu'on ne souhaite pas, ce qui suscite fatalement d'autres motifs de rejet. Partant, cela mène instinctivement à emprunter la voie la plus lente, et non la plus rapide. Ne serait-ce pas le cas que, mentalement, on en resterait intimement convaincu.

Comment se fait-il qu'au supermarché l'on choisisse la file la plus lente, surtout quand on est pressé ? La malchance n'y est pour rien ; c'est, au contraire, un phénomène très prévisible, et ce, pour les raisons que nous venons de citer.

C'EST TOUJOURS QUAND ON EST PRESSÉ
QU'ON PREND LA MAUVAISE FILE

Dans la circulation automobile, disions-nous, pour peu qu'une pensée nous tourmente, nous prendrons instinctivement la mauvaise file qui, infailliblement, se révélera la plus lente. Plus nous opposons de résistance, plus nous nous trouvons de raisons de résister. Il suffit de refuser d'attendre pour que l'attente s'éternise.

Les résurgences du passé

Voici une autre raison qui explique combien il est important de guérir des blessures du passé. Pour quelqu'un qui a souffert – sentimentalement ou autrement –, la préoccupation principale sera de faire en sorte que cela ne se reproduise pas. Il dressera alors tant de barrières, sa résistance sera telle qu'il recréera toutes les conditions pour souffrir du même mal, quand celui qui n'a jamais connu la souffrance se tournera vers des objectifs qu'il finira par atteindre, puisque ce sera sa seule préoccupation.

VIVRE DANS LA CRAINTE DE LA SOUFFRANCE,
C'EST SURTOUT SE CRÉER DES OCCASIONS DE SOUFFRIR

Quand le mauvais sort nous frappe, il est difficile de ne pas résister, surtout en des moments où nous n'aspirons qu'à une chose : oublier. Pourtant, tous les efforts que nous déploierons dans ce sens tendront à produire l'effet contraire, et même à prouver, comme dit l'adage, qu'un malheur n'arrive jamais seul. Mieux nous serons guéris de notre passé, moins ses fantômes viendront nous hanter. Sauf à nous résigner à notre malheur, nous serons condamnés à reproduire indéfiniment certains de ses schémas.

Nous désespérons-nous de rester seuls, que nous voilà aussitôt condamnés à la solitude. Vivons-nous dans la crainte d'être rejetés ou ignorés, que nos amis se détournent aussitôt de nous. Redoutons-nous une tâche astreignante, qu'elle nous est incontinent échue, etc. Il existe cent un exemples du même type qui prouvent que la peur de l'échec conduit infailliblement à l'échec.

LE REJET ABSOLU PRODUIT UN EFFET DIAMÉTRALEMENT OPPOSÉ

Apprendre à guérir des blessures du passé conduit à ne plus vivre dans la crainte de connaître de nouvelles souffrances. Parvenus à ce stade, nous sommes libérés de nos angoisses et nous pouvons nous pencher sur nos désirs. Ces désirs croîtront en force, au fur et à mesure que nous nous libérerons de nos douleurs passées. Et pour peu que nous lui résistions, que nous refusions de le regarder en face, ce passé viendra immanquablement nous hanter. Ne pas reconnaître ses sentiments, c'est se condamner à revivre des situations qui engendreront les mêmes sentiments. Outre interférer avec nos véritables objectifs, résister draine une somme d'énergie considérable. On devient une sorte de réservoir percé par où s'échappe une énergie très utile quand elle est bien canalisée.

Faisons l'expérience de recenser toutes les pensées négatives que nous avons eues au cours d'une journée : il est étonnant de constater à quel point nous sommes réticents dès qu'il s'agit de dénombrer toutes les barrières que nous avons levées. Et pour ce qui est d'en parler, c'est pire encore.

En effet, nos réflexions négatives dissimulent un monde de résistances et de réticences. Si la véritable gageure consiste à nous libérer de nos sentiments profonds, commençons par prendre garde aux mots que nous employons et à leur portée. Sitôt que nous reprenons confiance en nous-mêmes, nous commençons à comprendre que les événements qui surviennent sont souvent la conséquence des mots que nous avons utilisés.

Le pouvoir des mots est considérable, notamment quand ils sont le reflet d'une volonté réelle.

Le jeu de la résistance

Le jeu de la résistance peut être amusant. Ma fille Lauren et moi y jouons parfois. Un jour que nous faisions des courses, j'observai tous les commentaires « négatifs » qui nous venaient aux lèvres, puis suggérai que nous formulions nos pensées autrement. Nous en fîmes un jeu rigolo, en sorte que ne subsistât aucune vraie résistance à notre bonne volonté. En voici quelques exemples :

Je dis : « Les places de ce parking sont vraisemblablement toutes occupées » au lieu de suggérer : « Et si nous allions voir dans ce parking s'il y a des places disponibles ? » Ce que nous fîmes aussitôt, avec le succès escompté.

Lauren dit à son tour : « J'espère que nous n'attendrons pas trop longtemps, j'ai une foule de travail à faire », pour ensuite reformuler sa pensée en ces termes : « J'espère que nous ne ferons qu'entrer et sortir, cela me laissera assez de temps pour faire mon travail de classe. »

Au moment de sortir du magasin, plutôt que de déclarer : « Maman n'aimerait pas que nous arrivions en retard », j'optai pour : « Maman serait très contente si nous rentrions à l'heure. »

Arrivés chez nous, au lieu de : « N'oublions pas nos sacs dans la voiture », je choisis de dire : « Assurons-nous d'avoir tout emporté », etc.

Renoncer à l'affrontement

Ces mêmes principes prévalent dans notre vie intime. Plutôt que d'attacher de l'importance à ce qui nous dérange dans les attitudes et les réactions de la personne dont nous partageons l'existence, commençons par tourner notre attention vers les réponses que nous attendons d'elle. Au lieu de nous opposer à sa mauvaise humeur, employons-nous à nous montrer sous notre meilleur jour. Rappelons-nous les instants où elle faisait notre éloge.

Répétons-nous *in petto* que nous désirons être aimés d'elle et que nous tenons à son estime. Au lieu de penser : « Il (elle) ne m'aide plus en rien », remémorons-nous les instants où son aide nous aura été le plus précieuse. Le sentiment agréable que nous avons conçu à ce moment-là, efforçons-nous de le revivre en nous disant : « Je souhaiterais qu'il (elle) me propose à nouveau son aide. » En optant pour un tel comportement, on peut considérer le problème comme réglé à quatre-vingt-dix pour cent. Par une prise de position positive, nous commençons à croire que tout est encore possible. Il suffit ensuite de tenir bon pour voir que les choses se mettent naturellement à changer.

UNE ATTITUDE POSITIVE FAVORISE LA RÉALISATION DE NOS PROJETS

Dans nos rapports avec autrui, au lieu de nous plaindre, critiquer ou exiger, exerçons-nous à formuler des requêtes et à établir des constats de façon positive. Efforçons-nous d'éviter des expressions comme : « Tu n'as pas fait ceci ou cela », « Tu aurais dû… », « Tu n'as jamais… », « Pourquoi n'as-tu pas… », etc. Prenons plaisir à formuler nos phrases d'un point de vue positif et direct. Au lieu de dire : « Nous n'allons plus nulle part », disons plutôt : « Et si nous partions quelque part, ce week-end ? » Au lieu de récriminer : « Tu as encore oublié de sortir la poubelle », demandons à la place : « Voudras-tu bien sortir la poubelle, demain, s'il te plaît ? »

L'astuce réside dans le fait d'exprimer une requête sans qu'elle sous-tende une notion de reproche, de blâme ou de protestation. S'exprimer d'un ton léger ne nuira pas ; un peu comme si nous demandions aimablement à la personne qui nous est proche de nous passer le beurre, sans penser un instant qu'elle ne nous entendra pas.

PARTIR DE L'IDÉE QU'ON NE SERA PAS ÉCOUTÉ REVIENT À NE PAS ÊTRE ÉCOUTÉ

Si nous nous heurtons à certains comportements, apprenons à attendre le moment favorable, puis exprimons notre requête en termes brefs mais toujours empreints de cordialité. Armons-nous de patience et réitérons à l'occasion notre demande comme nous l'avons fait la première fois. Après quelques tentatives, la personne prendra conscience de son obstination, et nous sera reconnaissante de ne pas lui en tenir rigueur. Cette même approche s'applique à toute forme de relation, de quelque nature qu'elle soit.

Le pouvoir de la mémoire

À l'instar des expériences négatives qui sont une source perpétuelle de heurts et d'affrontements, souvenons-nous que les expériences positives contribuent, pour une large part, à nous donner confiance en nous-mêmes. En ce qui me concerne, chaque fois que je souhaite ardemment quelque chose, je m'emploie à rassembler mes meilleurs souvenirs.

Alors que je m'inquiétais de ne pouvoir écrire cet ouvrage dans les délais prescrits, je me rappelai le nombre de fois où j'avais respecté ces délais, où j'avais eu le sentiment de faire mon travail, et de le faire bien. Me remémorer les commentaires élogieux qu'on m'avait adressés alors a suffi à me renforcer dans ma conviction que je pourrais encore le faire, et je l'ai fait !

Ne pas nous efforcer de penser du bien de nous-mêmes nous ramène inévitablement vers nos craintes et nos doutes. J'ai beau en être à mon dixième ouvrage, il n'empêche que j'éprouve chaque fois les mêmes appréhensions. Tout à coup, écrire me rebute. J'ai peur. Peur d'avoir déjà donné le meilleur de moi-même, peur que l'inspiration me fuie, peur que l'ouvrage ne connaisse pas le même succès que le précédent, etc. Ces craintes sont on ne peut plus réelles et auraient pu devenir un obstacle si je n'avais su comment les juguler.

Avec plus ou moins de succès, tout écrivain, expérimenté ou non, doit faire face à ses appréhensions. À ce stade de création, nous devons avoir l'esprit clair, exempt de tout questionnement quant à la manière ou à notre capacité de faire ceci ou cela. Dès lors, tout va de soi, et – étonnamment – à chaque fois. Cela ne s'acquiert, cependant, qu'après de longues années de pratique, de persévérance, suite à bon nombre de déceptions, d'inquiétudes et d'interrogations. Après un succès, nous gagnons en assurance et en pouvoir créatif. Toutefois, force nous est d'admettre que le mérite ne nous en revient pas entièrement : nous faisons ce que nous pouvons, Dieu se charge du reste.

FAISONS DE NOTRE MIEUX, DIEU SE CHARGE DU RESTE

Prendre le temps et se remémorer nos expériences enrichissantes est essentiel si l'on veut gagner en assurance et renforcer sa foi. Cela relève du même principe consistant à reconnaître les feux verts, et non pas les feux rouges uniquement, c'est-à-dire les obstacles qui se dressent sur notre chemin. Garder en mémoire tous les feux verts que l'on aura rencontrés au cours de son existence suffira à accroître la confiance que l'on porte en soi. Et quand bien même il n'y en aurait que quelques-uns, il nous serait cependant loisible d'en créer d'autres, simplement en guérissant des blessures du passé. Ainsi, rattacher nos perceptions négatives à des situations antérieures nous ramènera vers notre passé, passé qu'il nous appartiendra de juger à l'aune de nos expériences, avec un regard plus mûr et plus indulgent. Si, quand nous étions enfants, nos parents étaient seuls détenteurs de la vérité, en tant qu'adultes, il est en notre pouvoir de revenir sur nos perceptions antérieures et d'y apporter les correctifs que nous jugerons utiles.

À un moment de notre enfance où nous avons eu l'impression d'avoir été abandonnés, nous ignorions qu'un jour nous serions en mesure de recevoir l'amour auquel nous aspirions. Nous nous disions en nous-mêmes : « Mes parents ne m'aiment pas », « Ils ne m'aimeront jamais », « J'ai dû faire quelque chose de mal », etc.

Il est notoire qu'un cerveau d'enfant n'est pas assez développé pour élaborer des raisonnements cohérents. L'enfance, avec toute la fragilité qui la caractérise, est le terrain propice à l'éclosion d'idées fausses ou convenues que nous entretiendrons jusqu'à l'âge adulte. Mais, bien qu'il ne soit pas possible de changer le passé, nous pouvons toujours corriger notre perception des événements qui nous auront le plus marqués et les sentiments que nous avons éprouvés à ce moment-là. À cette fin, il suffira de suivre les conseils exposés chapitre onze.

Apprendre l'amour de soi

En éprouvant une douleur émotionnelle, nous subissons, en quelque sorte, le contrecoup d'une croyance négative ou erronée. Cette douleur résulte toujours d'une fausse conviction. Notre esprit est persuadé d'une chose, et notre cœur soutient le contraire. Si notre peine tient à notre certitude de n'être jamais aimés, notre esprit d'adultes s'emploiera à réviser cette fausse opinion que nous avons de nous-mêmes, alors qu'enfants, nous n'avions pas conscience de notre capacité à nous faire aimer.

DANS LA DOULEUR, L'ESPRIT EST CONVAINCU D'UNE CHOSE,
MAIS LE CŒUR SOUTIENT LE CONTRAIRE

Si nous souffrons encore du sentiment d'avoir été mal-aimés, un retour sur ces instants recèle déjà en soi les prémices de notre guérison. Comment peut-on savoir, quand on est enfant, tout ce qu'on représente aux yeux de ses parents ? Ignorés, négligés ou, pire, maltraités, comment voulez-vous que nous prenions conscience de notre véritable personnalité, de notre propre valeur ? Moi qui vous parle, en tant qu'adulte, j'en viens parfois à oublier l'homme peu ordinaire que je suis. Par bonheur, dès que le doute me gagne, je sais comment réagir et, en un instant, ce doute est dissipé : il suffit pour cela de me rappeler le désarroi du petit garçon de sept ans qui s'était perdu en croyant que ses parents l'avaient abandonné. Quelques minutes durant, je revis mes angoisses et mes frayeurs, puis je me réconforte en me souvenant que ce même petit garçon était choyé par ses parents, que ces derniers n'ont jamais voulu l'abandonner, et que, ne fût-ce qu'à ce titre, c'était un enfant tout à fait normal.

Après ces instants où je revois aussi l'adolescent blessé que je fus jadis, je me rassure en me disant qu'un jour, je serai à mon tour aimé. Dès lors, j'ai acquis la conviction de mériter l'amour d'autrui, l'assurance que si les gens ne m'aiment pas, c'est leur faute et non la mienne.

Ainsi, en nous remémorant quelques épisodes difficiles de notre passé, nous pourrons à nouveau faire le plein d'amour. Pour rendre notre existence plus riche et plus féconde, il nous

faudra vivre de nouvelles expériences aptes à renforcer la confiance et l'estime que nous nous portons à nous-mêmes, et cela
notre vie durant.

15

Satisfaire tous nos désirs

Reconnaître et satisfaire l'ensemble de nos désirs est le fondement de notre véritable personnalité. Les désirs de notre âme seraient-ils garants de notre réussite personnelle, nous ne serions pas pour autant exempts de réaliser nos véritables aspirations. Ces aspirations, il en existe différentes sortes : aspiration de l'âme, de l'esprit, du cœur et du corps.

Sans épanouissement personnel, les désirs de notre âme restent hors de notre portée, tout comme un organisme passif ou d'une santé déficiente nous empêchera de combler les désirs de notre corps.

Outre constituer un gage de succès, être à l'écoute de nos désirs et les satisfaire confère un sens à notre vie. Toutefois, vouloir les satisfaire n'induit pas que nous devions peser sur eux, bien au contraire : plus ils se réalisent, plus ils s'harmonisent à notre personnalité. C'est seulement lorsqu'un désir est en symbiose avec tout ce qui constitue notre personnalité qu'il devient un véritable désir.

UN VÉRITABLE DÉSIR EST UN DÉSIR EN SYMBIOSE AVEC NOTRE PERSONNALITÉ

Il existe de nombreuses raisons qui conduisent à s'éloigner inconsciemment de ses véritables désirs : le fait qu'ils soient divers et parfois contradictoires pour ne citer que celles-là, comme notre esprit, qui rêve de puissance et de gloire à un moment où notre âme aspire à l'amour.

Avec une vision restreinte de ce qui l'entoure, cet esprit peut se consacrer à l'accumulation de biens matériels, sans égard pour ce qui touche au bonheur ou à l'amour ; si ce n'est que cette propension à mettre sous le boisseau les aspirations de notre âme est souvent génératrice de conflits intérieurs.

Or, dans le cas qui nous préoccupe, c'est surtout l'esprit qui l'emporte, et cela en raison des concepts matérialistes qui régissent notre civilisation occidentale. « Commençons par la partie pécuniaire, dicte l'esprit, pour ce qui est du bonheur, nous verrons plus tard. »

À l'inverse, dans les cultures orientales, ce sont les exigences de l'âme qui prévalent. L'esprit se rend à la sagesse et convient que le bonheur ne peut nous venir que de l'intérieur. Le désir de l'esprit fait alors place au désir de l'âme et, du même coup, annihile toute velléité matérialiste. Cependant, si les attentes de l'âme sont comblées, celles de l'esprit demeurent inaccomplies et, de ce fait, coupées du monde extérieur.

L'aspect positif de la situation, c'est que le conflit n'existe plus. Comme nous venons de le démontrer, nous sommes désormais plus ouverts à la pensée abstraite, laquelle nous permet de comparer deux notions, toutes différentes qu'elles soient l'une de l'autre. Ainsi, de même qu'un désir n'est pas nécessairement meilleur qu'un autre, les désirs de l'âme ne sont pas forcément meilleurs que ceux du cœur, du corps ou de l'esprit. Mais, pour être différents, ils n'en cohabitent pas moins harmonieusement.

Parmi ces quatre niveaux d'aspirations – cœur, corps, âme, esprit –, nous ne sommes pas tenus de choisir, puisque, au contraire, nous pouvons les satisfaire tous. Une écoute permanente de ces aspirations nous permet de différencier les vraies des fausses. Mais, pour accéder au processus qui permet d'y voir clair parmi ces quatre niveaux, nous devons d'abord explorer douze sentiments caractéristiques.

UN VÉRITABLE DÉSIR EST EN SYMBIOSE AVEC LE CŒUR, LE CORPS, L'ÂME ET L'ESPRIT

Les douze sentiments qui nous empêchent de reconnaître nos aspirations véritables sont : le désir de revanche, l'attachement, le doute, le pragmatisme, la défiance, la soumission, la dérobade, la culpabilité, le rejet, la retenue, la spontanéité et l'esprit de sacrifice. Mais commençons par le commencement.

Renoncer à l'indifférence

Lorsque nous sommes furieux et que nous ignorons comment évacuer notre colère, nous tendons souvent à nous cacher derrière un masque d'indifférence et à ruminer notre vengeance. Pourtant, vouloir du mal à autrui est incompatible avec notre besoin d'amour. À cause de cette contradiction, l'harmonie est rompue, et notre volonté neutralisée.

L'indifférence dans un esprit de vengeance est le meilleur moyen d'aliéner de nous les désirs de notre âme. Si notre ardeur et notre volonté naturelles peuvent quand même nous conduire au succès, le résultat ne nous satisfera pas pour autant. Nous aurons gaspillé des ressources qui, utilisées plus judicieusement, auraient favorisé la concrétisation de nos véritables désirs.

Il est permis de dire que notre temps, notre énergie et notre pouvoir de concentration sont limités. Si, dans l'existence, notre premier souci est d'être heureux et aimés, une attitude de pseudo-indifférence se révélera une perte totale de temps et d'énergie.

Le simple fait de nourrir des sentiments malveillants dans un esprit de revanche ou d'accabler de reproches quelqu'un qui nous aura fait du tort entamera nos forces vives et nous écartera de nos véritables objectifs. Au lieu d'avoir foi en Dieu et en nous-mêmes, nous payons de notre force intérieure. Nous commencerons à nous dire que, si nous ne pouvons être heureux, c'est parce que telle personne nous a fait ceci ou cela, et que, partant, nous ne pourrons redevenir des êtres aimants et attentionnés qu'à condition qu'elle change, qu'elle parte, ou, à tout le moins, qu'elle souffre ce que nous avons souffert.

Parviendrions-nous à cette indifférence, que notre satisfaction serait de courte durée. Revanche ou vengeance procurent un soulagement illusoire, mais surtout n'arrangent rien. En outre, quelle que soit la jubilation que l'on en conçoit, on devra toujours se la justifier à soi-même en se répétant que c'est la faute de l'autre. En affectant une pseudo-indifférence, nous nous détournons non seulement de nos aspirations affectives, mais aussi de notre capacité à exaucer nos désirs.

A contrario, c'est en apprenant à pardonner que nous évitons de gâcher une énergie que nous savons précieuse. Mais aussi longtemps que nous nous abandonnerons à notre désir de vengeance, nous dilapiderons des ressources considérables qui, adéquatement canalisées, auraient contribué à la réalisation de nos rêves. Nous nous serons également privés du pouvoir d'être heureux et comblés, sans dépendre du monde extérieur.

Renoncer à ce qui nous est le plus cher tout en poursuivant nos aspirations

Souvent, en cas de perte ou de deuil, nous éprouvons toute une gamme d'émotions négatives, comme la tristesse, la peur, le regret ou la colère. Ressentir pleinement ces émotions, c'est déjà faire un pas vers la guérison. Dans le cas contraire, nous persisterons à désirer des choses qui ne nous sont plus accessibles.

Un cœur ne peut guérir de ses peines aussi longtemps qu'il s'accroche à ce qui lui a été retiré. En d'autres termes, rester attaché au passé revient à s'interdire un merveilleux avenir. L'attachement n'est pas une faute en soi ; il ne peut être que louable et, dans bien des cas, se révèle une pure manifestation d'amour. Aimer une personne signifie qu'on y tient, mais cela veut dire aussi accepter d'y renoncer sitôt qu'un changement survient. Aussi notre obstination revêt-elle un caractère pathologique dès que nous refusons de renoncer à ce qui nous a été enlevé ; et c'est par l'apprentissage de l'acceptation, du renoncement et de la confiance en l'avenir que nous comprenons que, si tragique soit-il, tout changement est une porte ouverte sur une multitude de possibilités.

SI TRAGIQUE SOIT-IL, TOUT CHANGEMENT EST UNE PORTE OUVERTE
SUR D'AUTRES POSSIBILITÉS

Quand nous avons connu une perte ou un revers, seul notre attachement est cause de notre souffrance. Et renoncer à cet attachement implique tout d'abord de renouer avec l'amour que nous portons en notre cœur. Nous pensons, à tort, à une personne ou à une chose en particulier, alors qu'en réalité c'est seulement ce que cette personne ou cette chose pouvaient nous apporter qui nous fait cruellement défaut. De particulier, elle n'avait que l'amour qui semblait indispensable à notre vie, mais cela, il nous est toujours loisible de le trouver ailleurs. Le changement n'est douloureux que dans le refus d'abandonner ; or, c'est justement par le renoncement que nous pourrons nous ouvrir à un avenir prometteur.

UNE PERTE OU UN REVERS NE DEVIENNENT TRAGIQUES QUE LORSQU'ON REFUSE D'OUVRIR À NOUVEAU SON CŒUR À L'AMOUR

Pour renoncer, il est d'abord utile de comprendre les raisons de son attachement. Quand une personne nous prodiguait amour et soutien et que cela nous est retiré, nous nous coupons de nous-mêmes autant que nous le sommes d'elle. Nous restons convaincus que cette personne nous manque, quand c'est seulement son amour et son soutien qui nous font défaut. Dès lors, cet amour et ce soutien, sans lesquels nous ne pourrions nous retrouver nous-mêmes, c'est ailleurs qu'il nous faudra les chercher. Rien ni personne ne remplacera l'être aimé, mais il existe mille autres façons de refaire le plein d'amour. Aussi longtemps que nous en serons incapables, nous souffrirons d'un terrible sentiment de vacuité.

L'autre éventualité, c'est que nous nous mettions tout à coup à en vouloir davantage, que nous en venions à penser que nous ne pourrons être à nouveau heureux qu'après avoir obtenu ce que nous désirons. Un tel comportement a pour unique résultat de nous empêcher de croire en nous-mêmes, et de penser qu'un peu plus d'argent ou (que sais-je ?) un téléviseur à écran géant parachèveraient notre bonheur. Plus nous y pensons, plus nous en sommes convaincus. Faute de recevoir notre part d'affection, c'est le genre d'idée à laquelle on se cramponne, quand on perd contact avec ses véritables sentiments.

Toutefois, renoncer aux désirs auxquels nous sommes le plus attachés peut aussi nous conduire à renier notre enthousiasme et nos désirs profonds. Ne plus rêver revient à dire que nous renonçons à voir nos rêves se réaliser, et ce, à un moment où notre enthousiasme et nos véritables désirs devraient rester intacts. En disant : « Je devrais cesser d'aspirer à ceci ou à cela », on minimise et parfois même oblitère l'importance de ses véritables aspirations.

Dès l'instant où nous avons appris à faire le plein d'amour par la prière et par la méditation, nous sentons notre esprit s'élever, alors que nous restons sur notre faim et n'accordons plus la même valeur à l'objet que nous convoitions sitôt que nous l'avons obtenu. Nous y tiendrons, bien sûr, ne serait-ce qu'en raison de sa valeur marchande, mais quant à contribuer à notre bonheur, il y aura loin de la coupe aux lèvres, et cela quelle que soit la somme d'énergie que nous y aurons investie.

Douter de ses dénégations

Pour être en mesure de résoudre nos problèmes et de réaliser nos désirs, pour accéder à un certain niveau de connaissance et de perception, nous devons tout d'abord, et à un certain degré, éprouver notre ignorance et notre incertitude. Il y a une très grande différence entre la dénégation et la méconnaissance. On peut ignorer qu'une chose existe, et penser qu'elle est tout de même possible.

Craignant de se méprendre on se dit : « Je ne sais pas. Peut-être cela arrivera-t-il, peut-être pas, mais tout est encore possible. » Et c'est ainsi, en passant de la dénégation à l'incertitude, qu'on garde la foi. Si tentés que nous soyons de nier, alors que nous ne faisons que douter, doutons d'emblée de cette dénégation : nous aurons ainsi mieux conscience de ce qui est encore possible.

PRÉFÉRER L'INCERTITUDE À LA DÉNÉGATION, C'EST ACQUÉRIR
LA CONSCIENCE DE CE QUI EST ENCORE POSSIBLE

C'est à travers un certain degré d'incertitude que l'on parvient à réaliser ses projets et, quels que soient nos doutes, rien ne nous est fermé pour autant. Cependant, s'il y a à toute question une réponse, il en va de même pour nos véritables besoins. Dans l'incertitude, le problème tient au fait que nous exigeons sans cesse des réponses. Pour ma part, une de mes plus ferventes prières consiste à me dire : « Montrez-moi la voie. » Dans mes moments d'hésitation, c'est la requête que je formule pour obtenir la réponse qui me permettra immanquablement d'arriver à mes fins.

Quelque anxieux que je sois, je suis à même de me libérer de cette anxiété en me rappelant que, plutôt que de l'accepter, je peux passer outre à mon incertitude en acquérant la conviction qu'elle précède toujours une réponse, une perception plus aiguë, et parfois même une formidable découverte. Pour cela, je commence par analyser les raisons qui me font craindre le pire, pour me demander en moi-même : « Es-tu bien certain que c'est ce qui arrivera ? » Cette question toute simple me permet de comprendre que rien ne permet d'affirmer que ces craintes – si tant est qu'elles soient justifiées – se vérifieront. La majeure partie de nos anxiétés sont dues au crédit que nous accordons à nos craintes, au lieu de douter de leur bien-fondé. C'est donc en gardant l'esprit ouvert à toutes les éventualités que nous pourrons retrouver notre assurance et nous fier à notre instinct.

L'INCERTITUDE S'APPLIQUE AUSSI AU PIRE

Il suffit de ne plus croire à la légitimité de nos désirs pour que nous y renoncions. La dénégation annihile notre enthousiasme et fait obstacle à nos perceptions. La meilleure façon d'y faire face, c'est encore d'avoir l'esprit ouvert, et d'observer l'éventail des possibilités qui s'offrent à nous.

Parfois, quand je pratique la guérison par imposition des mains, il arrive que je ne sente aucune onde d'énergie se dégager chez certains de mes patients. Il se trouve alors que leur guérison est compromise simplement parce qu'ils doutent de l'efficacité de mon procédé, ou qu'ils n'y croient à peu près pas. Pourtant, il me suffit de leur demander de me parler de leurs aspirations profondes pour sentir aussitôt une puissante énergie affluer en eux. Ce phénomène tend à prouver que chaque fois qu'une personne exprime une volonté réelle, elle est aussitôt acquise à l'idée que cette volonté se réalisera. Renoncer à nier, c'est concentrer ses énergies sur ses véritables aspirations, au lieu de les gaspiller en s'opposant à ce que l'on ne veut pas.

Rationaliser pour de mauvaises raisons

Une autre façon de nous aliéner nos véritables désirs consiste à s'inventer des prétextes en ratiocinant ou encore en faisant preuve d'un pragmatisme excessif. Même lorsque le cœur s'y refuse, il arrive parfois que, par souci d'objectivité et de rationalisme, notre esprit nous conduise à faire une chose que nous ne souhaitons pas, sous prétexte que « nous ne faisons que notre travail » ou « qu'on en a reçu l'ordre ». Pour tous les criminels nazis à qui l'on a demandé pourquoi ils traitaient leurs prisonniers aussi sauvagement, la réponse a été la même : « Nous obéissions aux ordres. » Pourtant, même en étant des personnes ordinaires, bon nombre d'entre elles commettaient des actes qui allaient à l'encontre de leurs sentiments, en s'inventant des prétextes sous couleur de pragmatisme ou d'objectivité.

Le besoin de s'inventer des prétextes survient aussi quand on se sent incapable de faire ou d'obtenir quelque chose. Au lieu de persister dans son entreprise, on rationalise son désir et, plutôt que d'être déçu de n'avoir pas atteint son but, on se dit dans son for intérieur qu'« on ne peut pas toujours gagner », qu'« on n'était pas fait pour ça », que « ce n'était pas possible », qu'« on manquait de réalisme », ou encore que « le moment était mal choisi ».

L'autosuggestion est, de fait, très utile aussi longtemps que l'on peut préalablement ressentir, puis évacuer ses émotions. Cependant, on conclut, le plus souvent à tort, que pour se libérer de ses émotions négatives, il suffit de les « exorciser ». À long terme, une telle attitude est inopérante : soit elle amplifie ces émotions négatives, soit elle les annihile en même temps que l'aptitude de chacun à ressentir ses désirs profonds. Après bien des années passées à taire leurs sentiments, nombreux sont ceux qui en arrivent à ne plus savoir ce qu'ils veulent. Plus prosaïquement, ils sont amputés de leur capacité à satisfaire leurs désirs autant que leurs besoins.

Dans de nombreux cas, pourtant, se donner le temps de reconnaître et de ressentir ses émotions négatives suffit pour en être débarrassé. Les enfants, notamment, possèdent cette étonnante faculté : dès lors qu'ils peuvent ressentir leurs émotions négatives et les faire partager à leur entourage, ils reviennent immanquablement à des sentiments positifs. En tant qu'adultes, nous ne dépendons de personne pour nous libérer de ces émotions négatives. Dès l'âge de vingt et un ans, tout un chacun peut exercer sa capacité à être à l'écoute de lui-même avec amour et compréhension. Il suffit de s'y adonner sans opposer de résistance, pour qu'un sentiment négatif se transforme aussitôt en pensée positive.

À l'inverse, il suffit de vouloir rationaliser et de faire abstraction de son négativisme pour être en rupture avec sa véritable personnalité. La rationalisation peut procurer un soulagement temporaire, mais aussi, et en bien des façons, se révéler contreproductive. En plus d'aliéner la personnalité de chacun, elle contribue à dilapider la force vitale et se révèle génératrice d'ennui et de désabusement. Annihiler ses émotions est une pure perte d'énergie.

Bien plus grave encore, le rationalisme peut étouffer des sentiments légitimes comme le regret ou le remords. On peut causer du tort à quelqu'un et n'en éprouver aucun remords en se répétant qu'« on n'avait pas le choix » ou encore que « les circonstances l'imposaient ».

Par ce genre de dénégations nous nous fermons à toute compassion. Tout ce qui ne nous touche pas de près nous laisse indifférents. Cette froide objectivité dessèche le cœur et empêche de s'ouvrir au monde extérieur.

LE RATIONALISME PEUT OCCULTER DE LÉGITIMES SENTIMENTS DE REMORDS

Plus souvent qu'à son tour, on accomplit des actes auxquels son cœur se refuse. À cette fin, l'esprit s'impose une ligne de conduite en s'inventant cent un prétextes plus futiles et vains les uns que les autres. Je connus, quant à moi, ce genre de conflit intérieur dès l'âge de seize ans, comme livreur de journaux. Je roulais tranquillement au volant de ma voiture quand je sentis un grand choc : je venais tout bêtement de heurter un chien. Si désolé que je fusse en un instant comme celui-là, je ne pouvais que constater mon impuissance. Imaginant tous les ennuis que pourrait m'attirer ce malheureux accident, je poussai l'animal dans le caniveau et poursuivis mon chemin.

Au fond de moi-même, j'étais très conscient d'avoir commis une faute : plutôt que d'écouter mon cœur et de porter secours à la pauvre bête, j'avais suivi ce que me dictait mon esprit. J'aurais pu ne fût-ce que frapper à une porte et signaler l'accident, faire ce qui était en mon pouvoir pour porter secours à l'animal. Mais je n'en fis rien.

Plus tard, je devais réfléchir à mon attitude et à ses motivations. « Je ne roulais pas vite, m'étais-je dit alors. Je n'avais pas vu le chien ni n'avais eu l'intention de lui faire le moindre mal. » Cette objectivité contrainte et forcée avait suffi pour effacer de moi toute forme de remords, puisque, en réalité, je n'étais responsable de rien. Si, depuis le temps, je me suis pardonné cette erreur, je n'en ai pas pour autant oublié la leçon. Aussi ai-je toujours soin de ne pas rationaliser mes sentiments de regret, lesquels ne sont rien de moins qu'une des portes de notre conscience. Une grande source d'énergie et d'enthousiasme réside également dans notre aptitude à la compassion. Elle nous éveille à notre volonté de servir et d'être différents de ce que nous sommes en général.

Refuser le défi

Il arrive parfois en présence d'un fâcheux que nous adoptions une attitude de défi et que nous nous opposions à la moindre de ses pensées. C'est le genre de situation qui survient le plus souvent quand une quelconque autorité cherche à nous imposer sa volonté. À cette entrave à notre liberté nous réagissons généralement violemment. Nous refusons de nous exécuter, moins à cause de l'ordre qui nous est donné que de celui qui nous le donne. En réagissant non par volonté, mais par défi, nous allons à l'encontre de nos véritables aspirations.

Notre force personnelle tient à ce que nous faisons seulement ce que nous voulons vraiment. Dès l'instant où nous calquons notre attitude sur celle d'autrui, nous sommes perdants à coup sûr. Nous croyons nous prouver à nous-mêmes que nous sommes libres, alors qu'en réalité nous sommes prisonniers des efforts que nous déployons pour faire le contraire de ce qu'on attend de nous.

PAR UNE ATTITUDE DE DÉFI, NOUS DEVENONS PRISONNIERS DE CE À QUOI NOUS NOUS OPPOSONS

Je me rappelle quelqu'un qui détestait son père sous prétexte que ce dernier le traitait d'incapable et de bon à rien. Il mit tant d'énergie à lui démontrer le contraire, qu'il devint millionnaire, et cela, uniquement parce qu'il en concevait le puissant désir. Certes, sa volonté de défier son père lui avait valu la fortune, mais elle lui avait également endurci le cœur au point de l'empêcher de jouir pleinement de l'argent qu'il avait gagné.

Il arrive souvent que nous accomplissions certains actes uniquement par défi, pour prouver à quelqu'un qu'il a tort. Or, n'est-ce pas un formidable gaspillage de temps et d'énergie que de permettre à quelqu'un que l'on connaît à peine d'influer à ce point sur notre comportement ? C'est, au demeurant, une tendance qui sévit fréquemment dans notre société. Est-il besoin de préciser tout l'argent et toute l'énergie qui se dépensent en procès ? Pour un qui se justifie, cent autres ne reposent que sur la volonté de défier ou de contredire. La procédure ? Encore un moyen d'affirmer notre inaptitude à obtenir ce que l'on veut, excepté si un tiers nous en confère le pouvoir.

Quand l'envie me prend de défier quelqu'un et de poser des gestes qui vont à l'encontre de mes principes, je résiste. Je refuse le défi et je me demande en moi-même si c'est vraiment à cela que je veux consacrer mon temps, et quelle aurait été ma réaction si cette personne avait eu à mon égard une approche différente.

Savoir se résigner

Plutôt que de nous soumettre à un échec ou à une déception, nous cessons de croire en Dieu et en nous-mêmes, et renonçons à nos désirs profonds. Il y a une nuance entre la capitulation et la soumission : en capitulant, nous abandonnons toute résistance dans une situation donnée. Nous réévaluons nos acquis et acceptons ce que nous ne pouvons changer. Sauf que cela ne signifie pas pour autant que nous renoncions à nos aspirations.

CAPITULER, C'EST ABANDONNER TOUTE RÉSISTANCE
DANS UNE SITUATION DONNÉE

Capituler, c'est reconsidérer l'instant où l'on verra ses espoirs se réaliser ; mais c'est aussi s'exonérer de certaines exigences. Capitulation est mère de patience, mais n'exclut en rien force et ténacité.

Dans le processus de guérison des blessures du passé, nous devons capituler, par exemple, renoncer définitivement à l'idée d'avoir été aimés de nos parents autant que nous l'aurions espéré sans pour autant cesser d'aspirer à l'amour qui nous est dû. La capitulation libère et permet de combler ses attentes de mille autres façons. Car, tout compte fait, qu'importe qui nous l'a donné, dès l'instant où l'on a eu ce que l'on espérait ? C'est ainsi que l'on peut se retrouver soi-même et combler ses véritables désirs.

C'est après une capitulation que nous nous rendons compte aussi parfois que nos besoins immédiats sont irréalistes et que certains correctifs s'imposent. Corriger ne signifie pas renoncer, mais plutôt prendre conscience de ce que l'on possède déjà, sans perdre de vue ce à quoi l'on aspire vraiment.

Une autre prière susceptible de décrire cette différence s'exprime en ces termes : « Mon Dieu, fais que j'accepte avec sérénité ce que je ne peux changer ; donne-moi le courage de changer ce qui peut l'être, et assez de sagesse pour le reconnaître. »

Éviter de se dérober

Une fois que l'on a compris à quel point il est futile de se dérober, on dispose de la volonté requise pour ne plus poser des actes qui porteraient atteinte à nos réelles aspirations. Il arrive souvent que ce que nous pensons désirer soit à l'opposé de ce que nous désirons vraiment. En s'opposant, nos désirs s'annulent et nous privent de notre capacité de création et d'attraction.

En nous sentant impuissants à combler nos besoins, il nous arrive souvent de substituer des désirs secondaires à des désirs réels. J'en veux pour exemple votre serviteur qui, certains jours, aspire à autre chose qu'à poursuivre son travail d'écriture. À ce moment-là, je m'étonne moi-même de toutes les tâches que j'ai laissées en suspens : ranger mon bureau, répondre au courrier, équilibrer mes comptes, faire des emplettes, n'importe quoi pourvu que je n'aie pas à me pencher sur mon clavier d'ordinateur. Et pourtant, rien de ce que je viens de citer ne m'intéresse vraiment ; en réalité, ce ne sont que des désirs de substitution.

Souvent, un désir ne sert qu'à dissimuler un besoin réel, besoin que nous repoussons par crainte de l'échec. Sauf si nous connaissons nos désirs avec exactitude, nous ne pourrons exploiter adéquatement nos ressources intérieures. Nous nous engagerons pour le reste de notre vie dans la mauvaise direction, quand quelques correctifs auraient suffi à nous remettre sur la bonne voie, une voie déjà toute tracée au fond de nous-mêmes et que, n'eussent été les circonstances, nous aurions effectivement choisie.

IL SUFFIT DE QUELQUES CORRECTIFS POUR QUE SE RÉALISENT NOS VÉRITABLES DÉSIRS

Souvent, la recherche d'une compagne ou d'un compagnon consiste, avant toute autre chose, à lutter contre sa propre solitude, tout comme la recherche du succès ne sert parfois qu'à parer aux sentiments d'échec et d'inadéquation qui nous hantent. La lassitude et même le sommeil sont, parmi tant d'autres, un moyen de fuir nos responsabilités. Il est vrai que, de cent une manières, certains désirs portent atteinte à nos sentiments profonds. Quand c'est le cas, notre potentiel énergétique en est affecté d'autant.

Un désir ne peut être réel quand il n'a d'autre but que de faire obstacle à une situation donnée. Quelqu'un qui rêve d'un autre emploi que le sien n'aspire, tout compte fait, qu'à s'épanouir dans celui qu'il exerce, à défaut de quoi, il sera toujours confronté à des sentiments récurrents de frustration et d'abandon. En optant pour des désirs de substitution, nous perdons de vue nos véritables aspirations et toutes les ressources qu'elles auraient pu révéler en nous.

Les pouvoirs de l'âme reviennent en force sitôt que nos désirs conscients sont en phase avec nos aspirations profondes. C'est en s'évertuant à contourner certaines situations, au lieu de se concentrer sur ses véritables aspirations, que l'on perd la possibilité de combler les désirs de son âme.

Nous gaspillons une somme considérable d'énergie à toujours remettre les choses à plus tard ou, si l'on préfère, à faire de la procrastination. Une façon de corriger cette fâcheuse tendance consiste à imaginer le soulagement que nous éprouverons une fois notre tâche accomplie, toute pénible qu'elle soit. Imaginons aussi avec quelle facilité nous l'accomplirons et le bonheur que nous en retirerons. En procédant ainsi, et avec l'aide de Dieu, nous parviendrons à nous acquitter de nos obligations. Il suffira ensuite de comprendre que nos désirs sont en cours d'accomplissement pour qu'apparaissent en nous des ressources que nous ne soupçonnions pas.

Se défendre contre ses défenses

Certaines personnes en viennent à perdre de vue leur volonté profonde en essayant simplement de justifier ou défendre à l'extrême leur prise de position. Plutôt que de chercher le dialogue et de tenter de saisir comment elles ont contribué à créer le problème, ces personnes camperont sur leurs positions aussi longtemps que la partie adverse n'aura pas lâché prise. En établissant une relation entre leur degré de responsabilité et les regrets qu'on leur aura exprimés, elles se ferment à leur propre épanouissement. Au lieu d'éprouver du remords ou de la compassion, elles ne cherchent qu'à se justifier.

Lorsque je commets une erreur, je cherche toujours un moyen pour me l'expliquer : au moment où j'effectuais tel ou tel geste, les raisons ne me manquaient pas et je n'avais pas l'intention de porter atteinte à qui que ce soit. Bien sûr, il m'est toujours loisible d'avancer toutes les excuses du monde, il n'empêche que mon erreur subsistera. Or, c'est en refusant d'admettre ses erreurs que l'on se ferme à tout sentiment de regret ou de remords ; et, sans ces sentiments, il est impossible de corriger ou d'améliorer sa conduite, et on en vient à oublier qu'on a toujours besoin d'apprendre et de progresser. Ainsi, c'est en prenant conscience de nos réflexes de défense et du tort qu'ils nous causent, que nous apprenons à nous défendre de nos propres défenses.

Disons que, le lundi, j'aie voulu me montrer amical et je vous aie affectueusement tapoté le bras. Quand nous nous revoyons, le vendredi, je réitère mon geste sans savoir qu'entre-temps, vous vous êtes blessé exactement à l'endroit où je vous ai touché. À ce moment-là, vous poussez un cri de douleur.

La question fondamentale est de savoir si j'ai ou non commis une erreur. Il est étonnant de constater combien de personnes, tout à coup sur la défensive, répondraient par la négative. À leur geste, elles voudraient à tout prix trouver une justification. Elles refuseraient de reconnaître leur tort à peu près en ces termes :

« Si j'ai commis une erreur, vous m'en voyez désolé. »

« Navré de vous avoir fait mal. »

« J'ignorais que votre bras était blessé. »

« Comment aurais-je pu deviner ? »

« Vous auriez dû le dire. »

« Ce n'est pas ma faute, n'importe qui aurait fait la même chose. »

« Je voulais seulement me montrer aimable. »

« Je ne vois pas ce qu'il y a de mal à tapoter le bras d'un ami. »

« Je suis navré de vous avoir fait mal, mais comment aurais-je pu savoir ? »

Pourtant, chacune de ces déclarations limite notre capacité à nous corriger. Il existe bien des exemples qui démontrent comment l'esprit peut nous détourner de nos sentiments de regret, et empêcher notre âme de tirer les conséquences de nos erreurs. Si ces réflexes de défense surgissent, c'est surtout à cause de notre crainte atavique du châtiment. Cela étant, il n'en reste pas moins que tous nos succès reposent sur notre aptitude à nous corriger, et non à perpétuer des comportements erronés.

Explorons en profondeur quelques-uns de ces réflexes de défense. Quelqu'un qui dit : « Je suis navré si j'ai fait quelque chose de mal » semble a priori admettre avoir commis une faute, mais, en réalité, il ne le fait pas. Dans le cas contraire, il aurait plutôt dit : « Je suis navré d'avoir fait quelque chose de mal » et non pas : « … SI j'ai fait quelque chose de mal ». Toute la différence réside dans ce « si », qui ne tend, en réalité, qu'à éluder une évidence et se substituer à la volonté de réparer son erreur.

Lorsque nous avons conscience d'avoir commis une faute, notre cœur n'a d'autre désir que de se racheter. À la personne que nous avons blessée, nous apporterons tout le réconfort possible sous une forme de compensation ou une autre. Le désir de réparer nos erreurs est un lien puissant entre nous et notre conscience, laquelle conscience nous dicte toujours de bien agir envers notre prochain.

En outre, lorsque nous disons « je ne savais pas qu'il était blessé », non contents d'occulter nos remords et nos regrets, nous réprimons notre volonté d'être plus attentifs envers autrui. Il y a toujours une leçon à tirer de nos erreurs. Se chercher des excuses sous couleur d'ignorance revient à se dire qu'on n'a pas fait d'erreur. Or, plutôt que de nous innocenter, autrement importante est la faculté de nous pardonner à nous-mêmes, avec l'espoir que les autres nous pardonneront aussi.

Rejeter le rejet

Si un enfant est privé de caresses, il est probable qu'à un certain degré, la notion de caresse éveillera un malaise chez l'adulte qu'il sera devenu. Au lieu de nous faire souffrir, un besoin qui n'aura pas été comblé au cours de notre enfance sera, à long terme, systématiquement occulté. Et pour peu qu'un tiers tente de combler ce vide, cela éveillera en nous un réflexe de rejet. Pour être légitimes, les besoins profonds auxquels aspirait notre âme n'en seront pas moins refoulés. Et quand bien même on voudrait nous aider, nous afficherions une surprise à peine affectée.

Pour rompre avec cette tendance au rejet, nous devons nous tourner vers une personne de confiance et lui demander de combler nos besoins, si grand soit notre malaise. Avec de la persévérance, nous pourrons alors explorer et analyser la gamme de sentiments qui s'éveillent progressivement en nous. Ce n'est qu'après avoir reconnu et évacué les sentiments négatifs issus de notre rejet que nous commencerons à apprécier les bienfaits qu'on nous prodigue, mais qui nous ont fait si longtemps défaut. Cette prise de conscience agira alors comme un aimant et nous attirera infailliblement d'autres bienfaits.

Un des symptômes de rejet se traduit souvent par la création de désirs opposés. Le rejet de l'amour auquel notre cœur aspire éveille en nous des besoins palliatifs et parfois contraires qui nous amèneront à attendre d'un tiers des choses qu'il ne peut nous donner. Et, si tant est qu'il y parvienne, nous les rejetterons aussitôt.

LE REJET DE BESOINS RÉELS CONDUIT À DES ASPIRATIONS VAINES OU FUTILES

Plus souvent qu'à notre tour, nous rejetons les personnes qui possèdent ce qu'il nous manque, pour nous tourner vers celles qui nous ressemblent. Par ce rejet de nos besoins profonds, nous créerons des situations générant les mêmes problèmes que ceux que nous aurons connus au cours de notre enfance.

Un besoin non satisfait suscitera fatalement un sentiment de jalousie envers toute personne dont le même besoin aura été comblé. En tant qu'émotion, la jalousie est un moteur puissant qui nous ramène vers nos désirs et nos besoins réels. On devient alors envieux, et en toute légitimité, car, dans le cas contraire, nous finirions par aliéner définitivement de nous ce que nous avons toujours mérité.

Bien des gens envient les riches et les puissants, et si nous-mêmes en venons parfois à les envier, ce n'est pas nécessairement mauvais signe : cela signifie seulement que nous aspirons à être riches à notre tour. C'est ce que l'on appelle un désir caché. Éprouver pleinement notre jalousie nous permet de reconnaître nos désirs véritables et d'accroître notre capacité à y accéder. À défaut de cela, nous n'accéderons jamais à la profusion de biens dont nous rêvons. Ainsi, quand un malappris érafle volontairement de sa clé une voiture de luxe, il ne rejette pas seulement la voiture et son propriétaire, mais aussi son désir profond de richesse, de luxe et d'abondance.

Le fait de rejeter un signe extérieur de richesse auquel on aspire suscite des réflexions du genre : « Il est probablement très malheureux », ou encore : « Ses enfants doivent le détester. » Alors que si on exprimait clairement sa jalousie, on n'hésiterait pas à dire : « C'est exactement la voiture que je voudrais, et j'entends faire tout ce qui est en mon pouvoir pour l'obtenir. » « C'est ce qu'il me faut », tels sont les mots que nous devons nous dire lorsque nous envions quelqu'un, car c'est signe que nous nous réjouissons de sa bonne fortune et que nous espérons connaître le même sort.

La retenue n'est qu'une entrave

La retenue est un des principaux obstacles à notre désir d'aimer et d'être aimés. Pour peu que l'être aimé nous fasse du tort, notre première réaction sera de lui retirer notre affection en réprimant l'amour que nous éprouvons pour lui. Que ce soit par un réflexe d'autochâtiment ou pour nous prémunir d'une autre déception, c'est nous qui souffrons, car le plus grand déchirement que l'on puisse concevoir, c'est celui de réprimer l'amour que l'on a au fond de son cœur. Une telle attitude revient à nier ses désirs profonds, et à faire fi de sa véritable personnalité. C'est seulement en apprenant à pardonner et à ouvrir son cœur à l'amour que l'on porte en soi que l'on pourra reprendre le cours normal de son existence.

LE PLUS GRAND DÉCHIREMENT QUE L'ON PUISSE ÉPROUVER,
C'EST RETENIR L'AMOUR QUE L'ON PORTE EN SOI

Si quelqu'un nous a causé du tort, nous nous efforcerons que cela ne se reproduise plus. Toutefois, une telle attitude n'induit pas pour autant que l'on doive cesser d'aimer. Aimer quelqu'un, ce n'est pas vouloir à tout prix lui plaire ou exaucer le moindre de ses désirs. Cela n'impose pas non plus que l'on doive faire tel ou tel geste. Cela veut seulement dire qu'il faut garder le cœur ouvert, à seule fin de discerner tout ce qu'il y a de bon en cette personne, et de continuer à ne vouloir que son bien.

Si aimer revient à se sacrifier pour les autres ou à devenir leur exutoire, retenir ses sentiments pourrait sembler, de prime abord, la meilleure attitude à adopter, alors qu'en vérité, ce serait une erreur. Quand notre tempérament nous incite à la retenue, nous devons d'abord en prendre conscience. Cela nous libérera progressivement de cette tendance à nous exclure de tout sentiment affectif. Mais il arrive aussi que la meilleure façon de nous en libérer soit encore de nous y abandonner.

Pour cela, il suffit de coucher noir sur blanc ses sentiments négatifs sur une personne ou une situation donnée, en écrivant de façon répétitive à la fin de chaque phrase : « Je ne veux plus jamais t'aimer. » On s'aperçoit alors que la seule personne à qui l'on fait du mal, c'est soi-même. En s'adonnant à cet exercice, certains craindront de mettre en évidence l'aspect négatif de leur propre personnalité. Mais mieux vaut encore le faire pendant dix minutes que pendant dix ans.

En dressant un bilan écrit de nos sentiments, nous reprenons peu à peu conscience de notre volonté de rendre la personne heureuse, de lui pardonner ses erreurs, de nous réconcilier avec elle ou, tout au moins, de persister à vouloir son bien. Parfois, la réconciliation sera impossible ou inutile parce qu'elle exigera, de part et d'autre, des sommes d'énergie qu'aucun des protagonistes ne sera disposé à investir. Le minimum demeure néanmoins une attitude de pardon et de paix.

Répondre au lieu de réagir

Il arrive parfois que la meilleure volonté du monde se heurte à une attitude exigeante ou péremptoire qui nous amène à « réagir » et faire machine arrière. À juste raison, on se dit : « Si encore il me l'avait demandé gentiment... » Pour être normale, une telle attitude est négative car elle ajoute à notre souffrance.

Lorsque nous réagissons de manière irréfléchie, nous permettons aux autres de nous imposer leur ligne de conduite. La générosité est une aspiration naturelle de l'âme. Si nous voulons vraiment venir en aide à quelqu'un, nous devons faire en sorte que l'attitude – quelle qu'elle soit – de cette personne ne nous empêche pas d'être nous-mêmes.

Quand je commençai à diriger des ateliers, quelques personnes se mirent à exprimer des doléances : certaines parce que je parlais trop, d'autres pas assez. Ma réaction fut de me livrer à des pensées du genre : « Si vous ne m'aimez pas, je ne vous aime pas non plus... Puisque mes collègues vous déplaisent, je n'en organiserai plus… », etc. Fort heureusement, je pris conscience de ma déception, et évitai ainsi de céder à la tentation de tout abandonner.

J'ai vu nombre de personnes de bonne volonté se lasser et finir par renoncer à cause de critiques incessantes, simplement parce que leurs efforts n'étaient pas appréciés à leur juste valeur. Cela les conduisit à perdre peu à peu leur enthousiasme et leur énergie. Pourtant, si nous voulons rester forts, il nous faudra surmonter cette épreuve, et interdire à quiconque de porter atteinte à notre volonté et à nos sentiments véritables.

Pour agir au lieu de réagir, je me pose cette question : « S'il me l'avait demandé gentiment, quelle aurait été ton attitude ? » Afin de garder intacte notre énergie, nous devons pouvoir passer outre au comportement de nos détracteurs ; ne pas nous abaisser à leur niveau, mais au contraire rester exactement tels que nous sommes et garder notre spécificité. C'est à ce prix que nous resterons nous-mêmes, et que nous préserverons le libre arbitre qui, comme son nom l'indique, nous laisse libres de décider de l'attitude à adopter. Si l'âme est naturellement prodigue d'amour, de respect et de compassion, elle aspire également à rester forte.

ON PRÉSERVE SES QUALITÉS SPÉCIFIQUES EN PASSANT OUTRE AUX ATTITUDES NÉGATIVES AUXQUELLES ON EST EXPOSÉ

Qu'une personne nous manifeste de la colère, et notre premier réflexe sera de calquer notre attitude sur la sienne. Cette tendance à capter une émotion et à la renvoyer, c'est ce qu'on appelle une réaction. Une réaction qui conduit à une attitude négative a priori sans issue. Ce phénomène de réciprocité agit comme deux miroirs placés face à face et multiplie le conflit à l'infini.

Pour espérer connaître une existence enfin différente de celle que nous connaissons depuis toujours, il nous faut briser le cycle infernal de la réaction et de la contre-réaction, de notre tendance séculaire à vouloir répondre au mal par le mal avec l'illusion que cela s'achèvera un jour.

Bon nombre de gens croient agir et réagir suivant leur bon droit en faisant leur le vieil adage « œil pour œil, dent pour dent », alors qu'un sens réel de la justice soutiendrait plutôt :

« Je ne mérite pas le tort que tu me fais ; je vaux mieux que cela, et je peux le prouver. » Une telle attitude exprime la conviction selon laquelle nous sommes aptes à atteindre nos objectifs sans que notre sort dépende des réactions d'autrui ou de celles que nous aurons envers autrui. Moyennant cela, on pourra enfin espérer connaître l'existence dont on a toujours rêvé, sans être pris dans l'engrenage de la réaction et de la contre-réaction, c'est-à-dire de l'escalade, de quelque nature qu'elle soit. Malheureusement, il est facile de se laisser prendre au jeu. Cela explique que certaines personnes, ou même certains États, puissent s'enliser dans des situations inextricables et des discussions stériles. Quand M. Dupont fait part de ses griefs à M. Durand, ce dernier va aussi orienter ses pensées sur ceux qu'il nourrit envers M. Dupont. Cette concentration de l'esprit sur l'aspect négatif de leurs personnes respectives suffira à annihiler entre eux toute possibilité de réconciliation.

Le plus souvent, mieux vaut garder ses sentiments négatifs pour soi, se borner à en être conscient, à les évacuer et à en tirer des enseignements que l'on mettra à profit en retrouvant de véritables aspirations que l'on pourra faire connaître. Il est parfois bon de partager ses sentiments négatifs, mais à condition que l'interlocuteur ne soit pas la personne contre qui l'on réagit.

Pour faire part d'un problème en vue de trouver une solution, il faut, au préalable, reconnaître, puis évacuer ses émotions négatives. Certaines personnes diront que c'est impossible. Soit. Mais seulement jusqu'à ce qu'on ait appris à le faire. Il suffira de commencer à recenser ces émotions pour qu'elles perdent de leur pouvoir ; et notre propension à réagir au lieu de répondre s'atténuera automatiquement.

Le sacrifice de l'amour

Un amour sans partage conduit parfois à se sacrifier pour la personne que l'on aime. Cette notion de transcendance et de dépassement de soi procure généralement un plaisir ineffable. Mais encore faut-il que nous ayons préalablement fait le plein d'amour, c'est-à-dire que nous nous sentions profondément aimés, à défaut de quoi, ce sacrifice perd toute sa signification.

La notion de sacrifice de soi étant étroitement liée à la notion d'amour, bon nombre de personnes sacrifieront leurs désirs jusqu'à en être dépourvues. Elles sont obnubilées par leur désir de rendre les autres heureux à un point tel qu'elles en arrivent à oublier quelles étaient leurs propres aspirations. Si on les interroge, elles répondront qu'elles ne sont heureuses qu'en ayant fait le bonheur d'autrui.

Pourtant, si louable qu'elle soit, cette volonté n'est qu'une partie de leurs désirs profonds. Pour les connaître tous, il leur suffirait de se demander de façon répétitive ce qui les rendrait parfaitement heureuses. Pour ces gens, un moyen parmi tant d'autres consisterait à adopter momentanément une attitude exigeante et égoïste, et à dresser la liste de tous leurs sujets de contrariété. Ressentir pleinement leur colère, leur frustration et leur jalousie les conduira fatalement à une meilleure perception des choses auxquelles elles aspirent vraiment.

Obtenir tout ce que l'on veut

C'est en apprenant à reconnaître les différentes façons par lesquelles nous nous coupons de nos véritables désirs que nous sommes en mesure d'apporter les petites rectifications nécessaires à une meilleure perception de nos espérances, tout comme c'est en ressentant pleinement nos désirs réels que nous pouvons les concrétiser. La clé du succès réside donc dans une intention positive et clairement exprimée. Quand on désire passionnément quelque chose, quand on y consacre toute son attention, on trouve l'énergie de réaliser ses rêves et de vivre sa vie telle qu'on la souhaitait.

16

Se libérer
des douze blocages

Si l'on n'obtient pas ce à quoi l'on aspire, si l'on se coupe de ses vrais désirs, on se sent coincé, on est incapable de reconnaître ses sentiments et sa véritable personnalité. On connaît ce que l'on appelle communément un « blocage ». En la circonstance, il nous faudra préalablement admettre l'existence de ce blocage, puis en tirer le parti apte à nous faire découvrir le cheminement et les outils nécessaires à la réalisation de nos objectifs.

Cependant, percevoir ses sentiments et explorer ses désirs profonds ne suffit pas. Quand bien même nous serions pleinement conscients de nos blocages, nous ne nous en débarrasserions pas pour autant : cette prise de conscience tendrait, au contraire, à les renforcer. Des blocages, il y en a douze. Ils ont pour nom : réprobation, dépression, anxiété, indifférence, préjugé, indécision, procrastination, perfectionnisme, ressentiment, apitoiement sur soi, confusion et culpabilisation. Pour chacun de ces blocages, il existe une approche différente.

Ressentir un blocage et éprouver une émotion négative, ce n'est pas la même chose. Nous éprouvons douze émotions négatives « de base » qui sont : la colère, la tristesse, la peur, le regret, la frustration, la déception, l'inquiétude, l'embarras, la jalousie, le déchirement, la panique et la honte. Toutes les autres émotions

217

procèdent de celles-là. En éprouver quelques-unes favorise la connaissance de notre personnalité véritable, alors que ressentir un blocage ne nous avancera à rien. D'une façon générale, un blocage survient quand on n'a pas entièrement ressenti et évacué ses émotions négatives.

Si salutaire que ce soit de ressentir ses émotions négatives, on ne perçoit pas ses blocages pour autant

Pour se débarrasser d'un blocage, il ne suffit pas de le ressentir. Par exemple, la tendance à la réprobation que nous éprouverons accentuera notre propension à nous poser en victimes et à nous rendre inaptes à atteindre nos objectifs, comme sombrer dans la dépression ne fera que confirmer le fait que nous ne puissions être heureux. Reconnaître un blocage n'a pour effet que de nous ramener vers nous-mêmes ; c'est pourquoi il est crucial que nous prenions conscience des douze facteurs qui en sont générateurs.

Avec une connaissance élargie de nos qualités intrinsèques, mais aussi de notre part de responsabilité, nous serons en mesure de nous libérer de ces blocages, et de recouvrer notre véritable personnalité. Nous attarder sur nos émotions négatives n'est utile qu'à notre équilibre et au maintien de notre moi profond, mais ne change rien à la nature de nos blocages.

En premier lieu, nous devons faire la distinction entre un blocage et une émotion négative, sans quoi nous aurons de nos sentiments une impression qui ne fera qu'aggraver celle que nous avons déjà de nos blocages. Cela tend à expliquer pourquoi tant de gens répugnent à se pencher sur leurs sentiments ou ne voient aucun intérêt à le faire.

Ignorer la différence entre nos blocages et nos émotions affecte nos sentiments

Nos émotions négatives nous éclairent sur l'instabilité de notre situation. Elles nous rappellent nos désirs profonds et, de ce fait, nous remettent sur la bonne voie. Ce principe est valable pour toute émotion, mais à condition qu'elle soit authentique. C'est donc après avoir évacué ces émotions négatives que nous retrouverons l'équilibre qui nous fera reprendre contact avec nous-mêmes. Les émotions négatives traduisent notre état d'instabilité, alors que nos blocages sont révélateurs de notre échec.

LES ÉMOTIONS NÉGATIVES TÉMOIGNENT DE NOTRE INSTABILITÉ, LES BLOCAGES DE NOTRE ÉCHEC

Après l'échec et la chute, il ne nous reste plus qu'à nous relever et nous remettre en selle. L'intérêt de reconnaître un blocage réside dans la prise de conscience de notre échec et de la nécessité de nous tourner vers d'autres solutions.

La prise de conscience de nos blocages nous aide à reconnaître nos entraves, tout ce qui nous empêche d'aller dans la bonne direction, pour autant que nous la connaissons. Mais, grâce à une vision éclairée et des efforts soutenus, il nous sera possible de lever ces blocages. Cela nous conduira progressivement à nous sentir autrement heureux, aimants, confiants et sereins que nous ne l'étions auparavant.

Il existe, cependant, différents niveaux de blocage. Et si chacun de nous en souffre plus ou moins, il se peut aussi qu'un blocage en cache plusieurs autres. Afin de mieux nous en libérer, explorons-les l'un après l'autre, mais d'un point de vue mental plutôt qu'émotif. Commençons par les analyser un par un et, au prochain chapitre, nous verrons les différents exercices qui nous permettront de nous en libérer.

Renoncer à la réprobation

Est-il nécessaire de rappeler qu'en imputant notre malheur à autrui, nous renonçons à notre capacité de guérison ? Le blâme que nous faisons porter aux autres est la preuve patente de notre impuissance à prendre en main notre propre existence. En outre, tenir pour responsables de nos échecs quelqu'un, ou des circonstances indépendantes de notre volonté, nous empêche d'y apporter les correctifs désirés. Aussi longtemps que nous imputerons à autrui la responsabilité de notre état, affectif ou autre, notre pouvoir de changement en sera affecté d'autant. On aura perdu confiance et en soi, et dans le monde qui nous entoure.

Rejeter le blâme sur autrui nous aliène la capacité de changer notre vie

Il n'est pas mauvais de blâmer autrui. C'est parfois même nécessaire si l'on veut connaître les origines, les causes de sa peine, et trouver les moyens de corriger la situation. Ces origines, ces causes reconnues, on devra renoncer à toute forme de réprobation, car, aussi longtemps que l'on tiendra autrui pour responsable de ses sentiments, on ne pourra ni guérir ni trouver en soi la force nécessaire pour surmonter notre douleur.

Si on nous fait une ecchymose au bras, il est normal que nous en fassions grief à la personne responsable, mais il nous appartient également d'affranchir ladite personne de cette responsabilité. La lui faire admettre est légitime, le pouvoir de corriger la situation – en l'espèce, guérir cette ecchymose – reste de notre côté. Nous comprenons ainsi qu'attendre réparation de cette personne ne nous guérira pas.

Dépendre d'autrui nous empêche d'améliorer notre sort

Si la disparition d'une certaine somme d'argent porte gravement atteinte à la bonne marche de nos affaires, blâmer la personne responsable de cette indélicatesse se révélera salutaire en ce que cela nous permettra, d'une part, de prendre conscience des conséquences de cet acte, d'autre part, d'adopter toutes les dispositions nécessaires afin que cela ne se reproduise plus. Mais persister à imputer à cette personne la mauvaise marche de nos affaires reviendrait à admettre notre incapacité à les gérer adéquatement et, partant, à garder la maîtrise de notre propre destin. Cela revient, en quelque sorte, à déléguer à autrui des responsabilités qui nous seraient normalement échues.

Se cantonner dans une attitude de reproche revient à confier à autrui sa propre destinée

Cet exemple illustre un type de perception que l'on peut parfois avoir du mal à appréhender, dans un esprit de réprobation, mais accessible avec plus de facilité, pour peu que l'on s'accorde le temps nécessaire pour changer de point de vue.

Imaginons un instant que nous ayons touché au but, que nous soyons parvenus au terme de nos accomplissements, que nous ayons une confiance aveugle en nous-mêmes et que nous soyons conscients de notre capacité à concrétiser nos désirs. D'expérience, nous savons que nos convictions sont à la mesure de nos résultats, et réciproquement, et que nous devons quatre-vingt-dix pour cent de nos acquis à notre personnalité et à notre acharnement à obtenir ce à quoi nous aspirons. Il est évident, dans ces conditions, que nous serons infiniment moins enclins à la réprobation, ou à tenir autrui pour responsable de nos petits malheurs.

Prenons un autre exemple : si quelqu'un nous subtilise un billet de cinquante francs, nous n'allons pas gaspiller notre énergie à le couvrir de reproches, sachant que nous gagnons chaque année dix mille fois plus, et moins encore exiger réparation d'une manière ou d'une autre. Non, nous adopterons plutôt un air désabusé en pensant : « Bon, et alors ? J'ai d'autres soucis en tête pour m'arrêter à ce genre de détail. »

À l'inverse, la situation se présenterait sous un jour différent si ce billet de cinquante francs était tout ce qu'on avait en poche. Nous en viendrions très vite à croire que le voleur est responsable de notre condition misérable. De là à penser qu'on ne vaut pas plus qu'un billet de cinquante francs, il n'y a qu'un pas que nous n'hésiterions pas à franchir. Quand on est dupe d'une situation, il y a toujours matière à récrimination, mais se cantonner dans une telle attitude est préjudiciable et malsain. Il faut apprendre à pardonner et à poursuivre son chemin. Pardonner, c'est renoncer à tenir les autres pour responsables de notre infortune. Aussi longtemps que nous leur imputerons nos malheurs et notre insuccès, nous créerons un blocage à notre aptitude au succès. Si j'osais une métaphore, je dirais que, pointerions-nous indéfiniment quelqu'un du doigt, trois autres doigts resteraient pointés dans notre direction. Ces trois doigts servent justement à nous rappeler que c'est à nous qu'il appartient de redresser la situation. C'est par le pardon aussi que l'on retrouve sa capacité à concrétiser ses aspirations.

PARDONNER, C'EST AUSSI RENONCER À TENIR AUTRUI POUR RESPONSABLE DES CALAMITÉS QUI S'ABATTENT SUR NOUS

C'est en se sentant impuissant à parvenir à ses fins que l'on stagne dans une attitude de reproche. On est persuadé que le pardon n'est qu'une incitation à la récidive et une atteinte à notre pouvoir. Or, ce pouvoir – essentiellement manipulateur et répressif – n'en est, en fait, qu'un simulacre. Plutôt que de nous-mêmes, il dépend surtout des autres et de leur bon vouloir. À l'inverse, en pardonnant sans hésitation, nous aurons mis en valeur nos capacités créatrices et, plus important encore, nous aurons contribué à leur épanouissement.

Pardonner contribue à l'épanouissement de notre pouvoir créateur

Blessées, certaines personnes s'emploieront à punir le responsable ou à refréner leurs sentiments. Comme il en est fait mention plus haut, loin d'être le reflet de notre âme, une telle attitude ne fait que nous éloigner de nos capacités créatrices. La seule personne à qui nous faisons du tort, c'est nous-même.

Pardonner, ce n'est ni permettre ni oublier. C'est moins s'exposer à souffrir une nouvelle fois, quel que soit l'amour que nous vouons à la personne qui nous a fait du mal. C'est seulement se montrer pragmatique, et s'employer à prendre les décisions qui nous permettront d'entretenir les meilleures relations possibles avec la personne en question.

Pardonner ne veut pas dire oublier

Dans certains cas, il se peut que l'on pardonne, avec, néanmoins, la volonté de poursuivre ses relations et de faire comme si rien ne s'était passé. Mais, en règle générale, nous jugerons plus sage de rester à l'écart de celui ou celle qui a voulu nous nuire. Adoptée avec la sagesse et l'attention nécessaires, une telle attitude n'exclut pas le pardon : le plus souvent, outre de renoncer au blâme, elle nous permet aussi de reconsidérer la nature de notre relation sans que notre capacité affective en soit altérée.

Jerry et Jack étaient bons amis depuis de nombreuses années, jusqu'au jour où Jerry commit la terrible erreur d'étaler en public certaines confidences que lui avait faites son ami. Ce dernier en fut si ulcéré, que sa première réaction fut de tirer un trait sur leur longue amitié. Mais en s'efforçant d'oublier l'incident, en désirant ardemment pardonner à son ami, Jack se rappela l'amour et l'amitié qu'il portait en son cœur.

Une attitude de pardon ouvre le cœur et l'esprit et permet de mieux comprendre que l'erreur est humaine et que, pour être fautive, une personne n'en mérite pas moins amour et considération. Pardonner, c'est aussi renoncer à réprimer et à refouler nos sentiments d'amour et d'affection. C'est revenir à notre véritable nature en gardant notre libre arbitre quant au type de relation que nous entretiendrons désormais avec celui ou celle qui nous aura déçus. Pardonner n'engendre aucune obligation, de la part de celui qui pardonne comme de celui qui est pardonné.

PARDONNER, C'EST RENONCER À RÉPRIMER ET À REFOULER SES SENTIMENTS D'AMOUR

Un des moyens pour ne pas blâmer les autres, c'est de se souvenir que l'on fait fausse route, quelles que soient notre colère et notre frustration. Au lieu d'accabler de reproches la personne dont nous partageons l'existence, changeons notre fusil d'épaule et employons-nous plutôt à remplir nos réservoirs d'amour. C'est par le biais de compensations extérieures que nous renouerons avec notre nature aimante, et pourrons ainsi pardonner. Nos besoins satisfaits, renoncer à jeter le blâme se fera presque automatiquement.

La conviction associée à la notion de blâme s'exprimerait à peu près en ces termes : « À cause de lui (ou de ce qui vient d'arriver) je ne pourrai pas obtenir ce que je désirais. » C'est une erreur ; et le comprendre, c'est déjà renoncer à jeter le blâme et décider de pardonner, autant à autrui qu'à soi-même. Au lieu de percevoir nos expériences passées comme un handicap, elles nous apparaîtront comme un moyen de trouver la bonne voie et de renforcer notre aptitude à aimer à travers le pardon.

Éviter la dépression

On est enclin à la dépression lorsque l'on est coupé de sa capacité à reconnaître, apprécier les joies de la vie et en profiter.

Et ce n'est certes pas en gardant le cœur fermé aux bienfaits qui nous ont été déjà accordés que l'on se prépare un glorieux avenir. En état de dépression, non contents de neutraliser notre aptitude à ressentir nos besoins et le pouvoir attractif qui nous permet de les combler, nous rejetons également toutes ces petites choses qui sont les plaisirs de la vie.

La principale cause de dépression chez la femme se nomme solitude. Il n'est, paraît-il, pire maladie dont elle puisse souffrir. Pour peu qu'elle se sente gagnée par un sentiment d'incapacité à obtenir ce qu'elle désire, elle sombre dans une dépression de plus en plus profonde. Le symptôme majeur d'une dépression se traduit par un sentiment de vacuité et d'impuissance. Or, en orientant ses pensées vers d'autres aspirations, la femme commencera à combler ses besoins, et son état dépressif s'estompera. Pour bon nombre d'entre elles, la méditation se révélera une source de soulagement immédiat.

LA SOLITUDE EST, CHEZ LES FEMMES, LA PRINCIPALE CAUSE DE DÉPRESSION

Pour un homme, c'est surtout le sentiment d'inutilité qui sera cause de dépression, que ce soit parce qu'il est sans emploi ou parce qu'on ne l'apprécie pas à sa juste valeur. Il connaîtra immédiatement une baisse d'énergie et n'aura de son existence qu'un sentiment de platitude. Coupés de leurs sentiments véritables, certains hommes ne seront pas même conscients de leur état dépressif. Un des symptômes clés de la dépression est l'absence d'enthousiasme et une indifférence généralisée à tout ce que l'on entreprend.

LE SENTIMENT D'INUTILITÉ EST, CHEZ LES HOMMES, LA PRINCIPALE CAUSE DE DÉPRESSION

Surmonter une dépression commande que l'on se tourne vers la bonne voie, celle par laquelle on atteindra son objectif. Si nos entreprises ont échoué, c'est que, dans notre quête d'amour, de soutien ou de succès, nous nous sommes engagés dans une voie qui n'était pas la nôtre. Pour nous libérer de nos blocages, nous devons au préalable satisfaire nos besoins essentiels, lesquels passent généralement par les exigences qui nous rebutent le plus.

Notre vie de couple nous déprime-t-elle au point que nous nous sentions seuls ? Pour satisfaire notre besoin d'amour, il faudra alors chercher ailleurs, et non nous borner à croire que seule la personne dont nous partageons l'existence est apte à nous rendre heureux. Ce précepte n'induit pas pour autant une notion de séparation ou de rupture, seulement que l'on doit chercher par un autre biais l'amour et le soutien qui nous font tant défaut.

Il en va de même dans le domaine professionnel : au lieu de tomber dans la dépression et de nous croire réduits à l'impuissance, nous nous évertuerons à considérer toutes les possibilités qui s'offrent à nous pour accomplir nos projets. Quoique la ligne droite soit le plus court chemin, il en existe une infinité d'autres pour rallier un point à un autre. C'est en puisant de nouvelles ressources par d'autres canaux que nous prenons conscience de notre acuité et des possibilités qui nous sont offertes pour parvenir à nos fins.

La pensée communément associée à un état dépressif est celle selon laquelle l'amour et le soutien auxquels nous aspirons nous sont définitivement interdits. Mais reconnaître les réservoirs d'amour qui se trouvent en chacun de nous favorisera la visualisation des possibilités qui nous sont offertes. Cette perception nouvelle nous démontrera que, de quelque nature que puisse être notre sentiment, nous avons pris la mauvaise direction, et qu'en réalité, nos besoins peuvent, dans tous les cas, être immédiatement comblés. Dans un état dépressif, la grande difficulté consistera à comprendre notre inclination à vouloir combler nos besoins d'une seule manière en ignorant toutes les autres possibilités qui s'offrent à nous.

BILL ET SUSAN

Bill était déprimé parce que Susan, sa femme, ne ressemblait en rien à la femme qu'il eût aimé avoir. Il s'en était fait une image à laquelle elle ne s'était jamais conformée. Si, au début, il n'y attacha qu'une importance relative, il sombra rapidement dans la dépression simplement parce qu'il pensait ne jamais avoir l'épouse dont il avait rêvé. Pourtant, cet état dépressif disparut quand il décida de se tourner vers lui-même. Plutôt que de penser à son mariage, il se concentra sur ses activités préférées, jusqu'au jour où il se sentit beaucoup mieux et finit par apprécier à nouveau sa femme. S'occuper de lui-même lui évita de penser à sa femme telle qu'il eût aimé qu'elle fût.

Nous sommes déprimés lorsque l'existence nous renvoie une image qui n'est pas celle dont nous rêvons, et à laquelle nous ne pouvons accéder justement parce que nous sommes trop attachés aux apparences. Or, c'est précisément en renonçant à ce mode de perception que nous aurons toute latitude pour obtenir ce que nous voulons.

S'ATTACHER AUX APPARENCES EST GÉNÉRATEUR DE DÉPRESSION ET FAIT OBSTACLE À LA RÉALISATION DE NOS DÉSIRS

Une des façons de renoncer à cet attachement consiste à imaginer que l'on a obtenu ce que l'on voulait, puis à éprouver les sentiments qui en découlent. Apprécions ces sentiments à leur juste valeur, en nous disant que ce sont ceux auxquels nous aspirons, puis efforçons-nous de croire qu'il existe d'autres moyens d'y parvenir. Nous disposerons alors de l'ouverture de cœur et d'esprit nécessaire pour attirer tout ce qui nous est possible.

LES PRÉOCCUPATIONS DE CAROL

Souffrant de dépression, Carol, vingt-six ans, vint un jour me demander conseil. Je lui enjoignis de mettre en pratique la technique décrite au précédent paragraphe, et, très vite, elle se sentit beaucoup mieux. Elle revint pourtant me voir peu après le jour de l'An, en se plaignant d'être à nouveau maussade et déprimée. Or, après une brève conversation, il apparut que son état dépressif tenait, pour l'essentiel, à ce que sa mère avait convié sa sœur à partager le traditionnel repas de Noël en se gardant bien d'inviter Carol. Mais quand je lui demandai comment s'étaient déroulées les fêtes de fin d'année, son regard pétilla de joie car, me dit-elle, sa chère tante Ruth l'avait invitée à séjourner dans sa maison de campagne, où elle avait passé de merveilleux moments en sa compagnie. Ce qu'elle trouvait affligeant, en l'espèce, c'est que sa tante lui témoigne une gentillesse dont sa propre mère était incapable.

Je lui fis alors observer à quel point elle avait progressé, le grand pas qu'elle avait franchi depuis notre rencontre précédente. En quoi ? vous demanderez-vous. Mais en ce qu'elle avait réussi à trouver chez une autre personne l'amour et l'attention que sa mère semblait si peu disposée à lui prodiguer.

Après des années passées à attendre d'une personne une affection qui – peu importe la raison – ne lui serait jamais accordée, Carol était enfin parvenue à renoncer à ses griefs et à se tourner vers la personne qui, outre l'aimer comme sa propre fille, était apte à comprendre les difficultés qu'elle avait eues à grandir auprès d'une mère qui la délaissait.

On concevra sans peine que l'état dépressif de Carol se soit dissipé après qu'elle eut compris que ses besoins affectifs pouvaient être comblés par le biais de quelqu'un d'autre que sa mère. Confrontée de longue date aux problèmes dus à sa situation, Carol était une personne portée à la dépression. Forte de cette expérience, elle put prendre conscience de son aptitude à faire face aux difficultés sans pour autant tomber dans la dépression. Pour elle, le succès et l'épanouissement personnels devinrent une réalité. Elle avait enfin compris qu'elle ne devait son état dépressif qu'au fait de s'être engagée dans la mauvaise direction.

Renoncer à l'anxiété

L'anxiété surgit sitôt que nous sommes coupés de notre aptitude à croire que la réussite est à notre portée. Pour peu que nous ne soyons pas entièrement guéris des blessures du passé, l'anxiété devient notre lot quotidien. Presque toujours, cette anxiété se rattache à un problème antérieur non résolu, et presque toujours aussi, elle inhibe une énergie créatrice qui ne demande qu'à s'exprimer. Un jour, pourtant, les mêmes situations qui nous jetaient dans des affres d'inquiétude et d'anxiété se changent en une source d'exaltation, de paix et de confiance en soi.

En état d'anxiété, soit on renonce à sa capacité à profiter de l'existence, soit on échappe à son malaise et à sa nervosité en se mettant des œillères. On fait table rase de ses désirs et on limite son pouvoir. Pourtant, nous ne pourrons croître et prospérer qu'en prenant des risques, faute de quoi il faudra nous attendre à vivre dans la routine et la banalité. Par ailleurs, prendre des risques en état d'anxiété alimente notre souffrance. C'est pourquoi il existe une autre solution, consistant à prendre des risques en laissant libre cours à ses sentiments, puis en se libérant de ses émotions négatives.

À VIVRE DANS L'ANXIÉTÉ, ON RENONCE À SON APTITUDE À PRENDRE DES RISQUES ET À PROFITER DE CE QUE LA VIE NOUS OFFRE

Moi qui vous parle, j'ai terriblement souffert de l'anxiété née de l'obligation de m'exprimer en public. Quand je donnai ma première conférence, il y a de cela vingt-huit ans, mes jambes semblaient ne plus vouloir me porter. Je perdis tout simplement connaissance, à telle enseigne qu'on crut que je venais de passer l'arme à gauche, là, sur l'estrade. Le thème de ma conférence était : « Comment développer sa pleine capacité mentale par la méditation ». Sitôt revenu à moi, je repris néanmoins mon discours.

Cela faisait de nombreuses années que ce genre de manifestations me jetait dans des affres d'anxiété. J'en étais arrivé à me dire que j'avais peut-être fait le mauvais choix, que je m'étais trompé de vocation, jusqu'au jour où je lus une interview de John Lennon, au cours de laquelle il affirmait avoir dû mettre un terme à ses tournées, car son état d'anxiété était tel qu'il en venait à vomir avant chaque représentation. Si une célébrité comme lui vivait de tels tourments, me dis-je, c'était peut-être signe que je n'étais pas entièrement dans l'erreur. Ainsi, la pénible expérience de John Lennon me libéra de la croyance selon laquelle ma nervosité serait une entrave à mon succès. Peu à peu, j'appris qu'il existait de par le monde des milliers de personnes que leurs compétences – pour grandes qu'elles fussent – ne pouvaient soustraire au même mal. Je m'avisai aussi qu'en aucun cas l'anxiété ne saurait être le reflet ni de nos véritables compétences ni des événements à venir.

Je continuai à m'exprimer en public dans un état d'anxiété extrême seize années durant, jusqu'au jour où j'appris à guérir de mes émotions passées. À ce moment-là, quatre-vingt-quinze pour cent du problème était déjà résolu. Les cinq autres subsistent, mais n'apparaissent que dans la mesure où j'entreprends quelque chose d'entièrement nouveau et que de nombreuses pressions s'exercent sur mes épaules. Il me suffit alors d'analyser mes sentiments pendant une vingtaine de minutes pour sentir affluer en moi une extraordinaire énergie. À mon anxiété se substituent aujourd'hui un grand calme et une confiance totale en moi-même.

Renoncer à l'indifférence

Devenir indifférent, c'est occulter à ses propres yeux les désirs de son âme, et aliéner de soi le pouvoir de distinguer ce qui est possible de ce qui ne l'est pas. Ou bien on n'a plus foi en ses aspirations, ou bien on cesse de s'en préoccuper. Mais, quelle que soit l'attitude que l'on aura adoptée, on persistera à refouler ses désirs véritables.

Se cantonner dans l'indifférence revient à renier ses bonnes intentions, mais également au pouvoir d'infléchir les circonstances qui s'opposent à la réalisation des objectifs que l'on aura choisis. La vie perd alors de son sens et ressemble à un désert d'où l'amour est absent. L'engourdissement mental dans lequel nous nous enlisons est tel que nous en venons à ne plus voir les occasions qui passent à notre portée, cependant qu'un sentiment d'impuissance nous détourne de nos aspirations véritables, et, par là même, de notre aptitude innée à obtenir ce que nous désirons.

L'indifférence est aussi la première réaction à notre impuissance à obtenir ce que nous voulons, sous prétexte que cela nous est impossible. Le plus souvent, un homme adoptera une attitude de repli par le renoncement et l'oubli. Dépourvu de passion, il perdra de son énergie. Pour éviter de souffrir, il se réfugiera dans l'indifférence et refermera son cœur jusqu'au moment où son existence se limitera à une succession de tâches plus ou moins contraignantes.

Indifférent, un homme s'enfermera dans le renoncement et l'oubli

Pour autant qu'une femme pense qu'elle n'atteindra jamais son objectif, sa première réaction la portera vers la méfiance. Aura-t-elle souffert de certaines situations ou de sa dépendance envers autrui, qu'elle s'emploiera avec la dernière énergie à ce que cela ne se reproduise pas. Soucieuse de se protéger, elle se repliera sur elle-même, s'excluant ainsi tant de l'amour et de la compassion qu'elle éprouvera pour elle-même que de l'amour et de la compassion que lui apportera autrui. Elle deviendra, de ce fait, froide, méfiante et détachée de tout. Sans le savoir, elle viendra de fermer la porte à tout ce dont elle a besoin.

Pour une femme, indifférence égale méfiance

Le grand problème avec l'indifférence, c'est qu'elle nous interdit souvent de comprendre qu'il y a davantage à attendre de l'existence que nous le pensons. Notre sentiment d'impuissance nous amène à stagner, en acceptant notre incapacité à obtenir mieux ou davantage, et en rationalisant notre conduite, nos désirs ou même notre absence de désir. Nous nous disons en nous-mêmes quelque chose qui équivaut à ceci : « Ce n'était pas ce que j'espérais, mais c'est tout ce que je peux obtenir. Dans ces conditions, à quoi bon me casser la tête ? » C'est la façon la plus sûre de nous taire nos sentiments véritables et nos désirs profonds.

L'INDIFFÉRENCE NOUS INTERDIT DE VOIR
TOUT CE QU'ON PEUT ATTENDRE DE L'EXISTENCE

Même en éprouvant un sentiment d'impuissance, on peut toujours procéder à l'analyse de ses sentiments sur une situation donnée, à seule fin d'en susciter de meilleurs. Pour cela, il n'est nécessaire de renier ni ses désirs ni ses sentiments. Confrontées à un problème apparemment insoluble, certaines personnes inclineront à croire que, ne pouvant le résoudre, elles pourront, à tout le moins, évacuer les sentiments négatifs qui l'accompagnent, sans savoir que ces sentiments peuvent être guéris.

Quelle que soit la gravité de la situation, et quand bien même nous serions incapables de la changer, nous pouvons nous concentrer sur ces émotions négatives et parvenir à une nette amélioration. Passé cette étape, au cours de laquelle nos sentiments négatifs auront fait place à ceux auxquels nous aspirons, la situation tendra invariablement à s'améliorer. Souvent, elle prend même un tour auquel on ne s'attendait pas, mais toujours à condition que l'on se soit préalablement abandonné au besoin d'éprouver à nouveau des sentiments positifs.

APRÈS L'INDIFFÉRENCE SURVIENT TOUJOURS UN PETIT MIRACLE
AUQUEL ON NE S'ATTENDAIT PAS

Notre plus grande force réside dans notre capacité à substituer à nos émotions négatives des émotions positives, accompagnées de désirs puissants. Alors que de petits miracles commencent à se produire, notre foi se renforce. Au lieu d'afficher de l'indifférence sitôt qu'on est impuissant à obtenir ce que l'on veut, on a la conviction qu'un événement inattendu corrigera la situation et que, finalement, tout ira beaucoup mieux qu'on ne l'avait espéré.

RENONCER À L'INDIFFÉRENCE,
C'EST GAGNER EN ASSURANCE

Pour peu que l'indifférence nous gagne, c'est signe que là, sous notre nez, un petit miracle n'attend que de se produire.

Plutôt que de céder à cette indifférence, méditons, donnons-nous le temps de reconnaître nos émotions et de définir nos objectifs, et nous serons surpris de découvrir l'éventail de possibilités qui s'offrent à nous.

Certains couples finissent par sombrer dans l'indifférence. Les déceptions et l'incompréhension dont ils ont souffert à maintes reprises les conduisent à abandonner. Parce qu'ils ont perdu espoir, l'amour sur lequel repose leur union ne peut être ni perçu ni exprimé. En l'espèce, la première étape consistera pour les deux partenaires à faire provision de cet amour ailleurs que dans le cadre de leur foyer. Après cela seulement, ils pourront reprendre leur relation, en veillant, toutefois, à ne s'adresser aucun reproche.

C'est, généralement, en persistant dans cette attitude de reproche, en rejetant la faute sur l'autre que l'on se sent impuissant à combler ses besoins. Mais il suffira de faire face à ses émotions négatives et de vouloir pardonner, pour que fonde peu à peu cette froide indifférence. Dans une relation, l'indifférence est toujours signe que l'on doit se tourner ailleurs, à condition, bien sûr, que l'on veuille revenir à de meilleurs sentiments.

Renoncer à juger

On se met à porter des jugements dès qu'on perd son aptitude à voir le bien chez nos semblables ou dans un contexte donné. Si le discernement est essentiel à certaines améliorations, son utilité est amoindrie dès que l'on rejette en bloc une personne ou une situation sans en retenir les éléments positifs. Se cantonner dans cette attitude est générateur d'irritation dès que nous nous heurtons à une situation qui nous dépasse. La ligne bleue des Vosges est bien là, mais on est incapable de la voir.

Si l'on tend à porter des jugements et à résister à autrui, c'est surtout parce que l'on souffre de préjugés, bien qu'on en ignore la véritable nature. Pour évacuer de tels sentiments, nous devons, au préalable, nous employer à reconnaître la cause réelle de notre irritation. Le plus souvent, nous nous en prenons à nos proches, alors que la source de nos tracas est visiblement ailleurs.

NOUS NOUS EN PRENONS À NOS PROCHES, QUAND, EN RÉALITÉ, LA SOURCE DE NOS TRACAS EST AILLEURS

Si nous tracasser à cause de notre coupe de cheveux relève de l'ineptie, cela signifie aussi que quelque chose de plus grave nous inquiète. Que ce soit à cause d'une décision à prendre ou d'un investissement à faire, nous reporterons toujours notre inquiétude sur un élément extérieur, et nous commencerons à porter des jugements sur tout ce qui passe à notre portée. Des gens qui nous entourent, nous ne verrons que les défauts. Dès l'instant où une chose nous préoccupe sans que nous puissions la dominer, il est permis de dire sans crainte de se tromper que l'objet de nos préoccupations est en réalité ailleurs.

LA MAUVAISE HUMEUR EST TOUJOURS SIGNE DE TRACAS

En transposant nos sentiments, nous aspirons à résister à des situations qui nous dépassent. Mais en analysant nos sentiments au-delà des jugements que nous portons et des réactions qui s'y rattachent, nous finissons toujours par découvrir la véritable cause de nos tracas. Une fois encore, c'est en mettant un nom sur ces émotions que nous pourrons nous en libérer et commencer à corriger la situation.

REGARDER DANS LE MIROIR DE NOS JUGEMENTS

Il arrive souvent qu'en jugeant les autres, l'on porte, peu ou prou, un jugement sur soi-même, que l'on regarde, pour ainsi dire, dans un miroir sans forcément aimer ce que l'on y voit. Néanmoins, cette notion ne nous apparaît pas de prime abord ; elle nécessite même un certain apprentissage. Pour ma part, j'avais pour habitude de porter un jugement sitôt qu'une personne me semblait arrogante ou prétentieuse. Il suffisait que quelqu'un m'apparût tant soit peu imbu de lui-même pour que je me mette aussitôt à le détester. Plus tard, je devais découvrir que cette aversion n'était en fait que le reflet de ma crainte d'être rejeté pour avoir été perçu, moi aussi, comme un personnage arrogant. Cette crainte restant refoulée, je n'avais d'autre souci que de rester modeste et discret à n'importe quel prix.

La prise de conscience de ces émotions sous-jacentes fut à l'origine de deux changements importants.

Le premier fut que je cessai de m'interroger sur les qualités et les défauts des gens : outre le fait qu'ils ne me rendaient pas plus heureux, les jugements que je portais sur autrui étaient dénués d'intérêt, pratique ou autre. Je pouvais désormais être en désaccord avec quelqu'un sans pour autant lui retirer mon affection ou ma considération. En renonçant à le juger, je n'éprouvais ni le besoin de le critiquer ni même de l'aimer.

PORTER DES JUGEMENTS NOUS REND SEULEMENT MALHEUREUX

Le second changement se traduisit par une prise de conscience de mes pleines capacités dès lors que je les faisais connaître à autrui, par l'acquisition de suffisamment d'assurance pour n'avoir pas à me demander si j'étais meilleur ou pire qu'un autre, mais, plutôt, pour démontrer ce que j'étais capable de faire. En me libérant de mes préjugés sur ce qui me semblait prétentieux ou pas, je pus aborder le monde de façon positive.

Les erreurs que j'ai commises pour m'imposer et réussir dans ma carrière sont légion. Elles m'ont conduit à me montrer, moi aussi, sous un jour défavorable et, pourquoi le nier ? arrogant. Mais c'est en pardonnant aux autres que j'ai pu me pardonner à moi-même et apporter à mon attitude les changements nécessaires. Cependant, ces changements nous entraînent parfois à commettre de nombreuses erreurs. De ces erreurs nous ne pourrons tirer les enseignements qu'en ayant appris à nous aimer nous-mêmes. À défaut de quoi, soit nous tenterons de justifier ces erreurs, soit nous rejetterons ce que nous sommes vraiment.

CHANGER DE COMPORTEMENT NOUS ENTRAÎNE À COMMETTRE DES FAUTES

Après qu'on a acquis une telle perception, il apparaît clairement que persister à juger constitue un blocage. La ligne est mince entre l'arrogance et l'estime de soi, et ne pas la franchir est moins facile qu'il n'y paraît, car porter un jugement constitue déjà en soi une forme d'arrogance. En renonçant à juger autrui, nous sommes amenés à faire de nombreuses expériences, à commettre des fautes, certes, mais aussi à en tirer les conséquences afin de mieux progresser.

Bien des gens impécunieux jugent leur prochain à travers leur fortune. Certains vont même jusqu'à apprécier la fortune elle-même. Cette seule attitude suffit à aliéner d'eux les biens auxquels ils aspirent. Pour recevoir avec un cœur ouvert, il faut se garder de tout jugement. C'est en prenant conscience des limites de nos croyances et de l'étroitesse de nos convictions que nous parviendrons à nous en défaire. Tous les jugements que nous porterons sur l'argent ne serviront qu'à cacher notre embarras de ne pouvoir en gagner davantage. Cette perception acquise, nous sommes alors à même d'aspirer à plus et de l'obtenir.

LES JUGEMENTS QUE L'ON PORTE SUR L'ARGENT SONT UN MOYEN DE CACHER SON EMBARRAS DE NE POUVOIR EN GAGNER DAVANTAGE

Juger les autres revient à refouler l'affection que nous éprouvons pour eux. Et nous la refoulons parce que nous pensons que, si nous étions à leur place, nous ne serions pas dignes d'affection. Se pencher sur les jugements que l'on porte, c'est avoir un aperçu de la cage dans laquelle on est enfermé. Ceux qui jugent sont généralement prisonniers de leurs propres préjugés et se révèlent incapables de s'abandonner, et d'être entièrement eux-mêmes. Ils craignent de commettre des erreurs car ils redoutent qu'on les juge à leur tour.

SE PENCHER SUR LES JUGEMENTS QUE L'ON PORTE, C'EST AVOIR UN APERÇU DE LA CAGE DANS LAQUELLE ON EST ENFERMÉ

Juger autrui, c'est renforcer la crainte que l'on ne réponde pas à certains critères ou que l'on soit indigne d'amour ou d'affection.

J'assistais à un concert de musique, quand je me pris à me montrer de plus en plus critique à l'endroit de personnes dont l'enthousiasme me semblait excessif. C'est alors que je décidai de regarder un peu plus en moi-même en espérant trouver des raisons qui me feraient partager cet enthousiasme débridé. J'y songeai longtemps tout au long du concert, sans jamais y parvenir. Ce n'est qu'après avoir analysé mes sentiments que je me rappelai mon aversion innée pour les débordements, tant je redoutais d'être jugé, ridiculisé ou même puni.

J'essayai alors de remonter dans le temps et de revivre mes craintes, puis m'imaginai recevant tout le soutien auquel j'aspirais. En remplissant mon réservoir d'amour, d'amitié et de plaisir, en faisant provision de vitamine P 2, je pus enfin renoncer à juger ceux pour qui le plaisir était prétexte à certains excès. Après cela, je trouvai mille occasions de m'exprimer librement. J'abordai l'existence avec moins de gravité ; je devins plus assuré, et parfois même excessif. Je donnai libre cours à ma spontanéité sans craindre que personne me jugeât. Dire que, des années durant, je refrénai mon enthousiasme par crainte de ce qu'on penserait de moi, alors qu'aujourd'hui je peux me dire : « Et puis après ? Qu'est-ce que ça peut bien me faire ? » Cela ne signifie par pour autant que les autres m'indiffèrent, seulement que je ne me laisse plus influencer par les jugements qu'ils pourraient porter sur moi.

PEU IMPORTE CE QUE LES AUTRES PENSENT DE NOUS

Renoncer à juger, c'est se rendre libre, mais c'est aussi économiser une somme considérable d'énergie. S'il n'y a aucun mal à manifester son insatisfaction, il y en a à juger, car un tel comportement aliène de nous l'amour que nous avons au fond de notre cœur. Si nous portons des jugements, c'est souvent parce que les autres ne pensent pas, ne ressentent pas ou ne réagissent pas de la même façon que nous. Il en résulte un sentiment d'impatience et parfois de colère, tant envers les autres qu'envers nous-mêmes. Cette rupture est la cause d'un déchirement qui nous conduit à juger plus encore.

Nous jugeons aussi de la ligne de conduite des autres. Mais, tout convaincus que nous sommes de la justesse de notre attitude ou de notre raisonnement, ce n'est pas une raison pour vouloir l'imposer aux autres. Que quelqu'un soit différent de nous ne signifie pas pour autant qu'il soit meilleur ou pire que nous.

Juger nous prive de nos aspirations et nous pousse à voir dans nos différences la cause de nos souffrances. À nos yeux, la méconnaissance de notre pouvoir créateur est due à nos différences ; des différences que nous percevons comme une opposition entre ce qui est juste et ce qui ne l'est pas.

Il est étonnant et merveilleux à la fois de constater combien certaines personnes se radoucissent avec l'âge. Elles ont traversé la vie et découvert leur personnalité sans se sentir menacées par celle des autres. Néanmoins, il n'est nullement nécessaire d'attendre la sagesse toute sa vie. En apprenant à puiser en nous-mêmes les ressources qui nous permettront de combler nos besoins, nous pourrons renoncer à porter des jugements sur autrui.

Renoncer à l'indécision

On devient indécis dès que l'on perd son énergie et sa capacité à trouver la bonne voie et à s'y tenir. En plus d'être une entrave à nos entreprises, cette indécision éveille en nous un sentiment d'égarement qui nous affaiblit et nous rend dépendants des autres, même pour ce qui nous touche de près. Face aux aspirations de notre âme on déclare alors forfait, et l'on se ferme à toute possibilité de réussite en se refusant à toute promesse ou à tout engagement.

L'indécision signifie que l'on s'attarde encore sur certains problèmes du passé

L'indécision a surtout pour cause la déception et le découragement. Si, à un moment de sa vie, on est incapable de prendre certaines décisions, c'est parce que l'on n'a pas encore résolu certains problèmes du passé, et que l'on s'est attardé sur les erreurs que l'on aura commises ou les déceptions que l'on aura connues. Si, par exemple, une décision que nous avons prise par le passé nous a déçus, nous serons réticents à en prendre d'autres, semblables, dans l'avenir.

Si certaines personnes en qui l'on avait confiance nous ont trompés ou abandonnés, il deviendra, par la suite, difficile d'accorder notre confiance, tout comme nous douterons de nous-mêmes, quand bien même nous serions profondément convaincus du bien-fondé de notre décision.

Une telle tendance affectera considérablement le succès de nos entreprises, car en doutant de nous-mêmes nous instillons aussi le doute chez les personnes à qui nous avons affaire. Plutôt que d'essuyer un échec, nous préférerons nous abstenir.

Pour ma part, j'ai décidé de mettre en pratique le principe selon lequel « qui ne risque rien n'a rien ». Je préfère encore me tromper plutôt que de ne rien faire du tout, car la passivité est aussi lourde à supporter qu'un échec éventuel. Ma décision, je la prendrai moins par certitude que par besoin d'agir, en partant du principe que, même si je ne suis pas sûr de ma décision, il sera toujours temps de me définir de nouveaux objectifs.

MIEUX VAUT ENCORE ÉCHOUER QUE DE N'AVOIR RIEN TENTÉ

Face à un public mal disposé, un comédien se rappellera que tout spectacle n'est qu'une répétition jusqu'au jour où ce sera enfin un succès. On ne connaît la véritable valeur des choses qu'après les avoir éprouvées.

C'est vers l'âge de trente ans que je décidai de ne plus me préoccuper de ce qu'on pouvait dire ou penser de moi. J'écoutais mon cœur et appris ainsi à m'enrichir de mes propres expériences. Ainsi, les principes énoncés dans *Les hommes viennent de Mars...*, que j'enseignai au cours des années quatre-vingt, ne manquèrent pas de susciter quelques réactions d'hostilité. Si ces réactions me conduisirent à douter de moi-même, je ne désarmai pas pour autant et persistai dans la tâche que je m'étais assignée.

Six années durant, alors que de nombreuses personnes tiraient d'appréciables bénéfices des idées que je promouvais, mes collègues ne connaissaient qu'un succès mitigé. On me reprochait surtout d'avoir renoncé à mes anciens enseignements au profit de ceux exposés dans l'ouvrage *Les hommes viennent de Mars...*

Je compris alors que, pour surmonter mon découragement, je devais d'abord me raffermir dans mes convictions. Je veux dire par là que, pour être cru des autres, il est essentiel de d'abord croire en soi. Stagner dans l'indécision affaiblit nos facultés et conduit notre entourage à ne plus avoir confiance en nous.

POUR ÊTRE CRU DES AUTRES, IL FAUT D'ABORD CROIRE EN SOI

C'est ainsi, alors que je comprenais que les préceptes édictés dans *Les hommes viennent de Mars...* pouvaient réellement sauver de nombreux ménages, que ces mêmes idées trouvaient crédit auprès de millions de personnes. Cela n'est qu'un exemple parmi tant d'autres, qui démontre à quel point la foi et la ténacité sont déterminantes pour toucher au succès. Sans conviction intérieure, je n'aurais jamais pu persister dans mon idée. Dans mon égarement, j'ai demandé à Dieu de me montrer la voie. Peu à peu, mes idées se sont faites de plus en plus claires. Ne fût-ce que pour cela, que Son saint nom soit béni.

PRENDRE DES DÉCISIONS

Parvenir au succès exige que l'on prenne de nombreuses décisions. Cela n'est pas toujours facile, à moins de ne pas craindre de commettre des erreurs. Outre les risques d'erreur, nous devons aussi accepter que nos projets puissent comporter certaines zones d'ombre. Dans le métier que j'exerce, il ne se passe pas une semaine sans que j'aie à prendre un certain nombre de décisions. Pour moi, le plus simple est encore de m'accorder quelques jours pour y réfléchir, mais aussi pour les oublier. Aux questions que je me pose, les réponses apparaissent alors comme par enchantement, dictées par ma seule intuition.

Cette forme de relâchement de soi n'est en fait qu'une manière de se ressaisir avant de prendre une grande décision. Quel que soit le nombre d'erreurs commises, cet esprit de décision est indispensable à notre croissance et à notre prospérité. L'erreur d'aujourd'hui préfigure peut-être la solution de demain. Il serait futile de croire que l'on peut tout prévoir, quand on sait toutes les surprises que la vie nous réserve.

IL SERAIT VAIN DE CROIRE QUE L'ON PEUT TOUT PRÉVOIR

Si, tout compte fait, il nous est impossible de définir claire-ment nos objectifs, ce n'est pas une mauvaise chose que de ne rien faire du tout, sauf analyser sérieusement nos sentiments. Cette analyse permettra de nous libérer de la tension qui entoure notre prise de décision, mais également de parvenir à la réponse que nous recherchons. Connaître ses objectifs et les moyens d'y parvenir n'est pas forcément garant de succès. Certaines personnes commettront aussi l'erreur d'attendre d'être absolument certaines de leur affaire. Une telle attitude constitue un frein considérable à leurs projets. Une décision induit seulement qu'on la prenne en son âme et conscience, et qu'on soit prêt à en assumer les conséquences.

SAVOIR CE QUE L'ON VEUT N'EST PAS GARANT DE SUCCÈS

Je suis extrêmement prudent quant aux décisions à prendre, dès qu'il est question de me lancer dans une entreprise. Si je le fais, c'est que je me suis préalablement assuré de pouvoir tenir mes engagements. Une telle attitude contribue à donner du poids à mes paroles ; et si mes ouvrages se sont révélés – du moins pour certains – si bénéfiques, c'est justement grâce à cela. Chacun de mes propos découle de mes propres expé-riences, et les perceptions dont je fais état dans mes livres m'ont été – et me sont toujours – d'un grand profit. Il n'y a rien que j'aie écrit qui ne m'ait été salutaire, d'une façon ou d'une autre.

Un jour, une femme s'approcha de Gandhi pour formuler une requête : elle lui demanda d'intercéder auprès de son fils afin qu'il cessât de se gaver de sucreries. Elle croyait son hypergly-cémie responsable de son hyperactivité. Gandhi répondit qu'il lui donnerait sa réponse trois mois plus tard.

Ce laps de temps passé, la femme réapparut, accompagnée de son fils. En termes simples, Gandhi expliqua alors au garçon qu'un excès de sucre était nuisible à sa santé, et qu'en cessant ses abus, il ne s'en trouverait que plus fort et mieux portant. Le garçon souscrivit à ses conseils sans hésiter. En privé, la femme demanda alors à Gandhi pourquoi il lui avait fallu trois mois pour produire une réponse aussi succincte. Pour qu'une réponse soit convaincante, répondit le sage, il faut d'abord qu'elle soit vérifiée. En renonçant lui-même à absorber du sucre pendant trois mois, il fut apte à transmettre au garçon la force et la confiance nécessaires pour qu'il y renonçât à son tour.

Nos propos auront d'autant plus de force que nous les aurons vérifiés. Tenir parole, c'est tenir ses promesses et, de ce fait même, acquérir le pouvoir de la faire respecter.

UNE PAROLE EST D'AUTANT PLUS FORTE QU'ELLE EST VÉRIFIÉE

Si nous ne tenons pas parole, cela ne veut pas dire non plus que nous nous affaiblissions, car il arrive parfois que certaines circonstances nous l'interdisent. Mais rien n'est perdu pour autant, car ne pas tenir notre promesse signifie seulement que notre crédibilité ne s'est pas accrue. Cependant, chaque fois que nous parvenons à tenir une promesse, notre parole s'en trouve renforcée d'autant.

Mieux vaut encore faire une promesse et ne pas la tenir que ne pas faire de promesses du tout. L'indécision de certaines personnes tient surtout à leur crainte de décevoir. Elle est souvent reliée à des expériences passées au cours desquelles nous aurons déplu à un parent ou nous aurons craint de perdre l'estime qu'il nous avait accordée. Mais notre âme y gagnera quand même, pour peu que nous ayons fait tout ce qui était en notre pouvoir pour respecter notre parole. Si nous n'atteignons pas le but que nous nous étions fixé, disons-nous que nous aurons quand même essayé.

MIEUX VAUT FAIRE UNE PROMESSE ET NE PAS LA TENIR QUE NE PAS EN FAIRE DU TOUT

Si nous prenons une mauvaise décision, il nous reste toujours la possibilité d'analyser nos sentiments. Qu'ils se nomment déception ou découragement, nous y trouverons toujours notre compte, ne serait-ce que parce que cela nous ramène à notre personnalité profonde. C'est en restant en marge de toute décision, de quelque nature qu'elle soit, que nous sommes en rupture avec nous-mêmes. Non contents de ne pas gagner en force, nous en perdons.

Le meilleur moment pour reprendre sa parole, c'est celui où on se sera efforcé de la respecter. Plutôt que de persister dans une voie sans issue, changeons de cap, au moins aurons-nous l'avantage de rester fidèles à nous-mêmes et à l'aspect le plus fort et le plus déterminé de notre personnalité.

Renoncer à remettre au lendemain

On remet au lendemain quand on est coupé de sa capacité à accomplir ce à quoi l'on aspire. On pense qu'on n'est pas prêt, on s'invente tous les prétextes pour retarder certaines obligations, et cela, jusqu'au moment où on ne peut plus reculer. La tendance à ce phénomène appelé procrastination nous rend incapables de relever les défis de l'existence. En général, elle survient lorsque le courage nous manque.

ON REMET AU LENDEMAIN SOUS PRÉTEXTE
QU'ON N'EST PAS PRÊT

Or, le courage est comme un muscle : pour l'étoffer, il faut l'exercer, et c'est en relevant les défis qui se présentent à nous que nous y parviendrons. Déployons tous nos efforts, et nous pourrons constater que les anges nous viennent toujours en aide. C'est la règle : « Aide-toi, le ciel t'aidera. » Notre énergie ne pourra se répandre qu'après que nous aurons fait le premier pas.

Rien ne se fait qui n'ait de commencement. En mettant en branle notre volonté, notre énergie se met à affluer et, avec elle, nos pouvoirs créateurs. Des pouvoirs qui ne peuvent se concrétiser à moins que nous ne les exercions. C'est des risques que nous prenons que naît le courage, et, non seulement remettre au lendemain se révèle un véritable déchirement, mais cette attitude a pour résultat certain d'étouffer nos talents.

EN METTANT EN BRANLE NOTRE VOLONTÉ, NOTRE ÉNERGIE AFFLUE,
EN MÊME TEMPS QUE NOS POUVOIRS CRÉATEURS

Dans l'existence, les deux grandes causes de souffrance et de déchirement sont, d'une part, le manque d'amour à donner, et, de l'autre, l'incapacité à faire ce que l'on désire. Ne pas accéder aux aspirations de son cœur, c'est s'infliger autant de coups de poignard. Être en désaccord avec ses ambitions profondes se révèle toujours beaucoup plus douloureux que la crainte de l'obstacle que l'on cherche à éviter.

L'inquiétude notamment est souvent cause de procrastination, surtout lorsque l'on se sent incapable d'accomplir une tâche à laquelle on s'est engagé. Quelle qu'en soit la nature, on est certain de ne jamais y parvenir. Pour mettre fin à ce blocage, il faut d'abord comprendre que la solution n'apparaîtra qu'à condition d'avoir changé de perception sur la question.

Par un retour sur soi-même, on pourra alors aisément éliminer ses émotions négatives et reconnaître ses désirs profonds. Et c'est en se laissant guider par son cœur, et non par son esprit, que l'on renoncera à remettre au lendemain ce que l'on peut ou doit faire le jour même.

NE PAS REMETTRE AU LENDEMAIN CE QUE L'ON PEUT FAIRE LE JOUR MÊME

Un autre outil fort utile consiste à définir ses intentions. Plutôt que de nous y contraindre, imaginons-nous, après une séance de méditation, nous adonnant à ce à quoi nous aspirons. Songeons au sentiment de bien-être et d'accomplissement que nous éprouverons. Grâce à un tel procédé, nos intentions nous apparaîtront clairement et, au bout de quelque temps, nous nous surprendrons à réaliser vraiment ce que nous désirions.

Certaines personnes répugnent à passer à l'acte sous prétexte qu'elles ne sont pas prêtes, comme si le fait de l'être les débarrassait de leurs frayeurs et de leur anxiété. Il n'y a rien de plus faux : quelle que soit notre assiduité dans l'élaboration de nos projets, nos craintes subsisteront. Des craintes qui ne commenceront à se dissiper qu'après que nous aurons accompli le premier pas.

Renoncer au perfectionnisme

On devient perfectionniste sitôt que l'on perd de vue ou que l'on se refuse à admettre que l'existence ne saurait en aucun cas être parfaite. Il en résulte des attentes excessives de notre part comme de celle des autres, attentes qui, ne pouvant être comblées, seront porteuses de déception et de ressentiment. Toute chose étant relative, des exigences extrêmes éloignent de notre vie toute forme de grâce. Quand rien n'est assez bon, on devient incapable d'amour – tant à en donner qu'à en recevoir.

ASPIRER À LA PERFECTION, C'EST SE DÉPRÉCIER SOI-MÊME

Le besoin de perfection est un faux besoin. Il se signale dès l'enfance, quand on veut plaire à ses parents. On commet la sempiternelle erreur de croire qu'en devenant un enfant modèle, on rendra ses parents heureux. Tout enfant naît avec le désir sain et légitime de plaire à ses parents.

PLAIRE À AUTRUI EST UNE INTENTION SAINE, MAIS QUI PEUT ÊTRE AISÉMENT DÉFORMÉE

C'est lorsqu'un enfant échoue dans ses tentatives pour plaire à ses parents qu'il commence à devenir perfectionniste. Comme enfants, nous ne pouvons être heureux qu'à condition que nos parents soient fiers de nous, et si peu que nous les décevions, nous voilà tristes et désorientés. Soucieux de leur plaire, nous tentons de corriger notre attitude, au détriment de notre personnalité. Or, plus on s'éloignera de ce que l'on est vraiment, plus on aspirera à être parfait.

QUAND UN ENFANT NE PARVIENT PAS À PLAIRE À SES PARENTS, CE BESOIN DE PLAIRE SE MUE EN UNE QUÊTE DE PERFECTION

Toujours comme enfants, nous connaissons des contrariétés aux moments les plus inopportuns, ce qui nous attire invariablement la réprobation de nos parents. Pourtant, il est essentiel qu'un enfant puisse librement exprimer toute la gamme des émotions avant de parvenir à les maîtriser. Mais pour peu que l'une d'elles déplaise à ses parents, il en naîtra infailliblement pour l'enfant un sentiment d'insuffisance qui le conduira à refouler cette émotion.

Un enfant doit pouvoir exprimer librement ses émotions

Un enfant doit également pouvoir commettre des erreurs et en tirer les leçons. Cependant, il arrive souvent que ses erreurs soient perçues comme une carence de sa personnalité. Dès l'instant qu'il commencera à penser qu'il n'a pas droit à l'erreur, il tendra à se montrer perfectionniste.

Un enfant doit savoir qu'il a droit à l'erreur

Il arrive aussi qu'un don particulier pousse un enfant à être perfectionniste. Son talent lui procure un sentiment d'exception qui, parfois, s'érige en obstacle, car il n'osera plus se risquer dans des entreprises pour lesquelles il n'est pas particulièrement doué.

Durant l'enfance, nous sommes acquis à l'idée que, pour plaire à nos parents, nous devons être les meilleurs. Forts de cela, nous n'avons d'autre souci que celui de ne pas les décevoir et, partant, de ne pas entreprendre une activité dans laquelle nous n'excellerons pas. À moins de courir le risque de commettre des erreurs, nous ne saurons jamais ce que veut dire être aimés pour nous-mêmes, quelle que soit la faute que nous aurons commise.

Il est important qu'un enfant connaisse l'échec pour comprendre qu'il a droit à l'erreur

L'incapacité de plaire à nos parents éveille en nous un inextinguible sentiment d'insuffisance. Quel que soit leur degré d'accomplissement dans les champs d'activité pour lesquels ils sont doués, les perfectionnistes sont rarement satisfaits d'eux-mêmes. Plutôt que d'apprécier leur œuvre, ils tendront à la dénigrer.

Un perfectionniste sera rarement satisfait de lui-même, quel que soit son degré de réussite

Pour se faire une idée des sentiments d'insuffisance qui déterminent une grande part de leurs désirs apparents, il suffira aux perfectionnistes d'enregistrer leur voix au cours d'une conversation. Il sera alors surprenant de constater combien parmi eux seront embarrassés de l'entendre ; certains allant même jusqu'à ne pas reconnaître le son de leur propre voix.

Si cette expérience se révèle tellement édifiante, c'est que chacun de nous possède au fond de soi de formidables défenses servant à pallier les sentiments d'insuffisance éprouvés au cours de l'enfance. L'image que nous nous sommes faite de nous-mêmes s'est élaborée à partir des résistances que nous avons opposées aux messages négatifs qui nous auront été communiqués à différents stades de notre vie.

Écouter une voix que nous ne reconnaissons pas nous ramène à nos craintes premières, à savoir celles de déplaire et d'être rejetés. Un tel phénomène est source d'un profond malaise, ainsi que de la difficulté de nous accepter tels que nous sommes, et cela, quels que soient les éloges qu'on nous prodiguera.

ÉCOUTER NOTRE VOIX SANS LA RECONNAÎTRE NOUS RAMÈNE À NOTRE PEUR D'ÊTRE REJETÉS

Pour peu que des sentiments négatifs sommeillent en nous, le simple fait d'écouter le son de notre voix les fera réapparaître. Dès lors, nous pourrons remonter dans le temps et les analyser.

RECHERCHER LA PERFECTION

Dans la plupart des cas, notre besoin de perfection procède d'une carence de vitamine P 1. Nous éprouvons le besoin de remplir un de nos dix réservoirs d'amour et recherchons la perfection dans le monde alentour car, étant spirituellement coupés de notre personne, il nous est impossible de l'y trouver. Or, le monde extérieur étant ce que l'on sait, nous ne pourrons satisfaire ce besoin de perfection qu'à travers des concepts supérieurs, comme celui de Dieu. L'avantage tient à ce que cela dispense d'être autre que ce que l'on est, et d'aspirer à plus que ce que l'on a. C'est en jouissant pleinement de ce que l'on possède déjà que l'on peut espérer être ou obtenir davantage, sans pour autant viser la perfection.

Cependant, ce désir de perfection n'est malsain que dans la mesure où il est dirigé vers le monde extérieur. La perfection que l'on cherche en soi, elle, est très légitime puisqu'elle conditionne l'émergence de qualités profondes ou inconnues. Cette nouvelle perception de nous-mêmes nous permettra d'atteindre non pas la perfection, mais le parfait épanouissement de notre personnalité.

Renoncer à la rancœur

On éprouve de la rancœur dès que l'on est coupé de son potentiel à prodiguer amour et soutien. Le plus souvent, cette rancœur est issue du sentiment de n'avoir pas été payé en retour. Parce qu'un événement ou une personne nous a déplu, on réprime l'amour que l'on a en soi. Mais en refermant ainsi son cœur, on aliène aussi de soi la possibilité de réaliser ses désirs, en même temps que les sentiments d'amour et de générosité qui sont le fondement de toute personnalité.

La rancœur nous empêche de prodiguer l'amour que nous portons en nous-mêmes

En cessant de dispenser notre amour, nous nous fermons à celui des autres, quel que soit le sentiment de vacuité que nous en éprouvons. Notre ressentiment est parfois tel, que nous faisons secrètement obstacle à la générosité d'autrui. Une telle attitude revient à lancer à la face du monde qu'il est trop tard, que personne ne peut plus rien pour nous.

Remâcher notre rancœur nous empêche de voir toutes les occasions de donner autant que de recevoir qui nous sont offertes. En refusant de pardonner, en mettant des conditions à l'amour que nous pourrions prodiguer, nous endiguons le flot naturel de notre générosité, mais aussi de celle des autres ; nous nous obstinons à vivre dans le passé. Par une telle attitude, c'est surtout nous que nous punissons, car le mur de ressentiment que nous érigeons autour de notre cœur nous exclut inexorablement du monde extérieur.

LA RANCŒUR EST UN OBSTACLE, POUR DONNER AUTANT QUE POUR RECEVOIR

Non seulement la rancœur suscite l'impression de n'avoir plus rien à donner, mais elle nous interdit tout effort de générosité. Dès lors, nous ne pouvons rien recevoir. La seule façon de résoudre ce dilemme consistera à se tourner vers d'autres réservoirs d'amour.

Roseanne nourrissait une rancune tenace envers son mari, parce qu'il l'avait abandonnée pour une autre femme plus jeune qu'elle, alors qu'elle lui avait donné les meilleures années de sa vie. Privée d'amour et de soutien comme elle l'était, la seule pensée que son ex-mari filait avec une autre le parfait amour suffisait à éveiller en elle une terrible rancœur.

Pour se libérer de ce blocage, elle entreprit d'abord de retrouver son estime de soi en dressant le bilan de ses qualités qui, du reste, ne manquaient pas. Au lieu de se complaire dans sa condition de femme délaissée, elle décida de réaliser ses désirs et, à cet effet, s'adjoignit le soutien de personnes dans une situation similaire à la sienne. Cette seule initiative suffit à lui attirer l'affection de ses semblables, à telle enseigne que quelques-uns d'entre eux la convièrent à partir en croisière.

C'est un jour où, souffrant du mal de mer, elle dut rester cloîtrée dans sa cabine pendant que ses amis continuaient de s'amuser, qu'un horrible sentiment d'abandon et de solitude l'envahit. Elle qui se croyait guérie, voilà que les difficiles épreuves qu'elle avait vécues refaisaient brutalement surface.

Pourtant, l'exploration et l'analyse de ses sentiments profonds permirent à Roseanne d'associer son sentiment d'abandon non pas à son mari, mais au type de relations qu'elle avait eues dans son enfance au sein de sa famille : outre le fait de veiller sur ses cinq jeunes frères et sœurs, elle avait également dû, en l'absence de son père, prendre soin d'une mère gravement malade.

Bien qu'aimants, les parents de Roseanne étaient dans l'impossibilité de lui prodiguer le temps, l'amour et l'attention dont elle avait besoin. Adolescente, elle était parvenue à faire abstraction de ses sentiments pour prendre les problèmes familiaux à bras-le-corps, ce dont chacun lui avait été reconnaissant. La force qu'elle en avait retirée lui avait fait oublier tout ce dont elle avait été évincée.

Ce jour-là, alors qu'elle souffrait de l'absence de soutien de ses amis, Roseanne découvrit, refoulé au fond de son cœur, un spectre d'émotions insoupçonnées. Elle découvrit, par exemple, la jalousie qu'elle avait éprouvée à ne pas partager la joie des autres enfants, le déchirement dû au fait que personne ne s'inquiétait de son sort, quand sa mère et ses frères et sœurs accaparaient toute l'attention. Cependant, si restreint qu'il fût, l'amour que ses parents avaient pour Roseanne permit à cette dernière de comprendre toute l'affection qu'ils lui auraient témoignée s'ils en avaient eu le temps. Imaginer sa mère la serrant dans ses bras et lui apportant le soutien et la compassion dont elle avait besoin suffit à la réconforter et à remplir un de ses dix réservoirs d'amour.

De cette façon, Roseanne sut dans quelle direction se tourner pour faire le plein de vitamine P 1. La rancœur qui la rongeait en raison des épreuves qu'elle avait connues s'estompa et son existence s'améliora considérablement. Elle se fit de nombreux amis, retrouva la joie de vivre et eut même quelques aventures, pour enfin trouver l'homme attentionné dont elle avait toujours rêvé. Quoique l'idée d'être une femme divorcée continuât de lui déplaire, elle parvint à jouir pleinement de l'existence qu'elle s'était enfin créée.

Pour faire tomber les verrous que la rancœur pose sur notre cœur, il nous faut admettre que ces verrous, c'est nous qui les mettons. Il est de fait que la vie peut se montrer cruelle, mais ce n'est pas en retenant l'amour que nous portons en nous que nous la rendrons meilleure, bien au contraire.

Retenir l'amour que l'on a en soi n'arrange rien

En réprimant l'amour que nous portons en nous, il faut bien comprendre que nous, et nous seuls, sommes à l'origine de notre problème. Non contents de dégager une énergie négative, nous l'attirons aussi.

Tout compte fait, la rancœur que l'on éprouvera sera surtout due à l'oblitération de notre faculté à concrétiser nos désirs. Notre souffrance se mue en ressentiment qui ne fait que s'accroître, concurremment avec notre conviction de ne pouvoir réaliser nos aspirations. Retrouvons notre pouvoir créateur, et notre rancœur disparaîtra. Éprouver de la rancœur, c'est encore une autre façon de blâmer et de juger autrui.

ÉPROUVER DE LA RANCŒUR, C'EST NE PAS ÊTRE CONSCIENTS DE NOTRE CAPACITÉ À RÉALISER NOS RÊVES

La rancœur est le signe que nous avons fait fausse route, que, non seulement nous avons trop donné, mais que nous l'avons fait à mauvais escient, sans avoir été payés de retour. Au lieu de blâmer la personne intéressée, employons-nous à remplir ailleurs notre réservoir d'amour. En prenant notre part de responsabilité, nous pourrons accepter le problème qui nous préoccupe sans pointer cette personne du doigt. Cette perception est importante, non seulement en ce qu'elle nous indique la direction à suivre, mais aussi parce qu'elle nous déculpabilise – nous-mêmes autant qu'autrui.

LA RANCŒUR EST LE SIGNE QUE NOUS AVONS FAIT FAUSSE ROUTE

Dans la plupart des cas, on témoigne d'une générosité excessive par souci de rendre les autres heureux. C'est, là encore, une manifestation de perfectionnisme nourrie de l'espoir, le plus souvent déçu, d'être payé de retour. Une telle déception a pour conséquence un renversement d'attitude dont la prise de conscience ne fait qu'aggraver la situation.

Pour éviter de se sentir coupables, certaines personnes éprouveront le besoin de justifier leur rancœur et leur décision de réprimer l'amour dont elles étaient pourtant prodigues. Elles s'attachent à la notion selon laquelle la vie est injuste, sous prétexte qu'elles se sentent négligées, délaissées, démunies. Quoique vraies, ces justifications n'ont qu'une portée limitée. Comme nous l'avons vu aux précédents chapitres, il suffira d'appliquer les principes du succès personnel, pour atteindre les objectifs auxquels nous aspirons. Sitôt que nous faisons l'expérience de notre pouvoir créateur, la vie nous apparaît moins injuste que nous ne le pensions.

Renoncer à s'apitoyer sur soi-même

On s'apitoie sur soi-même dès que l'on ne peut plus apprécier les bienfaits que la vie nous apporte. En ne se préoccupant que de ce qui fait défaut, on perd sa capacité à apprécier ce que l'on possède déjà, et à saisir les occasions qui passent à notre portée. Bien qu'il soit important de regretter ce qu'on aura perdu, on ne doit pas pour autant nier le plaisir qu'éveille un sentiment de gratitude.

EN S'APITOYANT SUR SOI, ON PERD LA CAPACITÉ
D'APPRÉCIER CE QUE L'ON A

L'apitoiement sur soi a souvent pour origine un manque d'attention de la part de ses proches. Un enfant qui en est privé fera tout ce qui est en son pouvoir pour attirer l'attention de ses parents. S'il éprouve le besoin légitime d'être entendu et compris, il apparaît parfois que ses attentes ne sont pas à la mesure de ce que ses parents peuvent lui apporter. Il en résulte, de la part de ces enfants, des efforts spectaculaires et parfois douloureux pour obtenir toute l'attention dont ils ont besoin.

Souvent, confrontés à des enfants trop sensibles, certains parents commettront l'erreur d'ignorer les sentiments négatifs qui leur sont témoignés en espérant que « ça passera ». Dans bien des cas, hélas ! loin de disparaître, ces sentiments redoublent d'intensité. Dans leur désir d'attirer l'attention, ces enfants s'emploieront alors à rendre une vision négative de leur quotidien, et, pour peu qu'ils se montrent sous un jour meilleur, ils seront également ignorés.

LORSQUE NOS SENTIMENTS SONT IGNORÉS,
NOUS TENDONS À LES AMPLIFIER

Pour satisfaire notre besoin d'être entendus, et susciter l'intérêt de nos proches, nous devrons nous employer à donner une image positive de nous-mêmes. Nous prendrons le temps de reconnaître nos sentiments et de les analyser en les couchant noir sur blanc. C'est en prêtant l'oreille à notre souffrance que nous cesserons de donner une image négative de nous-mêmes.

Une autre méthode efficace consistera à ne pas se plaindre, ou à compatir aux malheurs d'autrui jour après jour. Il est surprenant de voir à quel point il est difficile de ne pas se plaindre ou de ne pas émettre d'opinion négative sur une personne ou une situation donnée. Néanmoins, au lieu de faire état de notre acrimonie, écrivons nos sentiments dans un journal intime. Ce journal nous aidera à reconnaître nos sentiments profonds, et à comprendre que nous sommes dignes d'attention.

Jour après jour, évitons de nous plaindre

Finalement, les âmes sensibles seront acquises à l'idée de mériter davantage, et à moins d'apprendre comment l'obtenir, elles continueront d'éprouver un sentiment de vacuité. Pour nous libérer du sentiment d'exclusion qui nous habite, nous devons nous intégrer. Plutôt que de persister dans notre sentiment d'abandon, il nous faut comprendre que ce que nous recherchons ailleurs se trouve déjà en nous-mêmes. Pour cela il suffira de nous donner le temps de combler nos besoins et de prendre conscience de notre valeur spirituelle pour que notre tendance à nous sentir délaissés tende à s'amenuiser.

En établissant le contact avec la source de plénitude qui se trouve en chacun d'entre nous, nous ne nous sentirons pas nécessairement perdus dans un monde étranger, et cesserons d'aspirer à des choses que nous portons déjà en nous-mêmes. C'est par l'introspection, en gardant sans cesse en mémoire les possibilités qui se trouvent déjà en nous, que nous renoncerons à nous apitoyer sur notre sort.

Un des problèmes majeurs dans le fait de nous apitoyer sur nous-mêmes réside dans l'attitude d'exclusion et de rejet que nous adoptons vis-à-vis des occasions qui nous sont offertes, comme si nous nous complaisions dans notre désarroi à seule fin de le justifier. Ce désarroi nous pousse à croire – et, parfois, à espérer secrètement – que nous avons tout raté et que rien ni personne n'y pourra rien changer.

En outre, nous nous fermons à l'aide que nous pouvons nous porter à nous-mêmes. Paradoxalement, bien qu'ancrés dans notre sentiment de solitude et d'aliénation, une part de nous-mêmes tend à croire que notre salut repose sur la bienveillance et le secours d'autrui, que seule l'intervention d'une tierce personne saura nous rendre heureux. Mais dès l'instant où nous commencerons de croire en nous-mêmes, à sentir émerger en nous la force nécessaire à notre salut, cette tendance commencera à s'inverser, et nous comprendrons alors que notre sort dépend de nous-mêmes, et de personne d'autre.

Pour en finir avec ce problème, j'ajouterai que notre propension à nous apitoyer sur nous-mêmes disparaîtra sitôt que nous aurons manifesté notre colère envers les personnes qui nous ont rejetés et que nous leur aurons pardonné. Pour éprouver pleinement cette colère, nous aurons préalablement éprouvé tous les sentiments sous-jacents. C'est en guérissant de ces sentiments que nous retrouverons notre véritable identité, et que nous aurons foi en notre capacité à combler nos besoins et à réaliser nos rêves.

Renoncer à la confusion

La confusion d'esprit a pour effet de nous couper de notre capacité à voir, comprendre ou donner un sens à ce que la vie nous propose. Toute expérience, positive ou négative, a pour avantage de nous apporter de nouveaux enseignements, et de renforcer nos qualités intrinsèques.

La confusion d'esprit nous fait présumer qu'il nous manque quelque chose d'important. Elle fait aussi que nous nous entêtons à vouloir immédiatement des réponses, au lieu de garder l'esprit ouvert. Pour peu que quelque chose nous manque, nous nous percevons comme victimes des circonstances. C'est à compter de cet instant que nous nous affolons et imaginons le pire.

DÈS QUE QUELQUE CHOSE NOUS ÉCHAPPE, NOUS NOUS AFFOLONS ET IMAGINONS LE PIRE

En voulant sur-le-champ et à tout prix des réponses claires et définitives, nous oublions que l'existence n'est qu'un long processus d'apprentissage de l'épanouissement de soi, et, partant, nous commençons à douter de la justesse de nos décisions.

POUR SE LIBÉRER DE LA CONFUSION D'ESPRIT, IL FAUT APPRENDRE À VIVRE DANS L'INTERROGATION, SANS NÉCESSAIREMENT CHERCHER À OBTENIR DES RÉPONSES

L'existence se présente toujours sous forme d'obstacles et de changements qui se situent fréquemment à la limite de notre entendement. C'est surtout le cas lorsque nous vivons une tragédie, où nous ne comprenons pas pourquoi « c'est justement à nous que cela arrive ». Sans la compréhension clairement acquise que ces obstacles et ces changements s'adressent aussi bien aux « bons » qu'aux « méchants », nous serons amenés à nous ranger du côté des méchants. Notre confusion d'esprit tiendra alors aux efforts que nous aurons déployés pour ne pas nous déprécier à nos propres yeux, ou pour nous sentir responsables, de quelque façon que ce soit. Il est de fait que, lorsque surviennent des événements douloureux, nous sommes dans l'incapacité d'en comprendre les raisons, et encore moins le bien que l'on pourrait en tirer.

LES LEÇONS D'UN DIVORCE

Je me rappelle encore mon délabrement mental lors de mon divorce. Je m'adressais à Dieu pour lui demander : « Il ne ressortira rien de bon de tout cela. Comment peux-tu permettre qu'une telle catastrophe arrive ? »

Ce que j'ignorais alors, c'est que ce divorce me permettrait de retrouver Bonnie, mon âme sœur, et de l'épouser. Bonnie et moi nous étions déjà fréquentés, bien des années auparavant. Je l'aimais, mais, à l'époque, l'idée de me marier ne me séduisait guère. Pourtant, n'eût été le naufrage de mon premier mariage, je n'aurais jamais retrouvé Bonnie, et encore moins fondé avec elle la merveilleuse famille que nous formons aujourd'hui. Si douloureuse qu'ait été ma séparation d'avec ma première femme, je ne peux qu'éprouver de la gratitude pour les perspectives qu'elle m'aura ouvertes.

J'ai, au surplus, de la reconnaissance pour les enseignements que j'ai tirés, après analyse, de mon échec. La victime que je me suis cru peut, rétrospectivement, faire le bilan de tous les bienfaits qui lui sont échus à l'issue de cette pénible expérience, le plus important étant la prise de conscience de mes erreurs après que j'ai reconsidéré les échanges relationnels que j'avais avec autrui. À cet égard, un ami me dit un jour : « Tu en sais peut-être long dans le domaine des relations humaines, mais tu n'as pas encore compris à quel point les hommes et les femmes peuvent être différents. »

C'est justement parce que j'étais désespéré que je pus prendre conscience de mes erreurs, et ainsi mettre en application les préceptes exposés dans *Les hommes viennent de Mars, les femmes viennent de Vénus.* Non content de vivre le tournant le plus important de ma carrière, j'acquis aussi la perception nécessaire à la réussite de mon second mariage, cette réussite étant le résultat du combat mené pour guérir des douloureuses épreuves que j'avais connues.

Dans les moments de confusion, certaines situations paraissent toujours plus graves et plus urgentes qu'elles ne sont en réalité

Afin de nous libérer de cette confusion d'esprit, prenons le temps de réfléchir aux nombreuses fois où nous nous sommes inquiétés inutilement, où l'on aura vainement redouté le pire, et à ce que nous aura coûté en énergie un désarroi qui n'aura eu pour effet que de nuire à notre réussite.

Les leçons de la vie

Tous les revers que nous aurons connus, tous les obstacles qui se seront dressés devant nous constitueront autant de leçons dont nous devrons tirer les enseignements. Quelle que soit notre volonté de bien faire, nous serons toujours confrontés à des défis qu'il nous faudra relever, bon gré, mal gré. L'enrichissement que nous en retirerons nous permettra de comprendre combien ils auront contribué à modeler la personnalité que nous possédons aujourd'hui.

Une des manières de dénombrer ces enseignements consiste à imaginer que nous avons atteint l'ensemble de nos objectifs. En plus de la reconnaissance pour le soutien que l'on aura reçu, apprécions à leur juste valeur les épreuves qui nous auront permis de croître en force et en expérience. Par le sentiment de gratitude que nous entretiendrons, nous pourrons nous libérer de toute confusion d'esprit et accéder ainsi à la sagesse.

Habituons-nous à être reconnaissants des enseignements reçus par le passé

Si on ne peut à tout coup éviter les tracas et les revers, on peut toujours en tirer les conséquences, conséquences qui nous ramèneront vers l'aspect le plus sage de notre personnalité véritable. Si négative soit-elle, toute expérience recèle le pouvoir de nous fortifier et de nous aider à découvrir les dons et les capacités qui sommeillent en nous.

Toute expérience, si négative soit-elle, recèle le pouvoir de nous fortifier

Il en va de l'esprit comme du corps, à savoir que c'est toujours dans l'effort et le dépassement de soi, tant physique que moral, que l'on croît en force et en expérience. Il est permis de dire que chaque épreuve que l'on surmonte est un gage de succès à venir. En accédant à notre sagesse intérieure, nous accroissons notre aptitude à nous accomplir.

Pour rester fort, notre corps a besoin d'être soumis à certaines contraintes. J'en veux pour exemple les astronautes qui, en raison de l'absence de gravité, voient leur ossature s'affaiblir au point de se briser au premier effort. De la même façon que les contraintes tendront à les fortifier, les revers que nous infligeront les aléas de l'existence contribueront à nous raffermir, mais à la seule condition de savoir les affronter.

Avant d'en finir avec ce chapitre, je voudrais également citer l'exemple du papillon et des efforts qu'il déploie pour quitter son cocon : il suffirait qu'un observateur compatissant le dispense de ces efforts pour se rendre compte qu'un tel acte aurait pour conséquence la mort du papillon, parce que ses efforts pour sortir de son cocon lui auraient permis de renforcer ses ailes et, par conséquent, de voler. Le soustraire à cet effort revient donc à le condamner à une mort certaine.

SANS SES EFFORTS POUR SORTIR DE SON COCON,
UN PAPILLON NE POURRA PAS VOLER

Nous avons tous une fâcheuse tendance à croire que notre rôle est de changer le monde, que l'ennemi se trouve à l'extérieur, alors que le théâtre de nos conflits se situe d'abord en nous-mêmes. Contre les douze blocages, quel que soit celui dont nous sommes victimes, le véritable combat se livre toujours à l'intérieur de nous-mêmes. Et c'est en gagnant cette bataille et en nous affranchissant de nos blocages, que nous découvrirons notre personnalité profonde. À chaque bataille remportée, nous accroissons notre pouvoir de connaître l'amour et la joie, la force et la paix.

L'EXISTENCE N'EST JAMAIS SANS ÉPREUVES, MAIS NOTRE APTITUDE
À AFFRONTER CES ÉPREUVES S'ACCROÎT AVEC LE TEMPS

À l'issue de cette prise de conscience capitale, il nous sera loisible de tirer les leçons des épreuves que nous aurons vécues. Au lieu de nous affoler en ne sachant pas où donner de la tête, nous pourrons nous interroger et chercher les réponses à nos questions en toute sérénité.

Renoncer à se culpabiliser

On se sent coupable dès que l'on perd l'estime de soi et que l'on ne peut se pardonner les fautes que l'on a commises. Éprouver de la honte pour ses erreurs est, jusqu'à un certain point, légitime. Mais cela ne l'est plus si cette honte persiste après que l'on a tiré les conséquences de ces erreurs. Un sentiment de culpabilité qui persiste nous prive de notre présomption d'innocence et nous dévalorise à nos propres yeux.

NOS SENTIMENTS DE CULPABILITÉ NOUS SOUSTRAIENT
À NOTRE PRÉSOMPTION D'INNOCENCE

Ainsi, au lieu de penser et d'agir en fonction de ses désirs, on s'évertue à plaire à autrui. On se montre accommodant au point d'être mal à l'aise dès qu'il s'agit d'exprimer ses véritables désirs, ou de dire simplement non. On attache une importance exagérée à l'opinion des autres et c'est ainsi, à force d'aller à l'encontre de ses véritables désirs, qu'on finit par perdre l'estime de soi.

Paula avait tout ce qu'on peut espérer : maison, voiture, éducation, mais aussi un mari, de beaux enfants et un emploi très convoité. Et pourtant, au fond d'elle-même, elle ne se sentait pas heureuse parce que quelque chose lui manquait. C'est en recherchant son véritable épanouissement qu'elle prit conscience de son blocage : elle se sentait coupable de n'être pas heureuse. Le fait que tout ce qu'elle possédait ne fût pas encore assez lui donnait mauvaise conscience.

Elle s'avisa ainsi qu'en réalisant tous ses désirs, elle avait renoncé à être elle-même pour devenir quelqu'un en qui elle se reconnaissait à peine. Si grand que fût son bonheur à rendre les autres heureux, elle ne s'était jamais penchée sur ses véritables aspirations. Elle avait beau être devenue la fierté de ses parents, la joie de son mari et de ses enfants, pas un instant elle n'avait su à quoi elle aspirait réellement. De souci, elle n'avait eu que celui de penser à l'opinion que les autres auraient d'elle, car l'idée de décevoir ou de dire seulement non lui était insupportable. Tout en elle attestait d'un sentiment aigu de culpabilité. C'est seulement après qu'elle eut procédé à l'analyse de ses sentiments de frustration sur sa vie passée que ses craintes commencèrent à se dissiper.

NOTRE MAUVAISE CONSCIENCE NOUS REND AIMABLES
ET GÉNÉREUX À L'EXCÈS

Larry aussi se dépêtrait avec ses sentiments de culpabilité. Sentiments qu'il devait au fait d'avoir été condamné pour vol. Il avait fait le mal, et aujourd'hui il en payait le prix. Mais, du fond de sa cellule, il éprouvait un sentiment de culpabilité d'une tout autre nature : celui d'avoir vraiment causé du tort à autrui. C'est par le biais du remords qu'il parvint à s'en libérer. Tout coupable qu'il était, ses remords lui permirent d'évacuer sa peine et de retrouver l'estime de lui-même.

Cet exemple démontre que c'est à se complaire dans une attitude coupable que l'on perd toute estime de soi. Ou bien nous nous détournons de nos sentiments sous prétexte qu'ils sont trop douloureux, ou bien notre culpabilité nous ronge jour après jour. Fort heureusement, il existe un moyen de guérison : ainsi, Larry apprit à ressentir le déchirement qu'il y a à se sentir coupable. Il finit par se pardonner et par s'accorder une seconde chance. Sa peine, il la purgea en se préparant à une vie meilleure, et il fut reconnaissant de la chance qui lui fut accordée de restituer ce qu'il avait dérobé.

Quand on est coupable d'un crime, éprouver sa culpabilité n'est qu'une étape préliminaire. La seconde étape commande de se pardonner à soi-même et de tenter de s'amender, pour autant que cela est possible. La plupart des gens qui souffrent d'un tel sentiment éprouvent les plus grandes difficultés à s'en défaire. La culpabilité est un sentiment tenace, dont on ne se libère pas aisément. Et si de nombreux criminels ont tendance à récidiver, c'est uniquement parce qu'ils n'ont pas appris à éprouver des sentiments de culpabilité puis à s'en libérer. À la honte qu'ils devraient éprouver conséquemment à leur forfait, se substitue une rupture d'avec leurs notions de bien et de mal. Dépourvus de contact avec leurs sentiments profonds, ils justifient leurs forfaits à venir par les souffrances qu'ils devront endurer en prison.

Pourquoi nous restons empêtrés dans nos sentiments de culpabilité

Que ce soit parce qu'on a commis un crime ou parce qu'on se sent indûment responsable d'autrui, on verse dans la mauvaise conscience avec grande facilité. Pour avoir dérobé une tablette de chewing-gum à l'étalage d'un épicier, ou s'être montrées mesquines envers un camarade, certaines personnes auront mauvaise conscience le reste de leur vie. Pour peu que nous nous enlisions dans notre malaise, des vétilles de jeunesse peuvent nous hanter notre vie durant.

Cette tendance à se sentir coupable ne fait que s'accroître quand certains incidents malheureux surviennent avant l'âge de dix-huit ans. Plus on est jeune, plus on est vulnérable à ce type de sentiment, particulièrement vers l'âge de neuf ans, où toute forme d'abus éveille un sentiment de culpabilité, quand bien même on n'en serait que témoin. Il est de fait qu'en présence de situations fâcheuses, un enfant sera toujours enclin à assumer une part de responsabilité, ce qui le conduira fatalement à se déprécier à ses propres yeux. Il appartiendra alors aux parents de remédier à la situation en reconnaissant clairement leur responsabilité en présence de leur enfant.

Un enfant se sentira responsable de toute forme d'excès, même s'il n'en est que témoin

Que des parents se chamaillent, qu'ils se battent ou qu'ils fassent seulement état de leur déconvenue, un enfant tant soit peu sensible s'émouvra de cette atmosphère chargée de sentiments négatifs, et tendra à se culpabiliser. En prolongement à l'incapacité de ses parents de prendre leurs responsabilités, un enfant voudra en supporter seul le fardeau.

Il arrive aussi que certains parents ajoutent à son sentiment de culpabilité en lui imputant la responsabilité de leur désarroi. Si ce genre de message est déjà troublant pour un adulte, il est facile d'imaginer l'effet qu'il produira sur un enfant. Pour qu'un enfant croisse et s'épanouisse dans un sentiment d'innocence, ses parents devront assumer, sans équivoque possible, la responsabilité de leurs propres sentiments.

Pour nous libérer de toute mauvaise conscience, il nous faut, au préalable, entendre le mot « innocence » dans toute l'acception du terme : l'innocence, c'est, avant toute autre chose, le droit à l'amour. Or (et à cet égard), tout enfant mérite d'être aimé, quelle que soit la faute qu'il aura commise, et ce, justement parce qu'il est innocent, parce qu'« il ne savait pas ». Quels que soient les tracas qu'il leur occasionnera, des parents avisés comprendront que ce n'est qu'un enfant qui s'efforce de faire du mieux qu'il peut. Cela me semble l'évidence même.

L'INNOCENCE, C'EST LE DROIT À L'AMOUR

Pour être fautifs – et à bien des égards –, nous, adultes, n'en méritons pas moins l'amour de notre prochain. Et réparer nos fautes n'induit pas que nous nous cantonnions dans une attitude coupable, mais seulement que nous éprouvions le désir de tirer les leçons de la faute que nous avons commise.

Nous devons aussi admettre que, quel que soit notre degré de culpabilité, notre véritable personnalité, elle, est totalement innocente. Se culpabiliser, c'est refuser de se pardonner. En nous libérant de notre honte, nous retrouverons notre besoin d'innocence et de dignité.

La gêne que l'on conçoit à la suite d'une erreur n'est qu'une façon de reconnaître son ignorance, puisque, dans la majorité des cas, on pense toujours avoir agi au mieux de ses connaissances. Je ne crois pas qu'une personne normalement constituée puisse jamais se demander : « Quelle bêtise vais-je bien pouvoir commettre, aujourd'hui ? »

ON PENSE TOUJOURS AGIR POUR LE MIEUX

Se pardonner à soi-même, c'est admettre au fond de soi que l'on est innocent malgré les apparences, et que l'on est encore digne d'amour. L'innocence fait partie de notre personnalité profonde. C'est notre refuge sitôt que nous renonçons à éprouver un sentiment de honte. Se pardonner à soi-même, c'est, enfin, se sentir digne des meilleurs sentiments.

Pour toucher au succès, il faut aussi s'en sentir digne. Sans ce sentiment pétri d'amour de soi, on ne peut jamais réaliser ses rêves. Si nous nous obstinons à nous déprécier, à avoir une piètre opinion de nous-mêmes, nous occulterons nos véritables aspirations à mesure qu'elles apparaîtront, sous prétexte que nous n'en sommes pas dignes. Quand nous nous entêtons à nous sentir coupables, nous tendons à nous sacrifier pour les autres à notre propre détriment.

Renoncer à ses blocages

En surmontant les douze blocages qui font obstacle à notre épanouissement intérieur, nous pourrons non seulement jouir de notre réussite, mais aussi être en étroite relation avec notre moi véritable. C'est en découvrant amour, force, joie et paix intérieure que nous pourrons véritablement atteindre les objectifs que nous nous sommes fixés, sans avoir pour autant renoncé à ce que nous sommes vraiment.

Pour simples qu'elles paraissent, ces notions ne sont pas si faciles à appliquer. Si la réussite sociale exige du temps, de l'énergie et de nombreux compromis, il en va de même pour la réussite personnelle. Non contents de changer notre façon de penser et de regarder en nous-mêmes, nous devrons évacuer les sentiments qui se cachent derrière chacun de nos blocages.

Le chapitre suivant sera consacré à l'apprentissage de notions, de méthodes pratiques ou spirituelles qui nous permettront d'atteindre notre véritable personnalité, et de trouver les moyens de nous affranchir de nos blocages. Par le biais d'exercices divers, par la méditation, nous créerons le terrain favorable à l'éclosion de nos vrais désirs. Au fur et à mesure que nous surmonterons chacun de ces blocages, nous découvrirons notre capacité à atteindre nos objectifs.

17

Exercices et méditations

À présent que nous avons compris que ces douze blocages ne sont imputables qu'à nous seuls, nous sommes en mesure d'entreprendre les exercices – notamment différentes formes de méditation – qui nous permettront de nous en libérer. Pour chacun d'eux, il existe un procédé qui nous aidera à ressentir nos émotions négatives, au fur et à mesure que nous retrouverons notre véritable identité. En outre, certaines prières que nous répéterons régulièrement au cours de séances de méditation nous apporteront la grâce divine indispensable à notre guérison.

L'effet iceberg

La technique de base consiste à ressentir les émotions sous-jacentes aux blocages. Pour cela, imaginons un iceberg : seulement dix pour cent de sa masse est apparente, les quatre-vingt-dix autres affleurent sous la surface de l'eau. Eh bien, il en va de même pour nos émotions : il suffira de prendre conscience de nos sentiments cachés pour nous affranchir de notre blocage. Un blocage n'est, en fait, que le cumul par superposition d'un certain nombre de contrariétés que nous cherchons à dissimuler.

Admettons que je bouscule quelqu'un par inadvertance, et qu'il réagisse violemment. Cette personne me croira, à tort, responsable de son irritation, alors que, s'en donnerait-elle tant soit peu la peine, elle comprendrait que le problème se situe ailleurs, qu'elle aurait réagi tout autrement si certaines circonstances lui étaient plus favorables.

Observons les autres sentiments qui affleurent sous son conscient :

Cette personne est furieuse contre moi, certes, mais surtout contre le fait d'avoir perdu son emploi.

Sous sa colère se cache la tristesse d'avoir perdu sa principale source de revenus.

Sous sa tristesse se cache l'angoisse de ne pouvoir retrouver un emploi.

Sous son angoisse se cache le chagrin de ne pouvoir réaliser ses aspirations.

Cette personne pourra donc m'agonir de reproches aussi longtemps qu'elle voudra, les raisons de sa contrariété resteront d'une tout autre nature. Dans la mesure où on en prendra conscience, on pourra compatir à sa peine et peut-être lui apporter l'aide nécessaire.

S'inventer des motifs de contrariété

Si étonnant que cela paraisse, imaginer des raisons d'être contrariés nous permettra d'appréhender nos sentiments sous-jacents et, ainsi, de faire preuve de compassion et de compréhension. Bien qu'en apparence simpliste, cette méthode est essentielle pour surmonter nos blocages.

En s'inventant des motifs de contrariété, on prend plus aisément conscience de ses sentiments cachés

Si nous ressentons un blocage, trouvons-nous une bonne raison d'être contrariés. Remontons dans le passé et efforçons-nous de retrouver les sentiments afférents à notre blocage. Si, par exemple, ce dernier relève d'un problème affectif, imaginons-nous en train d'échanger notre point de vue avec la personne intéressée.

Surmonter un blocage impose un retour sur le passé, où l'on était vulnérable et hypersensible. Quand bien même nous serions totalement libérés de ce passé, revenons en arrière, et rappelons-nous les sentiments qui ont précédé.

SURMONTER UN BLOCAGE IMPOSE
UN RETOUR SUR LE PASSÉ

Un blocage nous interdit d'accéder pleinement à nos émotions, ce qui veut dire que nous sommes coupés de notre sensibilité. Pour retrouver cette sensibilité, il nous faut redécouvrir notre cœur d'enfant, dans toute sa tendresse et sa vulnérabilité. Dès lors, nous pourrons aisément nous trouver mille sujets de contrariété.

POUR ÉVACUER NOS BLOCAGES, NOUS DEVONS RETROUVER
NOS ÉMOTIONS D'ENFANT

Si on ne peut se rappeler un incident particulier, il suffira d'en inventer un, et de faire comme s'il était réellement arrivé. Il est rare qu'une personne ne puisse se remémorer un moment difficile de son enfance. Il en suffira d'un pour retrouver les sentiments que nous aurons éprouvés à ce moment-là.

Comment procéder avec son passé

C'est très facile : avec un peu de pratique, nous découvrirons notre capacité d'évacuer nos blocages. Pour cela, il y a quatre étapes à suivre :

Reconnaître notre blocage et en établir le lien avec notre passé.

Rédiger une première lettre faisant état de nos sentiments.

Puis une deuxième lettre en réponse à ces sentiments.

Enfin une troisième lettre, laquelle résultera des deux précédentes.

Il nous suffira de suivre ce processus pour renoncer à nos blocages. Plutôt que de constituer un obstacle, nos antécédents nous apporteront un important soutien, apte à nous aider à forger l'avenir auquel nous aspirons. Explorons dans le détail chacune de ces étapes.

L'énumération de nos sentiments

La lettre évoquée varie légèrement en fonction du type de blocage. En suivant le tableau ci-dessous, nous pourrons déterminer l'émotion qui nous sera le plus salutaire, et dans quelle mesure. Ce tableau se révèle particulièrement utile au commencement. Par la suite, l'usage aidant, il deviendra inutile.

TABLEAU DES PERCEPTIONS

Blocage	Sentiment général	Émotion salutaire
1. Réprobation	Trahison	Colère
2. Dépression	Abandon	Tristesse
3. Anxiété	Incertitude	Crainte
4. Indifférence	Impuissance	Regret
5. Jugement	Insatisfaction	Frustration
6. Indécision	Découragement	Déception
7. Procrastination	Faiblesse	Inquiétude
8. Perfectionnisme	Insuffisance	Embarras
9. Rancœur	Privation	Jalousie
10. Apitoiement sur soi	Exclusion	Déchirement
11. Confusion	Désespoir	Panique
12. Culpabilité	Dépréciation	Honte

À l'aide de ce tableau, on pourra reconnaître l'émotion issue de son blocage, mais également les quatre émotions sous-jacentes.

Ainsi, pour nous libérer du blocage créé par notre tendance à la réprobation, nous nous remémorerons l'instant de notre vie où nous nous sommes sentis trahis, ensuite de quoi nous explorerons nos sentiments de colère, de tristesse, de crainte et de regret. Pour ce qui est du dernier blocage, on procédera de la même façon, mais en revenant aux trois premières émotions susceptibles de nous guérir, à savoir, outre la honte, la colère, la tristesse et la crainte.

Les douze types de lettres traduisant nos sentiments

Chaque fois que l'on rédigera une de ces lettres, il faudra faire appel à quatre émotions successives pour se libérer de son blocage. Parfois, il sera même utile d'explorer le tableau des sentiments pour découvrir une émotion inattendue. Mais, d'une façon générale, le procédé préconisé ci-dessous suffira. Chacune de ces douze lettres nous aidera à trouver l'émotion clé qu'il nous faudra ressentir. Ces douze types de lettres sont :

1. Pour la réprobation : se rappeler un moment où on s'est senti trahi, puis explorer ses sentiments de colère, de tristesse, de frayeur et de regret.
2. Pour la dépression : se rappeler un moment où on s'est senti abandonné, puis explorer ses sentiments de tristesse, de frayeur, de regret et de frustration.
3. Pour l'anxiété : se rappeler un moment où on s'est senti hésitant, puis explorer ses sentiments de frayeur, de regret, de frustration et de déception.
4. Pour l'indifférence : se rappeler un moment où on s'est senti impuissant, puis explorer ses sentiments de regret, de frustration, de déception et d'inquiétude.
5. Pour le jugement : se rappeler un moment où on s'est senti insatisfait, puis explorer ses sentiments de frustration, de déception, d'inquiétude et d'embarras.
6. Pour l'indécision : se rappeler un moment où on s'est senti découragé, puis explorer ses sentiments de déception, d'inquiétude, d'embarras, de jalousie.
7. Pour la procrastination : se rappeler un moment où l'on s'est senti impuissant, puis explorer ses sentiments d'inquiétude, d'embarras, de jalousie et de déchirement.
8. Pour le perfectionnisme : se rappeler un moment où l'on s'est senti déficient, puis explorer ses sentiments d'embarras, de jalousie, de déchirement et de panique.

9. Pour la rancœur : se rappeler un moment où l'on s'est senti lésé, puis explorer ses sentiments de jalousie, de déchirement, de panique et de honte.

10. Pour l'apitoiement sur soi : se rappeler un moment où l'on s'est senti exclu, puis explorer ses sentiments de déchirement, de panique, de honte, de colère et de tristesse.

11. Pour la confusion : se rappeler un moment où l'on s'est senti désespéré, puis explorer ses sentiments de panique, de honte, de colère et de tristesse.

12. Pour la culpabilité, se rappeler un moment où l'on s'est senti déprécié, puis explorer ses sentiments de honte, de colère, de tristesse et de crainte.

Rédiger une lettre sur ses sentiments

Une fois sélectionnées les quatre émotions appropriées, il nous faudra décider de la personne à qui s'adressera cette lettre. C'est généralement en se tournant vers sa famille que l'on pourra évacuer ses sentiments les plus profonds. N'en aurions-nous plus, que le souvenir de notre père et de notre mère qui subsiste en notre cœur suffira pour que nous nous adressions à eux. Le destinataire de cette lettre peut aussi être quiconque nous aura fait du tort ou ne nous aura pas apporté un soutien attendu.

Cette lettre sur ses sentiments, il n'est pas davantage interdit de l'écrire à un parent susceptible de partager nos sentiments. Écrire une lettre à un parent ne signifie pas qu'elle doive nécessairement revêtir un caractère réprobateur ou acrimonieux. Il arrive souvent qu'une personne se refuse à blâmer ses parents de crainte que ses reproches ne soient perçus comme un manque d'amour. Ce phénomène traduit un besoin évident : celui d'exprimer une émotion trop longtemps refoulée. Être incapable d'exprimer sa colère est signe, en l'espèce, que l'on a été induit en erreur sur la façon d'exprimer son affection envers ses parents.

Concevoir de la colère envers son père ou sa mère ne veut pas dire qu'ils aient eu envers nous une attitude répréhensible. Si grands qu'aient pu être leurs efforts, ils auront fait de leur mieux, et personne ne peut se targuer d'avoir su parfaitement élever son enfant. En outre, la colère et la révolte constituent une part importante de sa croissance et de son évolution. Apprendre à évacuer sa colère, plutôt que de la refouler sous des prétextes fallacieux, est essentiel à notre épanouissement.

Il arrive que certaines personnes n'écrivent pas de lettre parce qu'elles ont « laissé tomber », parce que, depuis, « de l'eau a coulé sous les ponts ». Elles inclinent à croire que tout est pour le mieux ou qu'elles n'y attachent plus d'importance. Si c'est le cas, il faut se rappeler son état d'esprit avant de reléguer sa colère aux oubliettes ; revenir aux instants où l'on a conçu ce sentiment. Le revivre permettra de l'exprimer par écrit.

Une fois définie la personne à qui s'adressera la lettre, nous la rédigerons selon ce schéma :

SCHÉMA DE LETTRE EXPRIMANT SES SENTIMENTS

Cher…,
1. Je me sens trahi quand…
2. Je suis fâché que…
3. Je suis triste que…
4. Je crains que…
5. Je suis désolé que…
6. Je voudrais que…

Une fois sélectionnés les sentiments et les émotions propres à un blocage, ces phrases clés nous aideront à les exprimer, sans omettre d'y adjoindre ce à quoi nous aspirons. Nous ne consacrerons que deux ou trois minutes à chacune de ces émotions, si bien que notre lettre sera rédigée en un tournemain.

Cet état des lieux de nos ressentiments, nous l'établissons avant tout en vue de notre guérison. Il n'est nullement nécessaire de l'envoyer à qui que ce soit. Mais écrire ses sentiments en croyant que l'on sera lu s'avère toujours une excellente idée.

Lettre de réponse

Une fois dressée la liste de nos sentiments et de nos espérances, imaginons la réponse idéale, celle qui nous satisferait le plus. Par exemple, si la personne à qui est adressée notre lettre nous a fait du tort d'une manière quelconque, écrivons la réponse que nous aimerions entendre, celle qui nous incitera à nous montrer plus indulgents et plus compréhensifs. Si nous avons été déçus ou trahis, faisons en sorte que cette personne atteste de son attention et de son amour. Ce que nous voudrions nous entendre dire, écrivons-le, imaginons alors nos sentiments, et laissons-les librement affluer en nous.

Et il n'importe pas que, dans la vie réelle, cette personne n'existe pas. Même si ces paroles sont seulement le fruit de notre imagination, écrivons-les quand même. Disons-nous haut et fort ce que nous méritons d'entendre, et nous éprouverons les sentiments auxquels nous aspirons. Par ce procédé, nous établirons le contact avec notre véritable personnalité dont nous avons été si longtemps coupés. Quand bien même la personne en question ne nous apporterait pas le support nécessaire, le fait de rédiger la réponse que nous aimerions entendre nous procurera amour et soutien.

L'imagination est un moteur très puissant. Le plus souvent, lorsque quelque chose nous tracasse, nous l'imaginons pire que ce qu'elle est en réalité. Dans le cas qui nous préoccupe, battons le rappel de nos souvenirs, et remémorons-nous le nombre de fois où nous nous sommes fourvoyés. Disons-nous aussi que si le succès personnel persiste à nous fuir, c'est que nous sommes coupés de notre spécificité, une spécificité dont nous ne prendrons conscience qu'en répondant nous-mêmes aux questions que nous voudrions poser à autrui.

Le schéma de cette lettre est semblable à celui de la lettre par laquelle nous avons fait état de nos sentiments. Celle-ci est utile en ce qu'elle permet de statuer sur nos véritables besoins. Chacune des phrases clés dont elle est constituée aboutira au message d'amour que nous aimerions entendre. Il suffira de la compléter, sans hésiter à ajouter tout commentaire qui nous semblera utile.

SCHÉMA DE LETTRE DE RÉPONSE

Cher...,
1. Je suis désolé de...
2. Je te prie de me pardonner pour...

3. Je comprends que...
4. Je te promets que...
5. Ce que j'aime en toi... Tu es... Tu mériterais...
Amicalement,
...

Lettre dite « de contact »

Une fois rédigée la réponse attendue, imaginons quels seraient nos sentiments si elle émanait de la personne en question et dressons-en la liste. En nous donnant le temps de recenser nos sentiments positifs, nous nous recentrons sur nous-mêmes. En passant d'une expérience négative à des sentiments positifs, nous ne pourrons résister au besoin de nous pencher sur notre passé.

Pour peu qu'on en soit guéri et qu'on en ait tiré les leçons, ce passé cessera d'être un obstacle à nos aspirations. Les blocages qui en auront découlé disparaîtront, et nous aurons toute latitude pour nous consacrer à notre épanouissement présent.

Les sept phrases clés qui favoriseront l'émergence des sentiments positifs nécessaires à notre épanouissement sont :

SCHÉMA DE LA LETTRE RÉSULTANTE

Cher...,
1. Ton affection me rend...
2. Je comprends à présent...
3. Je te pardonne...
4. Je suis heureux que...
5. J'aimerais...
6. Je suis confiant en...
7. Je te suis reconnaissant pour...
Affectueusement,
...

En s'accordant le temps d'exprimer ses sentiments positifs, on comble le vide laissé par nos émotions négatives. Même si le fait de les écrire nous a fait du bien, accordons-nous quelques minutes supplémentaires pour écouter nos sentiments positifs et en prendre note : cela contribuera à consolider notre contact avec notre moi réel.

Les quatre étapes

Voici un exemple de la manière de procéder aux quatre étapes qui nous libéreront d'un blocage.

Carl éprouvait de lourds griefs. Griefs contre son emploi qu'il tenait pour responsable de son malheur, sous prétexte qu'il y consacrait de longues heures sans être rétribué à la hauteur de ce qu'il espérait. Désabusé comme il l'était, il aurait pu s'asseoir et coucher noir sur blanc ce qui le tracassait, sauf que c'était loin de lui apporter le soulagement escompté. Il décida donc de se libérer de son blocage en revenant sur son passé.

Sa colère venait de ce que son emploi ne répondait pas à ce qu'il en attendait. Intérieurement, il se sentait trahi. Pourtant, cet emploi, il l'avait bel et bien choisi et, ne fût-ce qu'à cet égard, il n'avait pas à s'en plaindre. Pour sonder ses émotions profondes, il ramena sa colère à un moment de sa vie où il s'était senti trahi.

Ainsi, il se remémora un jour de son enfance où son père lui avait promis de l'emmener à la pêche. Il l'avait attendu toute la journée et, au moment où son père était rentré, ce dernier l'avait admonesté pour n'avoir pas fait son travail de classe, quand il aurait dû plutôt s'excuser pour le manquement à sa parole.

Ce que Carl fit alors, c'est d'imaginer son état d'esprit après que son père l'eut vertement chapitré, puis d'exprimer les quatre émotions rattachées à la rancœur qui le taraudait. Voici donc la lettre qu'il écrivit à son père :

LETTRE DE CARL

Cher père,
1. Pour ce qui est de la trahison, je me suis senti trahi quand tu as manqué à ta promesse de m'accorder un peu de ton précieux temps.

2. *Pour ce qui a trait à ma colère, je suis furieux à cause des critiques que tu m'as adressées. Je suis furieux parce que tu es mesquin et égoïste. Je suis furieux parce que tu ne penses toujours qu'à toi, parce que tu as dit que tu m'emmènerais à la pêche et que tu ne l'as pas fait. Je suis furieux parce que tu ne tiens jamais tes promesses.*

3. *Ce que je trouve attristant, c'est que tu ne sois pas venu me chercher, sous prétexte que tu avais plus important à faire. Je suis triste, également, parce que tu as gâché mon samedi mais aussi parce que tu es contraint de travailler un jour de repos. Je suis triste du peu de temps que tu me consacres et que tu ne cherches pas à t'en excuser. Je suis triste d'être resté seul une journée entière et de m'être si profondément ennuyé.*

4. *Pour ce qui est de mes craintes, la plus grande est de ne plus pouvoir te faire confiance. Je crains aussi que tu ne te méprennes sur mes sentiments et que tu ne t'en prennes à nouveau à moi, mais je crains également de me montrer trop exigeant. Je crains d'avoir une enfance ratée, que tous mes amis soient heureux, et pas moi. Je crains de n'être pas d'une grande importance à tes yeux. Pour n'être pas le fils que tu espérais, je crains enfin de ne pas être aimé de toi.*

5. *Quant à mes regrets, le premier sera de n'avoir pu ni aller à la pêche ni faire mon travail de classe. Le deuxième, d'avoir perdu une journée à t'attendre. Mais je regrette aussi que nous ne soyons pas plus proches l'un de l'autre, que nous ne partagions pas certains loisirs, que tu travailles si durement et que tu sois si souvent absent, et enfin que mes résultats scolaires ne soient pas aussi bons que ceux de mes frères.*

6. *S'il m'est permis d'exprimer mes désirs, j'aimerais que nous passions plus de temps ensemble, et que tu me comprennes mieux. J'aimerais grandir dans une ambiance joyeuse, sans devoir passer mes journées à t'attendre. Je voudrais aussi que tu me parles un peu plus de toi, que tu me fasses davantage sentir la grande place que je tiens dans ta vie. Je voudrais que tu sois fier de moi. Je voudrais me sentir libre et heureux, sans avoir à redouter ta réprobation. Tu me manques beaucoup car j'ai beaucoup d'affection pour toi.*

Cette première démarche accomplie, Carl put passer à la deuxième phase, consistant à imaginer la réponse qu'il espérait.

Pour être à l'opposé de celle que son père aurait pu produire, cette lettre n'en garda pas moins toute son efficacité.

En écrivant lui-même la réponse qu'il attendait, Carl se met en situation pour obtenir ce qu'il espère. Plus important encore, il génère en lui des sentiments positifs qui supplanteront les sentiments négatifs qu'il s'employait à refouler. Voici la réponse qu'il s'est adressée :

RÉPONSE QUE CARL AIMERAIT RECEVOIR
DE SON PÈRE

Cher Carl,
1. En fait d'excuses, je suis navré d'être arrivé trop tard pour t'emmener à la pêche. Je suis également désolé de t'avoir à nouveau déçu. J'ai commis une erreur en ne te prévenant pas.
2. Je te demande pardon de n'avoir pas été là pour t'emmener à la pêche et de ne jamais faire de sortie avec toi. Pardonne-moi d'être si négligent envers toi.
3. Pour ce qui est de te comprendre, je conçois que tu sois fâché et même furieux contre moi. Après m'être montré si critique, je comprends aussi que tu craignes de m'adresser la parole. Quant à ta tristesse, je la comprends également : l'enfance ne dure qu'un temps, et il serait attristant que la tienne soit gâchée. Je suis également conscient de n'avoir pas tenu ma promesse, et c'est pourquoi j'aimerais m'amender.
4. Je n'ai qu'un désir, c'est que tu sois heureux. C'est pourquoi je m'engage solennellement à t'emmener à la pêche dès samedi prochain. Sois certain que je ferai désormais tout ce qui est en mon pouvoir pour te faire plaisir.
5. Je veux que tu saches tout l'amour que je te porte, et qu'à compter de ce jour, tout va changer entre nous. J'ai pour toi une affection toute particulière.
Ton père.

La troisième étape de ce processus consiste à exprimer les sentiments suscités par cette lettre. Cette troisième lettre est dite « de contact » en ce qu'elle énonce les sentiments que l'on éprouve après être entré en contact avec le soutien auquel on aspire.

LA LETTRE DITE « DE CONTACT »

Cher père,

1. L'affection que tu me témoignes dans ta lettre me fait le plus grand bien. Grâce à toi, je me sens un peu meilleur. J'ai espoir d'être un jour heureux et de pouvoir partager quelques instants de ma vie avec toi.

2. Je comprends à présent tes véritables sentiments à mon égard. Je comprends aussi que tout le monde peut commettre une erreur, même toi. Mais je suis maintenant certain que tu m'aimes autant que je t'aime.

3. Je te pardonne ta négligence, tout comme je te pardonne d'avoir été si dur envers moi. Je te pardonne cette longue et inutile attente.

4. Je suis heureux que tu te soucies de mon sort, et que tu puisses enfin me parler. Je suis heureux de ce rapprochement et me réjouis d'avance des bons moments que nous passerons ensemble. Je suis également heureux de pouvoir te faire confiance et de pouvoir dorénavant compter sur toi. Mais ce qui me fait le plus plaisir, c'est que tu m'aies enfin entendu.

5. J'adore aller à la pêche, tout comme j'adore être moi-même. La pensée que nous soyons enfin proches l'un de l'autre et de tout ce que nous allons pouvoir faire ensemble me plaît infiniment.

6. J'ai confiance en une vie future pleine et heureuse. J'ai confiance en l'affection que tu me portes et tout ce que je représente à tes yeux. Je suis également confiant en mon pouvoir de contribuer à ton bonheur, tout en restant tel que je suis.

7. Je te suis reconnaissant de l'amour que tu me portes, et du temps que tu voudras me consacrer. Je te suis reconnaissant pour la bonne éducation que je reçois, et pour la magnifique chambre que tu m'as aménagée. Pour finir, je suis reconnaissant à Dieu de m'avoir donné des parents formidables.

Après avoir rédigé cette lettre de contact, Carl se sentit si bien qu'il voulut en faire plus. Il s'imagina, cette fois, partant à la pêche avec son père, et tous les sentiments positifs qui s'ensuivirent.

AUTRE LETTRE DE CONTACT

1. *Je suis follement heureux d'être allé à la pêche avec mon père. Il a été si fier quand j'ai pris mon premier poisson... Jamais de ma vie je ne m'étais senti aussi heureux et détendu. Quel plaisir extraordinaire d'être à ses côtés ! Je sens toute l'affection qu'il me porte, et je m'efforce de la lui rendre. Il faut dire qu'on s'amuse tous les deux comme des fous.*

2. *Je comprends à présent à quel point c'est formidable de partager ses loisirs avec son père.*

3. *Je pardonne à mon père pour toutes les fois où il n'a pas cherché à me comprendre.*

4. *Je suis heureux de cette journée, d'avoir passé de bons moments en sa compagnie, d'avoir attrapé des poissons et de n'avoir rien fait qui puisse susciter sa colère.*

5. *J'aime être avec mon père et partager certaines activités avec lui. J'aime m'amuser. J'aime la pêche en bateau et j'aime faire des progrès. J'aime que mon père m'apprenne à conduire sa camionnette, et les coins de campagne qu'il me fait découvrir. J'aime partir avec lui à l'aventure.*

6. *Je suis confiant en mon pouvoir d'être un jour moi-même et de profiter pleinement de la vie, sans aspirer à la perfection. Il suffit que je sois détendu pour que tout se passe selon mes désirs. Je peux faire confiance à mon père, parce que je sais qu'il m'aime, qu'il me comprend, et que je suis très important à ses yeux.*

7. *Je lui suis très reconnaissant pour cette partie de pêche et pour toutes les prises que j'ai faites. Je lui suis reconnaissant pour cette splendide journée, reconnaissant aussi pour le temps que mon père m'aura consacré. Je sais que c'est un homme très occupé, pourtant, je lui suis reconnaissant de ne m'avoir pas laissé seul au monde et de tout l'amour qu'il me porte. Je lui suis reconnaissant de tous les bons moments que nous partagerons à l'avenir.*

Fort de ce sentiment de gratitude, Carl se sentit beaucoup mieux quand il revint à son quotidien. Quoique rien n'eût changé en apparence, il commença à apprécier davantage son travail. En outre, il accorda plus de temps à ses enfants et à lui-même.

Guérir de ses ressentiments
avec l'aide d'un parent

Il arrive que la personne – père ou mère – à qui l'on adressera sa lettre soit directement responsable de nos griefs. Mais il arrive aussi que notre acrimonie ait une autre origine et qu'on leur écrive uniquement pour requérir leur soutien. En voici un court exemple.

Quoique parvenue en finale, Lucie était très contrariée de n'avoir pas remporté son épreuve de patinage. Elle en fut déprimée des mois durant. Pour se libérer de cet état dépressif, elle revint sur son passé, et se rappela qu'en classe de première une de ses camarades ne l'avait pas invitée à son anniversaire. Dire qu'elle en fut mortifiée est encore trop faible. Examinons ensemble une version abrégée de la lettre qu'elle adressa à sa mère.

Chère mère,

1. Je me sens abandonnée dès que mes camarades me donnent l'impression de ne pas m'aimer.

2. Je suis infiniment attristée de n'avoir pas été invitée à cet anniversaire. Personne ne m'aime, et j'ignore pourquoi. En dépit de mes efforts, je me sens toujours rejetée.

3. Je crains de n'être jamais acceptée. Personne ne m'aime sans doute parce que je suis gauche et hésitante. L'autre jour, quand j'ai répondu à une question du professeur, tout le monde a éclaté de rire. Au réfectoire, je fais toujours le vide autour de moi.

4. Je regrette de n'avoir pu aller à cette fête, comme je regrette de ne pouvoir me faire des amis, ni d'être très populaire auprès de mes camarades. Ce qui me désole aussi, c'est d'être totalement désemparée.

5. Je me sens privée d'affection, à cause de l'absence de gentillesse de mes camarades et de la mesquinerie dont je suis victime. À cause aussi de l'obligation de leur ressembler si je veux être acceptée.

6. Je veux rester moi-même, et malgré tout avoir de nombreux amis. Je veux m'amuser. Je veux aller au lycée avec plaisir. Je veux être invitée à des fêtes et pouvoir me distinguer.

Je veux réussir mes études. Je veux que le monde entier soit mon ami.

Avec toute mon affection, Lucie.

La lettre réponse que Lucie eût aimé recevoir de sa camarade, fut rédigée en ces termes :

Chère Lucie,

1. Je te prie de m'excuser de m'être montrée si mesquine à ton égard et de ne pas t'avoir invitée à mon anniversaire, surtout en ayant invité toute la classe.

2. Pardonne-moi de t'avoir exclue et d'avoir fait de mauvaises plaisanteries à ton sujet à seule fin de t'humilier. Je suis vraiment désolée.

3. Je comprends le mal que j'ai pu te faire, et je sais que tu ne mérites pas d'être traitée de cette façon. Je comprends donc que tu sois fâchée contre moi.

4. À l'avenir, je te promets de renoncer à être mesquine et de me montrer respectueuse et gentille.

5. J'aimerais que nous soyons amies. Je suis convaincue que tu es une fille formidable et pleine de drôlerie. Ce qui me ferait plaisir, c'est que tu viennes chez moi pour que nous fassions ensemble notre travail de classe.

Afin de parachever l'exercice, Lucie s'imagina recevant la lettre ci-dessus, laquelle lui permit d'exprimer ses nouveaux sentiments :

1. Ton amitié me touche profondément, mais je souhaite m'intégrer à ton groupe sans renoncer à être ce que je suis. Je te garde néanmoins toute mon affection.

2. Je comprends à présent que je peux être aimée tout en restant ce que je suis.

3. Je te pardonne de ne m'avoir pas invitée à ta fête.

4. Je suis heureuse que nous puissions, désormais, nous amuser ensemble, heureuse aussi de m'être fait autant d'amis.

5. J'aime l'existence que je mène. J'aime mes amis, et j'aime autant les jours de semaine que les week-ends.

6. Je suis pleine de reconnaissance d'avoir tant d'amis et d'éprouver tant de plaisir à poursuivre mes études. Je suis reconnaissante envers tous ceux qui se plaisent en ma compagnie au point de leur manquer sitôt que je suis absente.

Écrire ses sentiments à Dieu

Quand je commence à ressentir un blocage tel que la réprobation, le ressentiment ou la critique, il m'arrive aussi d'en référer à Dieu. Dès lors, je ne juge pas nécessaire de revenir sur le passé. J'adresse simplement une lettre à Dieu sous forme de prière, puisque la prière n'est rien d'autre qu'une manière d'exprimer ses craintes et ses espoirs. Si certaines personnes croient en Lui, d'autres se sentent trahies par Lui. Exprimer sa réprobation, même envers Lui ne pourra nuire, parce qu'on pourra le faire en toute liberté, sans être sur la défensive. Enfin libéré, on pourra de nouveau s'ouvrir à Son amour infini.

Les quatre étapes à suivre pour traiter un blocage

Avec le temps, il devient facile d'aborder ses sentiments. Si cela se révèle un peu épuisant au début, c'est seulement à cause du manque d'habitude. Mais mieux vaut encore éprouver une légère fatigue qu'un blocage. Pour mettre un terme à un blocage, il suffira de suivre les étapes suivantes :

1. Prenons conscience de notre blocage et reconnaissons les sentiments négatifs qui s'y rattachent.
2. Tout en revivant le passé, écrivons une lettre faisant état de nos sentiments négatifs, que l'on conclura en exprimant nos désirs profonds.
3. Toujours en revivant le passé, rédigeons une lettre de réponse dans laquelle nous écrirons tout ce que nous aimerions nous entendre dire.
4. En imaginant que nos vœux ont été exaucés, écrivons enfin une lettre de contact qui exprimera tous les sentiments positifs qui en auront découlé.

Se servir de ses sentiments pour découvrir ses émotions

Il se peut que, alors que nous explorons les quatre émotions à l'origine de notre blocage, l'une d'elles nous échappe et qu'il nous soit impossible de la reconnaître. Si c'est le cas, tentons de la retrouver en faisant le tour des sentiments négatifs qui s'y rattachent.

Admettons que notre blocage s'appelle perfectionnisme et que nous nous rappelions des instants où nous avons souffert de déficience ; nous devrons alors, entre autres sentiments, retrouver la jalousie que nous aurions ressentie à un moment donné. Or, nous sommes incapables de nous rappeler avoir jamais éprouvé un tel sentiment. Il suffira alors de passer au sentiment inférieur, c'est-à-dire celui de privation, pour voir apparaître la jalousie. Ces deux sentiments sont directement liés. Pour s'en rendre compte, il suffit de consulter le tableau dressé à cet effet.

Ce qui nous empêche surtout de nous libérer de notre blocage, c'est le fait d'avoir refoulé nos sentiments des années durant. Si nous ne pouvons évacuer certaines émotions, c'est souvent parce que nous refusons de les ressentir. D'aucuns seront enclins à la colère, tout en refusant de s'abandonner à la tristesse. D'autres opteront pour les regrets plutôt que la jalousie. D'autres encore pour la peur plutôt que la colère. Pourtant, pour éliminer un blocage, il nous faudra ressentir pleinement ces douze émotions négatives « de base », témoins de notre rupture avec notre moi véritable. Elles constituent des éléments déterminants pour notre équilibre, alors que ressentir un blocage ne fera que nous couper de ce que nous sommes vraiment.

La jalousie de Sarah

Prenons encore un exemple. Perfectionniste, Sarah se rappelait le temps où elle était en butte aux critiques de son père sous prétexte qu'elle n'était pas la chanteuse qu'il avait espéré. Aussi se considérait-elle comme une médiocre interprète, même si elle possédait un indéniable talent.

Pour se libérer de ce blocage, elle commença par se rappeler un moment de sa vie où elle avait souffert d'un sentiment d'insuffisance et le malaise qui avait suivi pour servir de base à une lettre qu'elle adresserait à son père. Mais les choses se compliquèrent au moment où il fut question de jalousie, car elle ne se souvenait pas d'avoir jamais été jalouse. Il lui suffit pourtant de retrouver les instants où elle s'était sentie lésée pour découvrir en elle une jalousie longtemps refoulée.

Elle se souvint que, pendant que ses camarades s'amusaient, elle avait dû se plier aux exigences de son père et suivre de fastidieuses leçons de chant, en plus de s'occuper de ses frères et sœurs. Il y avait, de fait, de quoi être jaloux. Après qu'elle se fut abandonnée à cette jalousie, les deux émotions suivantes furent faciles à découvrir. D'une manière générale, on peut dire que l'émotion la plus difficile à percevoir est aussi la plus importante pour se libérer de son blocage.

Rattacher ses sentiments au passé

Rattacher ses sentiments au passé n'implique pas qu'on ait forcément eu une enfance malheureuse. Grandir apporte toujours son lot d'épreuves à surmonter, mais certains y sont plus aidés que d'autres. Chacun des douze blocages évoqués est la conséquence de circonstances pénibles dont certaines personnes – y compris nos parents – sont parfois responsables. Si nous éprouvons des difficultés à rattacher nos sentiments présents à ceux du passé, posons-nous les questions appropriées. Elles nous indiqueront la direction à suivre afin de retrouver les événements à l'origine de nos sentiments négatifs.

1. Pour rattacher au présent les sentiments de trahison que nous avons ressentis par le passé, procédons de la façon suivante :

Rappelons-nous un moment de notre vie où nous nous sommes sentis trahis d'une façon quelconque.

Rappelons-nous un moment de notre vie où on nous a maltraités.

Rappelons-nous un moment de notre vie où on nous a menti.

Rappelons-nous un moment de notre vie où on nous a déçus.

Rappelons-nous un moment de notre vie où on nous a contredits.

Rappelons-nous un moment de notre vie où on nous a bernés.

Rappelons-nous un moment de notre vie où on s'est ligué contre nous.

Rappelons-nous un moment de notre vie où nous avons été battus.

Rappelons-nous un moment de notre vie où on nous a tourné la tête.

Rappelons-nous un moment de notre vie où nous nous sommes sentis exclus.

Rappelons-nous un moment de notre vie où nous nous sommes sentis rejetés.

Rappelons-nous un moment de notre vie où nous nous sommes sentis incompris.

Rappelons-nous un moment de notre vie où on nous a critiqués.

Rappelons-nous un moment de notre vie où on n'a pas tenu ses promesses envers nous.

Rappelons-nous un moment de notre vie où on a médit de nous.

2. Pour rattacher au présent les sentiments d'abandon que nous avons ressentis par le passé :

Rappelons-nous un moment de notre vie où nous nous sommes sentis abandonnés.

Rappelons-nous un moment de notre vie où on nous a mis à l'écart.

Rappelons-nous un moment de notre vie où nous avons été malheureux.

Rappelons-nous un moment de notre vie où nous nous sommes sentis seuls.

Rappelons-nous un moment de notre vie où nous nous sommes sentis perdus.

Rappelons-nous un moment de notre vie où nous nous sommes sentis rejetés.

Rappelons-nous un moment de notre vie où nous nous sommes sentis oubliés.

Rappelons-nous un moment de notre vie où nous nous sommes sentis négligés.

Rappelons-nous un moment de notre vie où la personne que l'on attendait est arrivée trop tard.

Rappelons-nous un moment de notre vie où on nous a quittés.

Rappelons-nous un moment de notre vie où une autre personne a capté l'attention qui nous était destinée.

Rappelons-nous un moment de notre vie où nous n'avons pas été aussi populaires que nous l'avions escompté.

Rappelons-nous un moment de notre vie où nous avons été déçus.

Rappelons-nous un moment de notre vie où nous avons connu l'échec ou la défaite.

3. Pour rattacher au présent les sentiments d'incertitude que nous avons éprouvés par le passé :

Rappelons-nous un moment de notre vie où nous avons été hésitants.

Rappelons-nous un moment de notre vie où les mots nous ont manqué.

Rappelons-nous un moment de notre vie où nous n'étions certains de rien.

Rappelons-nous un moment de notre vie où nous avons longuement attendu.

Rappelons-nous un moment de notre vie où quelque chose nous a retenus.

Rappelons-nous un moment de notre vie où nous nous sommes sentis perdus.

Rappelons-nous un moment de notre vie où nous hésitions sur l'instant.

Rappelons-nous un moment de notre vie où nous ne pouvions rentrer chez nous.

Rappelons-nous un moment de notre vie où nous avions faim et soif.

Rappelons-nous un moment de notre vie où nous avions perdu notre route.

Rappelons-nous un moment de notre vie où nous avons fui le danger.

Rappelons-nous un moment de notre vie où nous avions besoin d'aide.

Rappelons-nous un moment de notre vie où nous redoutions un châtiment.

Rappelons-nous un moment de notre vie où nous ignorions que nous étions dans l'erreur.

Rappelons-nous un moment de notre vie où nous ignorions comment nous protéger.

Rappelons-nous un moment de notre vie où nous ignorions comment résoudre un problème donné.

4. Pour rattacher au présent les sentiments d'impuissance que nous avons ressentis par le passé :

Rappelons-nous un moment de notre vie où nous nous sommes sentis impuissants.

Rappelons-nous un moment de notre vie où nous avons déplu à quelqu'un.

Rappelons-nous un moment de notre vie où nous n'avons pu réparer une erreur.

Rappelons-nous un moment de notre vie où nous avons commis une faute.

Rappelons-nous un moment de notre vie où nous avons été dans l'ignorance.

Rappelons-nous un moment de notre vie où nous n'avons pu réaliser nos désirs.

Rappelons-nous un moment de notre vie où nous ne pouvions aller nulle part.

Rappelons-nous un moment de notre vie où nous étions impuissants à faire quelque chose.

Rappelons-nous un moment de notre vie où on a refusé de nous accepter.

5. Pour rattacher au présent les sentiments d'insatisfaction que nous avons éprouvés par le passé :

Rappelons-nous un moment de notre vie où nous nous sommes sentis insatisfaits.

Rappelons-nous un moment de notre vie où nous n'avons pas obtenu ce que nous désirions.

Rappelons-nous un moment de notre vie où nos attentes n'ont pas été pleinement comprises.

Rappelons-nous un moment de notre vie où nous n'avons rien gagné.

Rappelons-nous un moment de notre vie où nous avons mal agi.

Rappelons-nous un moment de notre vie où on nous a laissés en plan.

Rappelons-nous un moment de notre vie où nous n'avons pas progressé aussi vite que nous l'escomptions.

Rappelons-nous un moment de notre vie où on nous aura fait attendre.

Rappelons-nous un moment de notre vie où quelqu'un nous aura déplu.

Rappelons-nous un moment de notre vie où une situation nous aura déplu.

Rappelons-nous un moment de notre vie où nous aurons reçu de mauvaises nouvelles.

6. Pour rattacher au présent les sentiments de découragement que nous aurons éprouvés par le passé :

Rappelons-nous un moment de notre vie où nous nous sommes sentis découragés.

Rappelons-nous un moment de notre vie où nous avons été déçus.

Rappelons-nous un moment de notre vie où on nous a fait entendre autre chose que ce que nous voulions entendre.

Rappelons-nous un moment de notre vie où nous n'avons pu faire ce que nous souhaitions.

Rappelons-nous un moment de notre vie où ce à quoi nous nous préparions a été annulé.

Rappelons-nous un moment de notre vie où nous n'avons pas été à la hauteur de la situation.

Rappelons-nous un moment de notre vie où nous nous sommes sentis diminués.

Rappelons-nous un moment de notre vie où nous nous sommes sentis lésés.

Rappelons-nous un moment de notre vie où nous avons pris une décision erronée.

Rappelons-nous un moment de notre vie où nous nous sommes trompés en faisant un choix.

Rappelons-nous un moment de notre vie où nos mouvements ont été entravés.

Rappelons-nous un moment de notre vie où nous avons été immobilisés.

Rappelons-nous un moment de notre vie où nous avons été déçus.

Rappelons-nous un moment de notre vie où nous avons eu des ennuis.

7. Pour rattacher au présent les sentiments de faiblesse que nous aurons connus par le passé :

Rappelons-nous un moment de notre vie où nous avons été faibles.

Rappelons-nous un moment de notre vie où nous avons dû être aidés.

Rappelons-nous un moment de notre vie où nous nous sentions perdus et appelions à l'aide.

Rappelons-nous un moment de notre vie où nous ne savions comment rentrer chez nous.

Rappelons-nous un moment de notre vie où, innocents, nous étions ignorants des choses.

Rappelons-nous un moment de notre vie où rien ne nous réussissait.

Rappelons-nous un moment de notre vie où nous étions incapables de répondre à ce qu'on attendait de nous.

Rappelons-nous un moment de notre vie où de fortes pressions s'exerçaient sur nous.

Rappelons-nous un moment de notre vie où nous sommes arrivés en retard.

Rappelons-nous un moment de notre vie où nous avons attendu en vain.

Rappelons-nous un moment de notre vie où nous avons enfin reçu de l'aide.

Rappelons-nous un moment de notre vie où nous avons enfin atteint notre but.

Rappelons-nous un moment de notre vie où nous avons lutté pour nous sortir d'un mauvais pas.

Rappelons-nous un moment de notre vie où nous avons été soutenus physiquement.

Rappelons-nous un moment de notre vie où nous ne savions plus à qui nous fier.

8. Pour rattacher au présent les sentiments de déficience que nous avons eus par le passé :

Rappelons-nous un moment de notre vie où nous avons souffert d'insuffisance.

Rappelons-nous un moment de notre vie où nous avons déçu une personne que nous aimions.

Rappelons-nous un moment de notre vie où nous avons été la risée des gens.

Rappelons-nous un moment de notre vie où nous avons eu des paroles maladroites.

Rappelons-nous un moment de notre vie où nous avons eu des ennuis et le malaise qui s'est ensuivi.

Rappelons-nous un moment de notre vie où nous n'avons pu empêcher un acte répréhensible.

Rappelons-nous un moment de notre vie où nous avons été témoins de violences ou d'un quelconque abus.

Rappelons-nous un moment de notre vie où nous nous nous sommes sentis privilégiés.

Rappelons-nous un moment de notre vie où nous avons fait l'objet d'une mauvaise publicité.

Rappelons-nous un moment de notre vie où nous étions seuls au milieu d'étrangers.

Rappelons-nous un moment de notre vie où nous avons été rejetés.

Rappelons-nous un moment de notre vie où nous avons échoué.

9. Pour rattacher au présent les sentiments de privation que nous avons éprouvés par le passé :

Rappelons-nous un moment de notre vie où nous nous sommes sentis lésés.

Rappelons-nous un moment de notre vie où nous n'avons pas eu ce que nous voulions.

Rappelons-nous un moment de notre vie où un autre a obtenu à notre place ce que nous désirions.

Rappelons-nous un moment de notre vie où nos frères et sœurs ont été plus gâtés que nous.

Rappelons-nous un moment de notre vie où nous avons été ignorés.

Rappelons-nous un moment de notre vie où nous avons été négligés.

Rappelons-nous un moment de notre vie où on ne nous a pas pardonné.

Rappelons-nous un moment de notre vie où nous avons été punis.

Rappelons-nous un moment de notre vie où nous ne savions pas où aller.

Rappelons-nous un moment où la vie s'est montrée injuste envers nous.

Rappelons-nous un moment de notre vie où notre bonne action n'a pas été reconnue.

Rappelons-nous un moment de notre vie où on nous a pris quelque chose.

Rappelons-nous un moment de notre vie où nous avons laissé passer notre tour.

Rappelons-nous un moment de notre vie où les autres ont obtenu plus que nous.

Rappelons-nous un moment de notre vie où nous avons été victimes d'une tricherie.

Rappelons-nous un moment de notre vie où nous a fait barrage.

Rappelons-nous un moment de notre vie où nous avons eu des ennuis sans en être responsables.

10. Pour rattacher au présent les sentiments d'exclusion que nous avons éprouvés par le passé :

Rappelons-nous un moment de notre vie où nous nous sommes sentis exclus.

Rappelons-nous un moment de notre vie où nous avons été délaissés.

Rappelons-nous un moment de notre vie où nous avons été rejetés.

Rappelons-nous un moment de notre vie où nous ne savions pas où aller.

Rappelons-nous un moment de notre vie où nous avons été écartés.

Rappelons-nous un moment de notre vie où nous n'avons pas été invités.

Rappelons-nous un moment de notre vie où nous avons été ridiculisés.

Rappelons-nous un moment de notre vie où nous avons été maltraités.

Rappelons-nous un moment de notre vie où nous avons échoué.

Rappelons-nous un moment de notre vie où nous sommes arrivés trop tard.

Rappelons-nous un moment de notre vie où les autres se sont amusés et pas nous.

Rappelons-nous un moment de notre vie où nous avons été incompris.

Rappelons-nous un moment de notre vie où nous avons été ignorés.

Rappelons-nous un moment de notre vie où certains accès nous ont été refusés.

Rappelons-nous un moment de notre vie où notre tenue vestimentaire était inappropriée.

Rappelons-nous un moment de notre vie où nous étions différents des autres.

Rappelons-nous un moment de notre vie où nous avons fait l'objet de discrimination.

Rappelons-nous un moment de notre vie où nous avons lamentablement échoué à un examen.

Rappelons-nous un moment de notre vie où nous avons été jalousés.

11. Pour rattacher au présent les sentiments de désespoir que nous avons éprouvés par le passé :

Rappelons-nous un moment de notre vie où nous nous sommes sentis désespérés.

Rappelons-nous un moment de notre vie où nous avons été désorientés.

Rappelons-nous un moment de notre vie où nous sommes arrivés en retard.

Rappelons-nous un moment de notre vie où nous avons souffert d'incapacité.

Rappelons-nous un moment de notre vie où rien ne nous réussissait.

Rappelons-nous un moment de notre vie où nous étions en état d'infériorité.

Rappelons-nous un moment de notre vie où nous étions irrésolus.

Rappelons-nous un moment de notre vie où nous étions dans l'ignorance.

Rappelons-nous un moment de notre vie où l'aide nous a manqué.

Rappelons-nous un moment de notre vie où nous recevions des messages contradictoires.

Rappelons-nous un moment de notre vie où nous ignorions pourquoi nous étions sanctionnés.

Rappelons-nous un moment de notre vie où nous ignorions les raisons de notre souffrance.

Rappelons-nous un moment de notre vie où nous ignorions comment nous sortir d'une mauvaise passe.

Rappelons-nous un moment de notre vie où nous avons été pourchassés.

12. Pour rattacher au présent les sentiments de dépréciation que nous avons éprouvés par le passé :

Rappelons-nous un moment de notre vie où nous nous sommes sentis inutiles.

Rappelons-nous un moment de notre vie où nous nous sommes mal conduits.

Rappelons-nous un moment de notre vie où nous avons omis de nous montrer serviables.

Rappelons-nous un moment de notre vie où les autres se sont mépris sur notre compte.

Rappelons-nous un moment de notre vie où nous avons failli à la tâche.

Rappelons-nous un moment de notre vie où nous avons laissé les autres dans la détresse.

Rappelons-nous un moment de notre vie où nous avons été mal à l'aise dans notre corps.

Rappelons-nous un moment de notre vie où nous avons pris conscience de nos imperfections physiques.

Rappelons-nous un moment de notre vie où certains événements ont dû être tenus secrets.

Rappelons-nous un moment de notre vie où nous étions tenus au silence.

Rappelons-nous un moment de notre vie où nous n'avons rien pu dire à notre mère.

Rappelons-nous un moment de notre vie où nous n'avons rien pu dire à notre père.

Rappelons-nous un moment de notre vie où nous n'avons pu empêcher certains événements.

Rappelons-nous un moment de notre vie où nous n'avons pas été à la hauteur de ce qu'on attendait de nous.

Rappelons-nous un moment de notre vie où nous n'avons pas dit la vérité.

Rappelons-nous un moment de notre vie où nous avons été importuns.

Rappelons-nous un moment de notre vie où nous avons commis une faute.

Rappelons-nous un moment de notre vie où nous avons contrarié quelqu'un.

Rappelons-nous un moment de notre vie où nous nous sommes sentis avantagés par rapport aux autres.

Rappelons-nous un moment de notre vie où nous nous sommes fait attendre.

Rappelons-nous un moment de notre vie où nous nous sommes sentis différents des autres.

Quand nous voulons nous libérer d'un blocage et que nous ne pouvons remonter à son origine, ces suggestions peuvent se révéler très utiles. En en faisant usage de façon continue, nous pourrons même découvrir des blocages dont nous ne soupçonnions pas l'existence.

S'il nous est impossible de nous remémorer quoi que ce soit de notre passé, il nous faudra alors recourir à d'autres méthodes. Le milieu de travail peut souvent nous apporter le stimulus nécessaire, à défaut de quoi il nous faudra consulter un thérapeute privé. Parfois, certains blocages disparaissent sans qu'il soit nécessaire de replonger dans son passé. Parfois aussi, le meilleur moyen d'éliminer un blocage, c'est de faire appel à la méditation en répétant les prières suivantes. Ces douze prières ont la vertu de nous ouvrir à la bénédiction divine.

1. Pour se libérer de la réprobation :

« Ô Dieu de miséricorde et de bonté. Ton amour est infini et omniprésent. Aide-moi, Seigneur ; mon cœur est fermé car je me sens trahi et je ne puis pardonner. Fais-moi retrouver l'amour de mon prochain. Guéris-moi, Seigneur, guéris-moi. »

2. Pour se libérer de la dépression :

« Ô Dieu qui protèges et qui nourris. Viens en mon cœur, et qu'il soit plein de toi car je me sens abandonné. Viens en mon cœur, apporte-moi le bonheur. Viens en mon cœur, viens en mon cœur. Viens en mon cœur, viens en mon cœur. »

3. Pour se libérer de l'anxiété :

« Ô Dieu de gloire et de lumière. Ô divine lumière, je suis si indécis. Je suis perdu dans les ténèbres. Je suis aveugle et je ne peux retrouver mon chemin. Efface les ténèbres. Efface les ténèbres et apporte la lumière en mon cœur. Donne-moi la paix. »

4. Pour se libérer de l'indifférence :

« Ô Dieu du Ciel et de la Terre, père de toute création, je me sens si faible. Je suis las, très las et j'ai besoin de Ton aide. De grâce, viens en mon cœur et qu'il soit plein de Toi, plein de toi. Soulage ma peine, soulage ma peine. »

5. Pour renoncer à porter des jugements :
« Ô Dieu, père céleste, la Création est Ton jardin, et moi l'abeille qui butine Tes fleurs. Laisse-moi goûter au miel de Ton amour. Je suis si affamé. Emplis mon âme de paix et d'amour. Emplis mon âme de paix et d'amour. »

6. Pour se libérer de l'indécision :
« Ô Esprit saint, ma vie est entre Tes mains. Je suis si découragé. Je suis Ton enfant, Ta brebis égarée. Prends-moi par la main et ramène-moi sur le bon chemin. Prends-moi par la main et ramène-moi sur le bon chemin. »

7. Pour ne plus remettre à plus tard :
« Ô Dieu, force divine, source de toute création, infini pouvoir qui soutient tout ce qui vit, aide-moi. Je suis si impuissant. Allège le fardeau de mon existence. Soulage-moi. Soulage-moi. Ne m'oublie pas. Ne m'oublie pas. »

8. Pour renoncer au perfectionnisme :
« Ô très sainte Mère, ton cœur est généreux. Abreuve-moi du lait de ton amour. Effleure-moi de ta divine caresse. De grâce, viens à mon secours. Soulage ma peine. Soulage ma peine. »

9. Pour renoncer à la rancœur :
« Ô Dieu, très saint Père, pour Ta douceur et Tes bienfaits je Te remercie. Écoute les désirs de mon âme. Je suis si démuni. Fais qu'il n'y ait plus d'obstacles sur mon chemin. Libère-moi de ma peur. Donne-moi confiance, donne-moi confiance. »

10. Pour renoncer à s'apitoyer sur soi :
« Ô Dieu, Ô Esprit divin. Père et mère de toute création, mon cœur souffre. Je me sens seul et abandonné. Ne m'oublie pas, ne m'oublie pas. Aide-moi, aide-moi. Guéris-moi, guéris-moi. »

11. Pour se libérer de la confusion :
« Ô Père céleste. Bénis sois-Tu pour Tes bienfaits. Daigne poser les yeux sur moi. Ne m'oublie pas. Ne m'oublie pas. Je suis si désespéré. De grâce, viens à moi. De grâce, regarde-moi. J'ai besoin de Ton aide. Ne m'oublie pas. Regarde-moi, regarde-moi. Mon cœur s'ouvre à Toi, mon cœur s'ouvre à Toi. »

12. Pour se libérer des sentiments de culpabilité :
« Ô divine Mère, ton amour est sans limites, et belle ta création. De grâce, aide-moi. Je suis comme un désert et ne puis voir ta beauté. Ma vie est vide. Emplis-moi de ton amour. Emplis-moi de ton amour. »

Douze prières pour un succès plus éclatant

Les prières suivantes, qui se prononceront au cours de séances de méditation, sont destinées aux personnes satisfaites de leur sort, mais qui aspirent à un succès social plus éclatant. Elles ont le pouvoir de lever les dernières entraves à nos aspirations et de nous ouvrir à notre véritable potentiel.

1. Prière pour se libérer de sa réprobation :
« Ô Dieu, je me sens trahi. Remets l'amour en mon cœur. Aide-moi à pardonner. Ôte de moi cette réprobation. Dissipe ma colère. Aide-moi à me satisfaire de mon mode de vie et à accepter celui des autres. »

2. Prière pour se libérer de la dépression :
« Ô mon Dieu, je me sens si abandonné. Redonne-moi la joie de vivre et aide-moi dans ma tâche. Ôte de moi cette dépression. Libère-moi de la tristesse. Aide-moi à me satisfaire de ce que je possède. »

3. Prière pour se libérer de l'anxiété :
« Ô mon Dieu, je suis si indécis. Apporte-moi la foi. Redonne-moi confiance en moi. Ôte de moi cette anxiété. Libère-moi de mes doutes. Rends-moi mon enthousiasme perdu. Aide-moi à croire. »

4. Prière pour se libérer de l'indifférence :
« Ô mon Dieu, je me sens si impuissant. Mon cœur est fermé. Ôte de moi cette indifférence. Fais que je sois à nouveau capable de compassion. Emporte mes regrets. Élève mon esprit. Remets en moi la joie et montre-moi le chemin. »

5. Prière pour ne plus juger autrui :
« Ô mon Dieu, je suis si mécontent. Donne-moi la patience d'accepter et d'aimer. Ôte de moi ce jugement. Éloigne de moi toutes mes frustrations et aide-moi à me satisfaire de ce que je possède déjà. »

6. Prière pour se libérer de son indécision :

« Ô mon Dieu, je me sens si découragé. Donne-moi la force de persévérer. Éclaire-moi. Ôte de moi cette indécision. Fais-moi oublier ma déception, et redonne-moi courage. »

7. Prière pour ne plus remettre au lendemain :

« Ô mon Dieu, je me sens si faible et impuissant. Donne-moi du courage. Aide-moi à être fort. Ôte de moi cette tendance à remettre au lendemain. »

8. Prière pour ne plus être perfectionniste :

« Ô mon Dieu, je me sens si gauche et inexpérimenté. Donne-moi l'humilité. Aide-moi à m'aimer tel que je suis. Ôte de moi ce besoin d'être parfait. Libère-moi de ma gêne et apprends-moi à m'apprécier moi-même. »

9. Prière pour se libérer de tout ressentiment :

« Ô mon Dieu, je me sens si déshérité. Donne-moi l'abondance. Aide-moi à découvrir ma nature généreuse. Ôte de moi ces ressentiments. Libère-moi de ma jalousie. Aide-moi à me contenter de ce que je possède et à avoir foi en l'avenir. »

10. Prière pour se libérer de tout apitoiement sur soi :

« Ô mon Dieu, je me sens si oublié. Fais que je sois reconnaissant. Aide-moi à ouvrir mon cœur pour recevoir et apprécier pleinement Tes bienfaits. Ôte de moi cette tendance à m'apitoyer sur moi-même. Libère-moi de ma souffrance. Aide-moi à me montrer reconnaissant pour tout ce que je possède et pour toutes les occasions de prospérer qui me seront offertes. »

11. Prière pour se libérer de la confusion d'esprit :

« Ô mon Dieu, je me sens si désespéré. Donne-moi la sagesse. Aide-moi à trouver la clarté. Montre-moi la voie. Ôte de moi toute confusion. Libère-moi de mes peurs. Aide-moi à retrouver confiance. »

12. Prière pour se libérer de tout sentiment de culpabilité :

« Ô mon Dieu, je me sens si indigne. Aide-moi à ouvrir mon cœur à Tes bienfaits. Redonne-moi ma dignité. Ôte de moi ces sentiments de culpabilité et rends-moi mon innocence. Libère-moi de mes hontes. Aide-moi à aimer mon prochain comme moi-même. »

Six semaines pour atteindre
la réussite personnelle

Pour se libérer d'un blocage par le truchement de l'une de ces vingt-quatre prières que l'on récitera au cours de séances de méditation, il faudra compter au moins six semaines. Dans un premier temps, nous nous accorderons quelques jours pour apprendre par cœur la prière appropriée. Puis, le bout des doigts levé au-dessus des épaules, nous répéterons cette prière dix fois à haute voix, puis un quart d'heure à voix basse. En toute fin, nous nous accorderons quelques minutes pour méditer sur nos aspirations. Imaginons alors que nous les ayons atteintes, et explorons les sentiments positifs qui s'ensuivront. D'une manière générale, six semaines seront nécessaires pour changer une habitude, ainsi que notre façon d'agir et de penser. Mais c'est en pratiquant ces exercices durant une longue période que nous en retirerons tous les bénéfices.

Si nous générons quotidiennement en nous des sentiments positifs, notre vie, tant intérieure que sociale, se trouvera progressivement améliorée. Parfois même en découvrirons-nous les immenses bienfaits au cours de la nuit. Passé un temps, ces séances de méditation se feront spontanément. Elles favoriseront l'accès à nos ressources intérieures, et les contraintes de l'existence n'auront plus aucune prise sur nous.

PASSÉ UN TEMPS, LES SÉANCES DE MÉDITATION SE FERONT SPONTANÉMENT

Une fois notre blocage évacué, il se peut qu'un autre apparaisse. Mais à ce stade, nous n'en serons pas affectés, puisque, entre-temps, nous nous serons révélé notre capacité à réaliser nos désirs. Outre nous adonner à ces pratiques destinées à nous renforcer dans notre intention d'emprunter la bonne direction, il nous faudra lire et relire les idées et les perceptions aptes à nous maintenir dans cette direction.

18

Une brève histoire
de la réussite personnelle

Toutes les époques ont vu des personnes atteindre à une immense réussite personnelle. C'étaient des gens ordinaires dont l'unique particularité résidait en ce qu'ils étaient en avance sur leur temps. Ils étaient nés avec un don de perception et de compréhension que les autres ne possédaient pas. Bien qu'impuissants à communiquer leur savoir, ils purent orienter leurs semblables dans une voie qui, en son temps, était celle du salut, et cela, jusqu'au jour où leurs idées furent enfin accessibles à tous.

DES SAGES ONT INDIQUÉ À LEURS CONTEMPORAINS
LA VOIE DU SALUT

Aujourd'hui, nous en sommes à un point où l'Histoire est favorable à notre pleine maturité, une époque où nous pouvons trouver en nous les ressources qui nous feront accéder à une réussite personnelle plus complète, et qui nous permettront d'établir un véritable contact avec Dieu. Cela explique peut-être les nombreux cas d'apostasie que l'on constate à travers le monde. Il n'en reste pas moins que, s'il est vrai que bien des temples et des églises sont désertés, cette tendance est en train de se renverser et que de nombreuses personnes reviennent à leur religion avec un esprit plus ouvert et une perception aiguisée.

AUJOURD'HUI, NOUS SAVONS REGARDER EN NOUS-MÊMES ET ÉTABLIR LE CONTACT AVEC DIEU

Une question que bien des gens se posent est de savoir si les religions survivront à tous ces changements. Eh bien, la réponse est oui. Découvrir notre aptitude à puiser des ressources en nous-mêmes ne signifie en aucune façon que nous puissions nous dispenser de religion, quelle qu'elle soit. Tout comme le fait de grandir et de voler de ses propres ailes n'induit pas que nous pouvons nous passer de l'amour, des conseils et du soutien de nos parents : c'est seulement notre degré de dépendance qui a changé.

Quitter ses parents, c'est surtout s'accorder la liberté de se révéler à soi-même. De même qu'ouvrir son cœur et établir le contact avec Dieu et avec nous-mêmes permet de reconnaître la vérité sous-jacente et inhérente à chaque religion. Nous reconnaissons la part de bien qui réside en tout être et en toute chose, en nous abstenant de nous attarder sur nos différences.

Je pense qu'il est temps de nous affranchir de nos dépendances et de comprendre que les chemins de la vérité sont multiples. Si nous n'en découvrons qu'un, rien de plus normal : ce sera celui que nous nous serons choisi. Le jour est venu où, quelle que soit leur confession, les gens de bonne volonté doivent se rassembler et reconnaître la bonté et la part de divin qui réside en chacun de nous. Il n'est nullement nécessaire que nous pensions et percevions toutes les choses de la même façon pour vivre en paix et en harmonie.

IL EST TEMPS DE NOUS AFFRANCHIR DE NOS DÉPENDANCES ET DE COMPRENDRE QUE LES CHEMINS DE LA VÉRITÉ SONT MULTIPLES

Aujourd'hui, nous voyons autour de nous des milliers de gens qui ont accédé à la réussite sociale et à l'accomplissement de soi. Si chez les gens riches et célèbres, les tragédies ne manquent pas, autrement nombreux sont ceux qui vivent dans la paix et la sérénité. Peut-être pour cette raison, ils ne sont certes pas les plus connus, mais ils auront quand même appris à atteindre les buts qu'ils s'étaient fixés, et ils continuent à le faire. Eux connaissent la réussite sous toutes ses formes. Nous aussi pouvons y accéder.

Cette vie de rêve, nous en voyons de larges pans au cinéma ou à la télévision, et nous nous demandons pourquoi ce n'est pas la nôtre. Mais, quoique nous ayons un aperçu de ce qui est possible, nous ignorons comment y parvenir. Ou bien nous sombrons dans le découragement en nous disant que cette existence est réservée à quelques élus – ce qui était indéniable par le passé –, ou bien nous sommes tout excités à l'idée que notre tour viendra.

Or, ce jour tant attendu est arrivé. La longue nuit s'achève, il est temps de sortir de notre sommeil. La réussite personnelle n'est plus le fait de quelques-uns, elle n'est plus seulement un espoir pour les générations à venir, et ne revêt plus aucun caractère d'exception. À l'inverse, elle est à la portée de chacun d'entre nous depuis que ses secrets nous ont été révélés.

LA RÉUSSITE PERSONNELLE N'EST PLUS LE FAIT DE QUELQUES-UNS NI UN ESPOIR POUR LES GÉNÉRATIONS À VENIR

La notion de succès est simple, et facilement compréhensible. En outre, la méthode pour y parvenir est applicable immédiatement. Quoique nouvelle, elle est la synthèse d'idées anciennes remises au goût du jour. La seule différence réside dans le fait que le succès est accessible à chacun d'entre nous.

Chacun est maître de son destin, encore faut-il découvrir quel est-il. Pour cela, il suffit de se pencher sur soi-même sans avoir recours à une aide extérieure.

Puisse cette notion de réussite nous ouvrir à notre véritable spécificité et nous aider à découvrir nos ressources intérieures. Puisse cet ouvrage être le générateur qui nous permettra de recharger nos batteries. Nous pourrons alors devenir celui ou celle que nous voulons et obtenir ce que nous désirons. Le désir ne peut naître en nous si nous ne possédons pas l'aptitude à créer l'avenir.

Il suffira d'être fidèle à soi-même et de maintenir le contact avec ses sentiments, ses espoirs et ses désirs véritables pour découvrir ce que l'on est vraiment. La véritable nature de tout individu est pétrie de joie, d'amour, de confiance et de paix, autant d'attributs qui font partie intégrante de chacun d'entre nous. Pour autant que l'on se sent malheureux ou anxieux, si l'on connaît certains blocages, c'est que nous sommes coupés de notre vrai moi.

ON EST COUPÉ DE SA VÉRITABLE NATURE, SI L'ON NE PEUT OBTENIR CE À QUOI L'ON ASPIRE

Sans contredit possible, il est permis d'affirmer que le monde qui nous entoure est le reflet de notre état intérieur. Le changer est impossible, car il est également le reflet des autres. La manière dont nous le percevons ou sommes perçus par lui est aussi à l'image de notre monde intérieur. Or, c'est en apprenant à décider de quelle manière nous aborderons le monde et certaines situations que notre perception changera. Il suffira d'avoir amour, paix, joie et confiance au cœur, pour que ce monde devienne un terrain propice à la réalisation de nos désirs.

NOTRE FAÇON DE PERCEVOIR LE MONDE EST LE REFLET DE NOTRE ÉTAT INTÉRIEUR

Que l'on soit prisonnier de blocages ou que l'on ne puisse apparemment pas atteindre ses objectifs, on n'aura l'existence à laquelle on aspire qu'après avoir renoué avec sa nature profonde. Pour se défaire des douze blocages, nous devrons reconnaître notre aptitude à pouvoir changer nos perceptions. Personne ne peut le faire à notre place. Et quelles que soient les circonstances, il existe toujours une possibilité de retomber sur nos pieds.

ON A LE POUVOIR DE CHANGER, MAIS PERSONNE NE PEUT LE FAIRE À NOTRE PLACE

C'est vrai. On a toujours la possibilité de changer, sans égard pour les contingences extérieures. Pour cela, il faudra se rappeler, encore et toujours, qu'il est vain et illusoire d'imputer notre malheur au monde extérieur, mais qu'en puisant en soi l'amour, la joie, la confiance et la paix, nous acquérons le pouvoir de nous attirer tout ce que nous désirons.

Si l'on est blessé, on peut toujours panser ses plaies, mais également faire en sorte que cela ne se reproduise pas. En prenant conscience de ses blocages, on admet être responsable de ses sentiments. C'est faire, déjà, un grand pas en avant.

Fort de cette attitude positive, on se dit :

« À présent que j'ai conscience de ma responsabilité, je ne permettrai pas que des facteurs extérieurs me dictent mes sentiments. »

« À présent, j'ai toute latitude pour retrouver ma véritable nature. »

En assumant la responsabilité de nos blocages, nous retrouvons notre personnalité réelle ainsi que notre aptitude à exploiter pleinement les dons qui nous sont échus.

Se préparer au voyage

Nantis de ces conseils et préceptes variés, nous sommes prêts pour notre traversée de ce monde. Nous disposons des outils nécessaires pour franchir tous les obstacles qui s'opposent à notre réussite. Chacun de ces outils aura été utile à des milliers de gens, y compris à moi-même. J'espère que vous vous fierez à ces conseils et les apprécierez autant que moi. Je souhaite qu'ils vous ouvrent des portes dont vous ignoriez jusqu'à l'existence.

Puissiez-vous croître et prospérer dans l'amour et le succès : vous le méritez, comme chacun d'entre nous. Puissent aussi vos rêves se réaliser, vous en avez dès à présent le pouvoir, en vous libérant de vos blocages.

Je propose ici une renaissance. Jamais auparavant autant de chances ne nous auront été offertes. Sachez saisir la vôtre, et employez-vous journellement à atteindre votre but. Mais surtout, n'oubliez pas que vous n'êtes pas seuls au monde, et que ce monde a besoin de vous. Vous êtes aimés, sachez vous en souvenir, et que Dieu vous bénisse.

Remerciements

Je remercie mon épouse, Bonnie, ainsi que nos trois filles, Shannon, Juliet et Lauren, pour leur amour et leur soutien sans faille.

Je remercie Oprah Winfrey et toute la prodigieuse équipe des Harpo Studios, qui ont participé à un atelier sur la réussite personnelle et m'ont invité à en présenter le contenu à la télévision, durant huit mercredis d'affilée. Cette expérience a contribué à catalyser un grand nombre d'idées développées dans cet ouvrage.

Je remercie Diane Reverand, de chez HarperCollins, pour ses précieux commentaires et ses conseils judicieux. Merci également à Laura Leonard, attachée de presse de grand talent, ainsi qu'à Carl Raymond, Janet Dery, Anne Gaudinier et à tout le merveilleux personnel de HarperCollins.

Je remercie mon agent Patti Breitman pour avoir cru à mon message et reconnu, voilà neuf ans, les mérites de *Les hommes viennent de Mars, les femmes viennent de Vénus*. Merci aussi à mon agent international, Linda Michael, qui a permis la publication de mes livres en plus de quarante langues.

Je remercie tous les membres de mon équipe : Helen Drake, Bart et Merril Berens, Ian et Ellie Coren, Bob Beaudry, Martin et Josie Brown, Pollyanna Jacobs, Sandra Weinstein, Michael Najarian, Donna Doiron, Jim Puzan et Ronda Coallier, pour leur solide soutien et leur travail assidu.

Je remercie mes nombreux amis et proches pour leur appui affectueux et leurs suggestions pertinentes : mon frère Robert Gray, ma sœur, Virginia Gray, Clifford McGuire, Jim Kennedy, Alan Garber, Renee Swisco, Robert et Karen Josephson, et Rami El Bratwari.

Je remercie les centaines d'animateurs qui coordonnent les ateliers « Mars-Vénus » dans le monde entier et les milliers d'individus et de couples qui ont participé à ces séminaires aux cours des quinze dernières années. Merci aussi aux thérapeutes et conseillers qui ont adopté ces principes et continuent de les utiliser dans l'exercice de leurs activités.

Je remercie ma mère et mon père, Virginia et David Gray, pour le soutien et l'affection immenses avec lesquels ils m'ont guidé sur mon propre chemin vers la réussite personnelle. Merci aussi à Lucile Brixley, qui fut pour moi comme une seconde mère, pour m'avoir donné tant d'amour et de précieux conseils.

Je remercie Maharishi Mahesh Yogi, auprès de qui, durant neuf ans, j'ai trouvé à la fois un second père, un premier modèle à suivre, un mentor, et qui m'a permis d'accéder à la réussite intérieure et extérieure. Beaucoup de mes idées actuelles, relatives à ma façon de méditer, proviennent des enseignements qu'il m'a prodigués voilà vingt-huit ans.

Je remercie mon cher ami Kaleshwar, pour sa contribution efficace et effective à la rédaction de certains passages. Sans son aide, cet ouvrage n'aurait certainement pas vu le jour.

Enfin, je remercie Dieu pour l'incroyable énergie, la clarté et le soutien que j'ai reçus dans l'élaboration de ce livre.